Maangchi
mit Lauren Chattman

KOREANISCH KOCHEN

Maangchi
mit Lauren Chattman

KOREANISCH KOCHEN

riva

Bibliografische Information der Deutschen Nationalbibliothek
Die Deutsche Nationalbibliothek verzeichnet diese Publikation in der Deutschen Nationalbibliografie. Detaillierte bibliografische Daten sind im Internet über https://dnb.de abrufbar.

Für Fragen und Anregungen
info@m-vg.de

4. Auflage 2024

Türkenstraße 89
80799 München
Tel.: 089 651285-0

Die englische Originalausgabe erschien 2015 in den USA bei Rux Martin/Houghton Mifflin Harcourt Publishing unter dem Titel *Maangchi's Real Korean Cooking. Authentic Dishes for the Home Cook.*

Übersetzung: Max Limper
Redaktion: Antje Eszerski für bookwise GmbH
Umschlaggestaltung: Laura Osswald
Umschlagabbildungen: Vorderseite © Paul Brissman, 2015; Rückseite © Maangchi, 2015
Abbildungen im Innenteil: © Maangchi, 2015
Satz: Rüdiger Wagner, BUCHFLINK
Druck: Firmengruppe APPL, aprinta Druck, Wemding
Printed in Germany

ISBN Print 978-3-7423-0356-1
ISBN E-Book (PDF) 978-3-95971-862-2
ISBN E-Book (EPUB, Mobi) 978-3-95971-863-9

Wir produzieren nachhaltig
www.m-vg.de

Weitere Informationen zum Verlag finden Sie unter
www.rivaverlag.de
Beachten Sie auch unsere weiteren Verlage unter www.m-vg.de

Für David,
der immer für mich da ist

DANKE!

Es war ein Riesenprojekt, die Texte und Abbildungen für dieses Buch zu erstellen. Der Weg war viel länger und viel mühsamer als gedacht. Ohne die Unterstützung und bedingungslose Hilfe meines Mannes David hätte ich es wohl nicht geschafft. Seit ich begonnen habe, koreanische Rezepte per Video und auf meiner Website zu veröffentlichen, stand mir David bei jedem Schritt hilfreich zur Seite.

Auch meinen Lesern und Zuschauern kann ich gar nicht genug dafür danken, dass sie mir und meinen Rezepten vertraut haben. Sie sind leidenschaftliche Köche und Testesser, und wenn ich von ihren Kocherfolgen lese und höre, macht mich das richtig stolz.

Mein Dank gilt den wunderbaren Menschen aus dem Verlag, die dieses Buch von A bis Z begleitet haben. Ich danke vor allem meiner Agentin Jannis Donnaud, die von Anfang an an mich geglaubt hat, meiner Co-Autorin Lauren Chattman sowie Rux Martin, die die Kochbuchredaktion leitet, danke ich für guten Rat und Ermutigung, Christopher Hirsheimer und Melissa Hamilton für die Bildredaktion und das Layout, Paul Brissman für das Titelbild und Roy Finamore für sein strenges Lektorat und seine hartnäckigen Fragen, die mich manchmal zum auch Lachen brachten. Ich hatte Glück, mit den Besten der Besten arbeiten zu dürfen.

Meine Mutter hat mich über den langwierigen Prozess des Schreibens hinweg unterstützt und sich immer um meine Gesundheit gesorgt, wenn ich zu viel arbeitete. Danke für alles, Mom!

Die Rezepte in diesem Buch habe ich für meine Kinder Chan und Hwanhee niedergeschrieben – oder sie sind durch sie inspiriert. Bei allem, was ich tue, denke ich an sie. Mit ihnen zu essen macht mich glücklicher als alles andere – und für sie zu kochen bedeutet mir alles. Einige Gerichte habe ich auch in dieses Buch mit aufgenommen, weil meine Kinder sie köstlich finden.

INHALT

Im Uhrzeigersinn von links oben: Milde Eisnudeln (Seite 68); Korean Fried Chicken (Seite 230); Grüne Chili mit Sojapaste (Seite 142), Gekochte Sojasprossen (Seite 150); Getrocknete Kaki (Seite 25); Knuspriges Schweinefleisch mit süß-saurer Sauce (Seite 244); Farnspitzen mit Knoblauch und Sojasauce (Seite 156); Chinakohl-Kimchi (Seite 124)

EINLEITUNG

Hallo zusammen!

All denen, die mich noch nicht kennen, möchte ich mich kurz vorstellen: Ich bin keine Profiköchin. Ich war auf keiner Kochschule. Ich besitze kein Restaurant und habe auch noch nie in einem gearbeitet. Aber so lange ich denken kann, gilt mein Interesse dem Thema Essen – natürlich esse ich gern, aber ich will auch wissen, wie es gemacht wird und wie ich es zu Hause nachkochen kann.

Ich wurde in Imsil in der südkoreanischen Provinz Jeollabuk geboren und wuchs in Yeosu am Südzipfel von Jeollanam auf, der südlichsten Provinz der koreanischen Halbinsel. Korea ist eine Nation von Schlemmern. Leckeres Essen gehört zum Alltag, Genuss wird zelebriert, und es wäre undenkbar, eine Party, eine Reise oder einen sonstigen Anlass zu beginnen, ohne ein besonderes Essen zuzubereiten.

Die Provinz Jeollanam ist für ihre herrlichen Speisen berühmt – und die Einwohner von Yeosu haben die Gabe, jede in den Gewässern der Umgebung gefangene Fischsorte in eine Köstlichkeit zu verwandeln. Das Essen dort ist manchmal scharf, manchmal nicht, manchmal fermentiert, manchmal gedünstet, geschmort oder auf Kohle gegrillt.

Mein Vater betrieb ein kleines Fischauktionshaus in Yeosu, zu dem die Fischer aus der ganzen Region kamen, um ihren Fang zu verkaufen. Oft überließen sie meiner Familie als Dankeschön ihre besten Probierstücke. Wir waren zwar alles andere als reiche Leute, aber es gab bei uns zu Hause immer hervorragenden Fisch zu essen.

Von klein auf interessierte ich mich dafür, was meine Mutter, meine Großmutter und die Tanten kochten, und insgeheim entschied ich bei jedem Gericht, wer von ihnen es am besten kochte. Ich beobachtete auch die Frauen, die auf dem Markt Speisen zubereiteten und für bestimmte Gerichte bekannt waren, und achtete sehr genau auf die Zubereitung.

Ich war ein geselliges Kind und ein Organisationstalent. Ich verabredete mich mit Freundinnen zum Mittagessen und bat jede von ihnen, etwas zu essen oder Zutaten zur Schule mitzubringen. Dann teilten wir alles miteinander und hatten ein Mittagessen, um das uns alle anderen Kinder beneideten – ein richtig festliches Bibimbap (Seite 58) voller leckerer Zutaten, mit Spiegeleiern, Chilipaste, buntem Gemüse, gegarten Sojasprossen und Sesamöl.

Zur weiterführenden Schule wurde ich nach Seoul geschickt. Dort sollte ich eine bessere Schulbildung erhalten. Es war aufregend, ganz allein in die Großstadt zu ziehen – und es gab mir Gelegenheit, noch mehr zu kochen. Alle Mädchen, mit denen ich mich in der Schule anfreundete, waren kochbegeistert. Immer wenn wir am Wochenende Zeit hatten, kochten und aßen wir gemeinsam bei einer von uns. Da ich mein Wissen immer schon leidenschaftlich gern weitergab, begann ich nach dem Schulabschluss in Seoul ein Lehramtsstudium und

Im Uhrzeigersinn von links oben: YouTube-Studio in L. A.; Aufnahmen mit einem holländischem Fan; auf dem Fischmarkt in Mexiko; Nudeln mit schwarzer Bohnenpaste in L. A.; beim Essen-Fotografieren in meiner New Yorker Küche.

machte meinen Abschluss in Sozialwissenschaften. Das Universitätsleben gefiel mir so gut, dass ich Professorin werden wollte. Also machte ich einen Master-Abschluss in Pädagogik. Nach mehreren Assistenzen in Lehre und Forschung bekam ich dann eine Teilzeit-Professur. Doch noch bevor meine Karriere richtig startete, entschloss ich mich zu heiraten. Mein Mann war ebenfalls Professor. Als er eine Stelle in der Stadt Qwangju in Jeollanam bekam, zogen wir in den Süden. Ich schob meine Unikarriere auf die lange Bank, um mich ganz der Familie zu widmen.

Ich bekam zuerst einen Sohn und dann eine Tochter, und meine Kochleidenschaft richtete sich nun auf meine kleine Familie. Ich gab alles, um ihnen das beste Essen zuzubereiten.

Als die Kinder klein waren, bot sich meinem Mann die Chance, in Columbia im Bundesstaat Missouri zu promovieren. Mir war sehr bange vor einem Umzug in die USA, aber für die Kinder würde es gut sein, so früh Englisch zu lernen, und der Karriere meines Mannes konnte es nur nutzen. Also wanderten wir aus.

Heimatküche im Ausland

Missouri öffnete mir die Augen. Ich lernte zum einen das Leben in Amerika kennen, zum anderen aber auch die koreanische Auswanderergemeinde dort. Diese kleine Gruppe entstammte den unterschiedlichsten Landesteilen Koreas. Wir gaben einander Unterstützung und Ermutigung – und bekochten uns bei Mitbring-Partys mit allen möglichen köstlichen Gerichten aus Korea. Die Frauen brachten ihre Paradegerichte mit und wir besprachen beim Essen die Zubereitung. So lernte ich viele regionale koreanische Rezepte kennen, die ich wohl nie probiert hätte, wenn ich nicht aus Korea weggezogen wäre.

Nachdem mein Mann seinen Doktor gemacht hatte, zog unsere Familie wieder nach Korea. Aber als die Kinder erwachsen waren, ließen mein Mann und ich uns scheiden, und ich kehrte nach Nordamerika zurück, um im kanadischen Toronto neu anzufangen. Um Geld zu verdienen, machte ich verschiedene Jobs: Ich arbeitete als Kassiererin im Supermarkt nebenan, als Komparsin beim Film, als Übersetzerin und Dolmetscherin – und außerdem unterrichtete ich englische Grammatik für koreanische Immigranten und Schüler. Es fiel mir schwer, so weit weg von meiner Tochter und meinem Sohn zu leben – meine Tochter ging in Korea aufs College, mein Sohn arbeitete im Silicon Valley –, aber da ich immer gern was Neues ausprobierte, war es mir nie langweilig, und ich war dankbar dafür, finanziell auf eigenen Beinen stehen zu können. Bei allem, was ich unternahm, hatte ich Kochen und Essen im Sinn. Als ich im Supermarkt arbeitete und sah, dass Kunden mittags Sandwiches kauften, kam mir die Idee, im Supermarkt Gimbap (Seite 54) – Reisröllchen ähnlich wie Sushi – und Korean Fried Chicken (Seite 230) anzubieten. Ich brachte eine Riesenportion meines Erdnuss-Hähnchens mit, um den Filialleiter davon zu überzeugen, dass es sich großartig verkaufen würde. Die Kassiererinnen waren hellauf begeistert, aber der Entscheider, der Filialleiter, hatte leider eine Erdnussallergie und konnte nicht einmal probieren!

Maangchi wird geboren

Schließlich ergatterte ich eine gute Stelle als Beraterin bei einem gemeinnützigen Verein, wo ich koreanischen Familien half, das Leben im Westen zu meistern. Außerdem legte ich mir ein neues Hobby zu: Online-Computerspiele. Ich fand heraus, dass ich abends nur den Computer anschalten musste, um mich mit Menschen in Singapur, Los Angeles und Montreal anzufreunden, indem ich durch eine virtuelle Welt rannte und Bösewichte niedermetzelte. Meine Spielfigur war eine taffe, sexy Kämpferin mit lila Haaren und einem Riesenhammer. Ich führte die Mannschaft in die Schlacht und besiegte die größten Feinde. Als Namen für meine Figur wählte ich Maangchi, was auf koreanisch »Hammer« bedeutet: ein cooler Name für ein taffes Mädchen.

Zu dieser Zeit wurde YouTube populär. Von meinem netzaffinen Sohn kam schließlich die Idee, dass ich mich doch beim Kochen koreanischer Gerichte filmen und die Filme bei YouTube hochladen könnte. Dort gab es schon ein paar Videos mit koreanischen Rezepten, aber ich wusste, nachdem ich sie mir angesehen hatte, dass ich das viel besser konnte. Glücklicherweise hatte meine Digitalkamera eine Videofunktion. Das Ganze klang nach Spaß! Anfangs scheute ich davor zurück, mein Gesicht zu zeigen. Mein Sohn schlug vor, ich solle nur meine Hände bei der Arbeit filmen. Darüber dachte ich intensiv nach. Dann kam ich zu dem Schluss: Wenn schon, dann richtig. Ich würde mein Gesicht zeigen – und alle sollten sehen, wer ich bin.

2007 filmte ich mich dann bei der Zubereitung von Ojingeo-Bokkeum (Seite 183), einem süß-scharfen Wokgericht mit Tintenfisch. Am nächsten Tag schnitt ich das Video. Ich legte einen flotten Morrissey-Song darunter – leider ein wenig zu laut, wie ich heute finde. Das Bild war außerdem nicht immer richtig scharf, und mittendrin ging auch noch der Rauchmelder los. Aber ich fand das Video echt toll – und das Rezept war außerdem superlecker. Mein Nutzerkonto nannte ich Maangchi, dann lud ich das Video hoch, spielte es einmal ab und ging schlafen.

Maangchi bedeutet auf koreanisch »Hammer«: ein cooler Name für ein taffes Mädchen.

Ein paar Tage danach sah ich, dass Leute mein Video kommentiert hatten. Sie fragten nach bestimmten Zutaten. Sie wollten wissen, welche Sorte Chiliflocken und Sojasauce ich verwendet hatte und wo man diese kaufen konnte. Außerdem sprachen sie mir jede Menge Mut zu, mit den Videos weiterzumachen. Sie wollten vor allem wissen, wann mein nächstes Rezept käme. Ich filmte und schnitt ein Video über Doenjang-Jjigae (Seite 118) – eine Suppe aus fermentierter Bohnenpaste mit Garnelen, Tofu und Gemüse – und lud es zehn Tage später hoch. Ich wurde mit Kommentaren, Mails und Fragen überschwemmt und hatte von da an überhaupt keine Zeit mehr für Videospiele.

Seitdem zeige ich regelmäßig Videos mit Rezepten aus der koreanischen Küche auf YouTube. Darin vereine ich alle großen Leidenschaften meines Lebens: kochen, unterrichten, andere Menschen und Kulturen kennenlernen.

Mein guter Freund David – inzwischen auch mein Mann – half mir bei der Einrichtung meiner Website www.maangchi.com. Ich spielte meine Kochvideos dort ein und ergänzte sie nach und nach mit Rezepten sowie Angaben und Abbildungen zu schwer im Handel aufzutreibenden koreanischen Zutaten.

Meine Website entwickelte sich rasend schnell zu einem Forum, auf dem sich Menschen unterhielten und über sämtliche Fragen zur koreanischen Küche austauschten.

Irgendwann wurde meine Website so erfolgreich, dass ich meinen Job kündigen konnte. Ich zog nach New York und hatte von nun an die Chance, mich in Vollzeit dem Kochen zu widmen und ganz Maangchi zu werden.

Maangchis Freunde

Meine Website Maangchi.com hat inzwischen auf der ganzen Welt Leserinnen und Leser mit unterschiedlicher Motivation gefunden. Manche von ihnen sind zufällig in ein koreanisches Restaurant geraten, waren von den neuartigen Genüssen begeistert und möchten diese unbedingt zu Hause nachkochen. Andere Leser sind Exilkoreaner der zweiten Generation, die mit dem echten koreanischen Essen ihrer Mütter aufgewachsen sind, aber nie gelernt hatten, diese Gerichte selbst zu kochen. Manche von ihnen sind koreanische Adoptivkinder, die ihre Heimat verließen, als sie noch sehr jung waren. Manche haben in eine koreanische Familie eingeheiratet oder ein koreanisches Kind adoptiert.

Meine Leserinnen und Leser bringen haufenweise Fragen mit: Kann ich die Chilipaste selbst zubereiten? Wie lange hält sich Kimchi im Kühlschrank? Was ist Jjajangmyeon? Welche Gerichte eignen sich für Vegetarier, welche für Muslime? Kann ich Reismehl selbst aus Reis herstellen? Was ist ein guter Ersatz für Fischsauce? Die Fragen der Fans sind nachvollziehbar. Bislang gab es ja fast keine koreanischen Rezepte für ein englischsprachiges Publikum. Die Beschreibungen auf Menükarten in koreanischen Restaurants sind oft verwirrend, und die Bedienung spricht häufig kein Englisch – und selbst wenn es ein koreanisches Lebensmittelgeschäft in der Nähe gibt, finden sich Westler dort meist nur schwer zurecht, da die Aufschriften auf den Verpackungen oft ungenau übersetzt sind. Fest steht: Wenn ich ein Rezept auf Maangchi.com veröffentliche, beschreibe ich oft nicht nur als Erste die Zubereitung eines Gerichts, sondern erwähne meistens erstmals im Internet seinen englischen Namen.

Am besten kocht man sich durch das Buch, um die wunderbare Vielfalt der traditionellen koreanischen Küche entdecken.

Durch die Vielseitigkeit und Vielfalt meiner heimischen Esskultur wird meine Mission, die koreanische Küche für ein westliches Publikum zu »übersetzen«, allerdings sehr erleichtert. Aus geografischen Gründen stand den Koreanern immer eine breite Palette an Zutaten zur Verfügung, und sie waren clever und kreativ im Tausch von Zutaten (Seite 20). Dann war Korea lange isoliert. In dieser Zeit gab es kaum importierte Lebensmittel und »regional essen« war jahrhundertelang die Norm.

Seit Menschengedenken praktizieren wir in Korea Küchentechniken, die die Amerikaner lieben: das Marinieren, das Garen am Spieß, das Grillen und Räuchern von Fleisch. Zudem haben buddhistische Einflüsse für eine Vielfalt an vegetarischen Speisen gesorgt.

Am besten kocht man sich einfach durch das Buch, um die wunderbare Vielfalt der traditionellen koreanischen Küche entdecken. Es gibt viele Gerichte mit Fisch und Meeresfrüchten – ganz selbstverständlich bei einem Land, das von drei Seiten von Meer umgeben ist. Rind- und Schweinefleisch sind bei uns Koreanern äußerst beliebt, doch unsere Küche hat auch als ein historisches Erbe der Bergbewohner und Buddhisten viel Vegetarisches zu bieten. Koreas Küche ist zudem berühmt für scharfe Gerichte (aber man kocht auch gern Mildes) – und wir lieben zwangloses Streetfood, sind aber sehr stolz auf die raffinierte, feine Küche des königlichen Hofes.

Die Beziehung zwischen gutem Essen und Gesundheit ist uns bewusst. Lange bevor Wissenschaftler den gesundheitlichen Nutzen von gegorenen Nahrungsmitteln entdeckten, aßen wir in Korea schon haufenweise Kimchi – und heute schätzt man traditionelle koreanische Gerichte wie Seetangsuppe (Seite 99) und kandierten Ginseng (Seite 303) nicht nur wegen ihres Geschmacks, sondern auch wegen ihrer »verjüngenden« Eigenschaften.

Kimchi und Reis dürfen in Korea auf keinem Esstisch fehlen. Aber diese Grundbausteine sind keineswegs eintönig, sondern werden in erstaunlich vielen Variationen serviert. Kimchis verleihen Suppen und Eintöpfen Komplexität, bringen kalten Nudelgerichten die nötige Säure, wecken in herzhaften Puffer den Appetit und runden unzählige Beilagen ab.

Auch die Reisgerichte wechseln im Charakter zwischen Gerichten für ein stärkendes Frühstück wie Reisbrei mit Sesam (Seite 85), Desserts wie Süße Reiskuchen mit essbaren Blüten (Seite 296) und sogar einem malzigfrischen Reispunsch (Seite 294). Nurungji, knusprig gebratener Reis (Seite 47), ist bei uns ein begehrter Snack.

Klar war mir von Anfang an, dass es unzählige koreanische Rezepte gibt – ich könnte also jahrelang Rezepte veröffentlichen und käme wohl zu keinem Ende. Ich habe mir daher zum Ziel gesetzt, ein unverzichtbares Kochbuch für all die zusammenzustellen, die autgentisch koreanisch kochen lernen wollen.

Wer mit mir koreanische Gerichte zubereitet, der hat bald seinen Kühlschrank voll mit Leckerem – reichhaltigen Beilagen (Banchan), Chilipaste, fermentierter Bohnenpaste und Kimchi aus Kohl, Rettich oder Gurke –, das nur darauf wartet, beim Frühstück, Mittag- oder Abendessen zum Einsatz zu kommen.

Hinweis: Bei der Umschrift der koreanischen Begriffe folgt die Übersetzung in diesem Buch dem englischen Original – auch um die Suche im Internet etwas zu erleichtern. Verwendet wird die revidierte Romanisation des Koreanischen nach dem *Korean Food Guide in English* (2003) der Korean Food Foundation. Zur leichteren Aussprache wurden Bindestriche hinzugefügt (alle Silben werden gleich betont!). Mithilfe dieser Umschrift sollte es problemlos möglich sein, in koreanischen Restaurants oder Lebensmittelgeschäften das zu bestellen, was man essen möchte.

Die wichtigsten koreanischen Zutaten

Sogar auf Reisen habe ich die folgenden Essentials immer in meinem Gepäck. Mit diesen wenigen Basiszutaten der koreanischen Küche lassen sich schon viele unterschiedliche Rezepte zubereiten, die ich im Buch vorstelle:

Fermentierte Sojapaste (Doenjang)
Fischsauce (Aekjeot)
koreanische Chiliflocken (Gochu-Garu)
koreanische rote Chilipaste (Gochujang)
Kurzkornreis (Mep-Ssal)
Sojasauce (Jin-Ganjang)
Geröstetes Sesamöl (Cham-Gi-Reum)

DIE KOREANISCHE MAHLZEIT

Ein echtes koreanisches Mahl wird anders zubereitet und serviert als ein westliches (wobei man die Rezepte in diesem Buch selbstverständlich auch für eine Mahlzeit nach westlicher Art verwenden kann). Ein Hauptunterschied ist, dass alle Gerichte (außer dem Nachtisch) gleichzeitig aufgetragen werden.

Reis: die Grundlage

Mit wenigen Ausnahmen (dann, wenn bei einem Mahl Nudelgerichte, Brei, Klöße oder Reiskuchensuppe im Vordergrund stehen) bildet eine Schüssel Reis den Mittelpunkt der meisten koreanischen Mahlzeiten. Reis ist in der koreanischen Küche mehr als nur eine Sättigungsbeilage. Das koreanische Wort für Reis, Bap, bedeutet auch »Mahlzeit«.

Kimchi, Suppe oder Eintopf (manchmal beides) und Sauce

Bei einer traditionellen koreanischen Mahlzeit wird der Reis zusammen mit drei anderen Grundkomponenten serviert: Kimchi, Suppe oder Eintopf und einem Schälchen Sojasauce. Diese drei Komponenten sind so wesentlich für ein echtes koreanisches Mahl, dass sie einfach vorausgesetzt werden – auch wenn viele Koreaner heutzutage der Einfachheit halber die Sauce weglassen.

Im Rahmen dieses einfachen Grundgerüsts ist ein hohes Maß an Abwechslung und Vielfalt möglich. Da Kimchi fermentiert wird, schmeckt es von Tag zu Tag ein wenig anders. Außerdem gibt es eine riesige Auswahl von Kimchi-Sorten. Das Gleiche gilt für Suppe und Eintopf, deren Grundrezepte sich schier endlos variieren lassen. Die beliebteste koreanische Suppe, die aus fermentierter Sojapaste zubereitet wird, enthält saisonal wechselndes Gemüse, sodass sich Geschmack und Konsistenz der Suppe immer wieder ändern.

Beilagen – Banchan

Das übrige Mahl besteht aus Banchan, was oft mit »Beilagen« übersetzt wird. Unter den Begriff fallen frisches, gegartes oder gegorenes Gemüse, Pfannkuchen, Fisch oder Fleisch vom Grill oder aus der Pfanne, gedünstete oder fermentierte Meeresfrüchte, roher Fisch mit Sauce oder Fisch aus dem Wok.

Traditionell serviert man Banchan in Dreier-, Fünfer-, Siebener-, Neuner- oder Zwölfergruppen, wobei drei Banchan ein einfaches Mahl ergeben und zwölf ein wirklich königliches. Eine traditionelle Drei-Gerichte-Mahlzeit (Sam Cheop Bansang) besteht aus Reis, Kimchi und Suppe, die zusammen mit drei Banchan und einem Schälchen Sojasauce aufgetragen werden – sie setzt sich also aus sieben verschiedenen Gerichten zusammen. (Allerdings verzichtet man heute aus Zeitnot häufig auf die Banchan und begnügt sich mit einem Imbiss aus Reis, Kimchi und Suppe oder Eintopf.)

Die Fünf Elemente

In der antiken chinesischen Philosophie, die die Koreaner übernommen haben, wird der gesamte Kosmos von den Fünf Elementen beherrscht: Holz, Feuer, Erde, Metall, Wasser.

Mit den Wechselwirkungen dieser Elemente lässt sich fast alles erklären – von Planetenbahnen über Bauchweh und Wahlergebnissen bis hin zur Entscheidung über das Essen.

Beim Kochen finden die Fünf Elemente in den Geschmacksrichtungen sauer, bitter, süß, scharf und salzig ihre Entsprechung. Die Geschmacksrichtungen wiederum stehen mit den Farben Blau/Grün, Rot, Gelb sowie Weiß und Schwarz in Verbindung. Traditionell werden die Mahlzeiten so komponiert, dass Kontraste und Harmonien zwischen den verschiedenen Geschmacksrichtungen und Farben entstehen. Diese Kombination müssen äußerst geschickt bewerkstelligt werden, wenn das Essen ein Erfolg werden soll.

FARBE	ELEMENT	GESCHMACK
Blau/Grün	Holz	sauer
Rot	Feuer	bitter
Gelb	Erde	süß
Weiß	Metall	scharf
Schwarz	Wasser	salzig

Yin und Yang

Eine weitere chinesische Idee, die die koreanische Denk- und Kochweise stark beeinflusst hat, ist die Unterscheidung zwischen Yin und Yang (koreanisch: Um und Yang), die Vorstellung, dass zwei einander entgegengesetzte und doch miteinander verbundene Urkräfte alles im Universum bestimmen und immer in harmonischem Gleichgewicht stehen sollten.

Der Körper hat Yin- und Yang-Anteile, die sorgsam in Balance gehalten werden sollten, um die Gesundheit zu erhalten. Dies kann unter anderem durch die Ernährung geschehen. Wer viel Yang im Körper hat, bekommt womöglich Appetit auf Yin-Nahrung, um dies auszugleichen. Einzelne Gerichte sollten nicht nur in sich ausgewogen sein, sondern auch im Verhältnis zum Rest der Mahlzeit. Wraps mit Schweinefleisch und Austernsalat (Seite 248) enthalten zum Beispiel Schweinefleisch, ein Yin-Nahrungsmittel. Sie werden mit gesalzenen, fermentierten Garnelen serviert, einem Yang-Element.

Harmonie und Balance

Keine koreanische Hausfrau denkt beim Abschmecken des Essens »da muss etwas mehr vom Element Holz ran« oder zählt die Beilagen, um sicherzugehen, dass ihre Anzahl dem Anlass und der Bedeutung der Gäste gerecht wird. Eine koreanische Hausfrau verfällt auch nicht in Hektik, um einem Gericht mehr Yang zu verleihen. Aber zweifelsohne haben die uralten Philosophien Konsistenz und Geschmack koreanischer Speisen geprägt.

Im Idealfall sind Yin und Yang ausgeglichen und alle Fünf Elemente in ausgewogenem Maß vertreten. Absolute Regeln gibt es nicht, aber alle Bestandteile eines Mahls sollten einander ergänzen. Wenn auf dem Tisch farbenfrohe Gerichte stehen, die sich in ihren Zutaten, im Schärfegrad, in Temperatur und Garmethode unterscheiden, kann man von einem harmonischen Mahl sprechen. Anregungen für harmonische Kombinationen sind unter »Koreanische Mahlzeiten« (Seite 305) zu finden.

Jahreszeiten, Wetter und Gesundheit

Koreanische Köchinnen und Köche lassen sich auch von den Jahreszeiten, vom Wetter und von gesundheitlichen Aspekten leiten. Wir halten saisonales Essen für gesünder, weil es im Einklang mit der Natur steht. In der modernen Welt ist zwar so ziemlich jede gewünschte Zutat das ganze Jahr über verfügbar, aber dennoch schmecken bestimmte Zutaten zu bestimmten Zeiten einfach besser: Im Spätherbst geernteter Kohl ergibt beispielsweise das beste Kimchi.

in die Speiseplanung spielt auch das Wetter hinein. Bei nasskaltem Regenwetter kochen Koreaner sich sehr gern Handgezupfte Nudeln in Suppe (Seite 76), um bei bester Laune zu bleiben und dem ungemütlichen Wetter mit Gemütlichkeit zu begegnen.

Gesundheitliche Aspekte haben in der koreanischen Küche schon immer eine große Rolle gespielt, da die traditionelle koreanische Medizin nicht zwischen Nahrungs- und Arzneimitteln trennt. Mahlzeiten sind hier immer auch eine Gelegenheit, um Gesundheit und Wohlbefinden zu erhalten und zu verbessern.

Bei der Auswahl der Speisen nimmt man daher in der Regel auf die gesundheitlichen Probleme und Bedürfnisse der Essenden Rücksicht. Wer beispielsweise gerade aus dem Krankenhaus kommt und normale Nahrung noch nicht so gut verdauen kann, isst lieber erst mal Juk, einen Brei (Seite 64ff.). Wer von der Sommerhitze erschöpft ist und wenig Appetit hat, bevorzugt eine kalte Gurkensuppe mit Reis (Seite 146). Ich genieße zum Beispiel jeden Tag ein Stückchen kandierten Ginseng (Seite 303) – nicht nur, weil ich eine große Naschkatze bin, sondern auch, weil Ingwer meinem Immunsystem guttut.

Das traditionelle koreanische Essen

In Korea sind Esstische nach alter Tradition niedrig, und man sitzt auf Kissen auf dem Boden. Die meisten Häuser hatten früher eine Fußbodenheizung (Ondol), und daher war der Boden die wärmste Stelle des Hauses. Heutzutage benutzt man allerdings zu Hause und in Restaurants oft Tische nach westlicher Art.

Die Banchan (Beilagen) teilen sich alle Essenden, aber jeder am Tisch bekommt eigene Schüsseln mit Reis und Suppe. Die Reisschüssel wird vor dem Essenden serviert, die Suppenschüssel rechts davon. Rechts der Suppenschüssel liegen in der Regel ein Löffel und zwei Essstäbchen – der Löffel gleich neben der Suppe, die Essstäbchen rechts außen.

Der Löffel dient zum Essen des Reises, der Suppe und anderer Flüssigkeiten. Es gilt als unfein, die Suppenschüssel anzuheben, hochzuhalten oder daraus zu trinken, wie es in anderen Kulturen üblich ist. Achtung: Auch die Reisschüssel wird in Korea niemals angehoben, um daraus zu essen.

Essstäbchen verwendet man, um aus den Banchan-Schüsseln zu essen und alle anderen Happen zum Mund zu führen. Koreanische Stäbchen sind aus Metall gearbeitet, und ihre Verwendung verlangt nach etwas Übung, da sie dünner, schwerer und glatter sind als Holzstäbchen. Man muss sich erst an die Handhabung gewöhnen, um zu merken, wie geschickt man damit umgehen kann.

Als unhöflich gilt es, mit den Essstäbchen in den Banchan-Schälchen nach Leckerbissen zu stochern. Man pickt sich stattdessen einen gewünschten Beilagenhappen – am besten gerade nur so viel, wie man auf einmal essen kann – mit entschlossenem, gezieltem Griff aus dem Banchan-Schälchen.

Ich weiß, dass es manchen Nichtkoreanern widerstrebt, Banchan zu essen, die mit den Essstäbchen anderer Gäste in Berührung gekommen sind. Wenn ich diese Abneigung bei meinen Gästen vermute, lege ich zusätzlich Servierlöffel und Stäbchen für die Banchan bereit, damit alle Gäste entspannt bleiben.

Es gilt als unhöflich, mit den Essstäbchen in den Banchan nach Leckerbissen zu stochern.

Sind alle Gerichte aufgetragen, sollte niemand mit dem Essen beginnen, bevor der oder die Älteste am Tisch den Anfang gemacht hat. Dann nimmt man sich abwechselnd von den Banchan-Gerichten und kombiniert sie so miteinander, wie es der eigenen Vorstellung von Harmonie und Balance entspricht. Man nimmt sich zum Beispiel einen Happen Reis, dann knackiges Kimchi, einen Pollackpuffer (Seite 202) oder einen zarten, in Teig gebratenen Fisch. Danach befeuchtet man sich vielleicht den Gaumen mit ein paar Löffeln würziger Rindfleisch-Rettich-Suppe (Seite 105). Danach hat man möglicherweise Appetit auf etwas Reichhaltiges wie Scharf gebratenes Schweinefleisch (Seite 171). Jeder Bissen wird durch die kontrastierenden Aromen des vorhergehenden und des nächsten Bissens verstärkt.

Üblicherweise reicht man zum Essen kein Wasser, da Suppen und Eintöpfe Flüssigkeit enthalten. Manchmal gibt es zum Essen auch Alkohol. Anschließend wird oft Tee aus geröstetem Reis oder Gerstensud getrunken, den man im Winter warm, im Sommer kalt serviert.

Oft wird heute nach dem Essen ein Dessert in Form von Obst angeboten – Erdbeeren, Trauben, Melonen, Äpfel, Kaki oder Birnen. Bei besonderen Anlässen gibt es Reis-, Kaki- oder Birnenpunsch (Seite 293) oder Süßen Reis mit Trockenobst und Nüssen (Seite 298).

Wie man dieses Buch verwendet

Wie man im Handumdrehen köstliche Speisen auf den Tisch bringt, das wissen koreanische Hausfrauen auf der ganzen Welt. Sie verlassen sich meist auf ihre Mitbanchan – im Voraus und in großen Mengen zubereitete Speisen. Wer also Reis kocht und Kimchi vorrätig hat (und wer hat das als koreanische Hausfrau nicht?), der kann einfach ein paar Mitbanchan aus dem Kühlschrank nehmen und daraus im Handumdrehen ein köstliches, nahrhaftes Mahl zusammenstellen. Einen großen Topf Scharfe Gemüsesuppe mit Rind (Seite 106), eine Seetangsuppe (Seite 99) oder Sojasprossensuppe (Seite 103) kann man ohne Weiteres mehrere Tage hintereinander auf den Tisch bringen, ohne dass es langweilig wird.

Ein anderer Ansatz besteht darin, neue Rezepte am Wochenende immer wieder zu kochen und zu üben, bis sie auch unter der Woche nach der Arbeit zuverlässig und rasch gelingen. Die Übung macht's also auch beim Kochen. Die meisten Besuche verzeichnet meine Website übrigens samstags, sonntags und montags. Ich bin dann am stärksten als Ratgeberin gefragt, wenn meine Leserinnen und Leser ein neues Rezept ausprobiert haben und von ihren Erfahrungen berichten.

Manche der Rezepte in diesem Buch sind in Minutenschnelle auf den Tisch gebracht – aber es lohnt sich tatsächlich, sich auch an etwas aufwendigere Rezepte wie zum Beispiel Kimchi (Seite 120ff.) heranzutrauen oder an eine der fermentierten Jang-Saucen und Jang-Pasten wie Gochujang (Seite 268) oder Gang-Doenjang (Seite 162). Diese koreanischen Rezepte schenken über Wochen und Monate hinweg nahrhaften Genuss. Sie sind das Herz der koreanischen Küche.

Alternativzutaten auf einen Blick

Es gibt koreanische Zutaten – rote Chiliflocken und geröstetes Sesamöl wären hier zu nennen –, die einfach unersetzlich sind. Wenn man nach diesem Buch kochen möchte, muss man diese Zutaten irgendwo auftreiben. Wer jedoch bereit ist, der Einfachheit halber ein wenig auf Authentizität zu verzichten, kann bestimmte Zutaten auch ersetzen.

Im Laufe der Jahre haben mir viele meiner Leser von Ersatzprodukten berichtet, die sie mit Erfolg verwendet haben: Spaghetti statt Jjajangmyeon-Nudeln, gewöhnliche Auberginen statt koreanische Auberginen und so weiter. Wer eine Zutat in einem Rezept austauschen möchte, nur zu, aber lasst es mich unbedingt wissen, wie das Gericht damit geschmeckt hat! Viele meiner Rezepte enthalten Vorschläge für mögliche Alternativen. Hier eine kurze Übersicht, welche Produkte sich gut durch andere Produkte ersetzen lassen:

Azukibohnen ▸ Mungbohnen
Enoki-Pilze ▸ Austernpilze, in sehr feine Streifen geschnitten
Farnspitzen ▸ Wildspargel; blanchierter Spinat mit Salz und Sesamöl; gewürzte Sojasprossen
Jjajangmyeon-Nudeln ▸ Spaghetti
Jujuben ▸ getrocknete Cranberries
Koreanische Aubergine ▸ Aubergine
Koreanische Birne ▸ andere Birnensorten (z. B. Bosc oder Anjou)
Koreanischer Chili ▸ Jalapeños, Serranos oder andere rote oder grüne Chilischoten (7–10 cm lang)
Koreanische Petersilie ▸ Brunnenkresse
Koreanischer Rettich ▸ Japanischer Daikon-Rettich
Koreanisches Senfpulver ▸ Senfpulver
Koreanische Suppen-Sojasauce (Seite 31; 274) ▸ Fischsauce (Seite 29)
Reissirup ▸ Maissirup/Ahornsirup
Schnittknoblauch ▸ Lauchzwiebeln
Sojasprossen ▸ Mungbohnensprossen
Speisechrysantheme ▸ frische Minze oder frischer Basilikum
Strumpfbandfisch ▸ Makrele (frisch)
Surimi ▸ Garnelen, Krebsfleisch oder Karotten (vor allem wegen der Farbe)

ZUTATEN DER KOREANISCHEN KÜCHE

Viele Rezepte in diesem Buch können mit Zutaten gekocht werden, die in jedem Supermarkt erhältlich sind. Wer aber authentisch koreanisch kochen möchte, braucht ein paar spezielle Zutaten, die man nur in koreanischen Lebensmittelgeschäften, Asiamärkten oder auch online kaufen kann (Seite 311). Um den Einkauf zu erleichtern, sind im Folgenden auch die koreanischen Bezeichnungen aufgeführt.

Austern (Naengdong-Gul) sind hierzulande nicht überall in guter Qualität und frisch erhältlich. In koreanischen Läden bekommt man aus Korea importierte, tiefgefrorene Austern. Sie sind auch zum Rohverzehr geeignet.

Azukibohnen (Pat) werden in ganz Asien angebaut. In Korea verwendet man die roten Bohnen oft für süße oder süßlich-herzhafte Gerichte, beispielsweise für Bohnenbrei mit Reiskugeln (Seite 87). Getrocknete Azukibohnen sind in vielen Bioläden und in Asialäden erhältlich.

Brauner Reissirup (Ssal-Yeot) ist ein klebriges flüssiges Süßungsmittel, ähnlich wie Maissirup, aber aus Reis hergestellt. Er besitzt einen leicht nussigen Geschmack. Falls der Sirup im Supermarkt, Bioladen oder Asiamarkt nicht aufzutreiben ist, verwendet man ersatzweise Mais- oder Ahornsirup.

Chili-Fäden (Silgochu) bestehen aus getrockneten, sehr fein geschnittenen Chilischoten. Sie werden vorwiegend zum Garnieren von Gemüsegerichten oder Mungbohnenpuffern (Seite 196) verwendet. Man findet sie in koreanischen Läden in der Regel bei den Chiliflocken.

Bae, die Koreanische Birne, wird auch Japanische, Asiatische, Chinesische Birne, Kumoi, Nashi oder Apfel-Birne genannt. Ähnlich wie Birnen der Sorte Bosc hat diese Frucht eine dünne, goldbraune Haut und süßes Fleisch. Sie ist knackiger und saftiger als andere Birnensorten und sollte vor dem Verzehr geschält werden. Falls sie im Supermarkt nicht erhältlich ist, nimmt man stattdessen am besten Birnen der Sorten Bosc oder Anjou (Seite 20).

Eingelegter Daikon (Danmuji), japanisch *takuan*, ist aufgrund seiner leuchtend gelben Farbe unverkennbar. Dieser süß-salzig-saure Rettich spielt eine wesentliche Rolle bei der Zubereitung von koreanischen Reisröllchen (Seite 54). In koreanischen oder japanischen Läden ist er im Kühlregal zu finden, entweder ganz oder in Scheiben, mit so viel Lake eingeschweißt, dass er feucht bleibt. Im Kühlschrank hält er sich mehrere Monate.

Enoki-Pilze (Paengi-Beoseot) sind etwa 10 Zentimeter lang und dünn. Sie kommen in vielen asiatischen Gerichten zum Einsatz. Man findet sie im Supermarkt oder im Asialaden. Achtung: Die Pilze sollten fest und weiß sein, keinesfalls glitschig oder fleckig.

Essbare Blüten (Sik-Yong-Kkot) verschönern so manches koreanische Dessert. Achtung: Vor dem Kochen sollte man sich erkundigen, welche der dekorativen Blüten essbar sind (viele Blumen sind es nämlich nicht!). Am besten kauft man essbare Blüten aus Bio-Anbau, die nicht mit Pestiziden behandelt wurden.

Wer Extrastarke fermentierte Sojapaste (Cheonggukjang) nicht selbst herstellen will (Seite 266), kann sie auch im koreanischen Einzelhandel kaufen. Diese sehr pikante Paste wird für den Eintopf mit extrastarker Sojapaste (Seite 109) verwendet. Im Kühlschrank hält sie sich bis zu 1 Monat, tiefgefroren bis zu 3 Monate.

Farnspitzen (Gosari), auch Bracken genannt, werden in den koreanischen Bergen im Frühling wild gesammelt und roh oder blanchiert gegessen. Sie gehören zu den wenigen Farnen, die genießbar sind. Da die Verwechslungsgefahr mit hochgiftigen Arten groß ist, sollte man sie ausschließlich in koreanischen Geschäften kaufen. Getrocknete Farnspitzen bewahrt man luftdicht verschlossen an einem kühlen Ort auf. Ersatzweise nimmt man Wildspargel, blanchierten Spinat oder gewürzte Sojasprossen (Seite 20).

Fermentierter Rochen (Hong-Eo) ist eine koreanische Delikatesse, die man schon fertig filetiert in der Frischfisch- oder TK-Abteilung von koreanischen Lebensmittelläden kaufen kann.

Fermentiertes Sojamehl (Meju-Garu) ist eine wichtige Zutat für Koreanische rote Chilipaste (Seite 268). In koreanischen Läden steht das Mehl meistens in der Getreideabteilung neben dem Gerstenmalzpulver (Seite 24).

Fermentierte Sojapaste (Doenjang) ist ein klassisches fermentiertes Würzmittel, das für Suppen und Eintöpfe, Gemüse-, Fleisch- und Fischgerichte, sowie für Dips zum Einsatz kommt. Die Paste kann allein verwendet werden, unter Gemüse gemischt oder mit Knoblauch, Sesamöl und Koreanischer roter Chilipaste zu einem Dip verrührt werden (Seite 282). Diese Paste würzt vor allem die Brühe für den Garnelen-Eintopf mit Sojapaste (Seite 118). Heutzutage verwenden die meisten Koreaner industriell hergestellte Sojapaste, wie man in jedem koreanischen Geschäft bekommt, aber man kann sie auch auf althergebrachte Weise selbst zubereiten (Seite 263).

Fischkuchen (Eomuk) ist ein Produkt aus Fisch-, Tintenfisch- oder Krabbenmehl, Kartoffelstärke, Mehl und Zucker. Fischkuchen kommt zum Beispiel im Rezept für Sautierten Fischkuchen (Seite 180) vor. In Korea wird er gern zusammen mit herzhaftem Reiskuchen als Streetfood verkauft. Fischkuchen gibt es in der Kühl- oder Tiefkühlabteilung koreanischer Geschäfte. Nach dem Öffnen hält sich der Kuchen luftdicht verpackt bis zu 1 Woche im Kühlschrank und bis zu 3 Monate im Tiefkühlfach.

Frittierter Tofu (Yubu) ist außen knusprig und innen luftig und bissfest, weil er vorfrittiert wurde. Ich verwende ihn für meine Nudeln in Sardellenbrühe (Seite 74), bei den vegetarischen Varianten von Reissalat mit rohem Fisch (Seite 62) und den Reisröllchen (Seite 54). Yubu findet man in den Tiefkühltruhen von koreanischen oder japanischen Läden. Nach dem Öffnen kann man ihn tiefgekühlt weitere 3 Monate aufbewahren.

Gelbe Sojabohnen (Meju-Kong) werden in der koreanischen Küche häufig verwendet. Sie sind die Hauptzutat von Fermentierter Sojapaste (Seite 263) und Extrastarker fermentierter Sojapaste (Seite 266) und eignen sich überdies als Ersatz für schwarze Sojabohnen im Rezept für Süße Schwarzbohnen (Seite 163). Man erhält sie im Asialaden.

Gerösteter Sesam (Bokkeun-Kkae) – ob weißer oder schwarzer Sesam – verleiht Gerichten ein nussiges Aroma. Man kann fertig gerösteten Sesam verwenden oder aber rohe Samen kaufen und bei Bedarf selbst rösten. Bereits gerösteter Sesam darf nicht abgespült werden, denn dadurch verklumpen die Samen. Geröstete schwarze Sesamsamen bekommt man in koreanischen Lebensmittelgeschäften. Dort findet man sie in der Regel neben den weißen Sesamsamen. Gerösteter Sesam schmeckt nussiger und ein bisschen bitterer als die gewöhnlichen Sesamsamen. Sesamsamen kann man auch leicht selbst rösten: Dazu die Samen in einem feinen Sieb unter fließendem Wasser abspülen und gut abtropfen lassen. Eine Pfanne oder einen Wok erhitzen und die gewaschenen Samen hineingeben. Mit einem Kochlöffel umrühren, bis sie gleichmäßig goldbraun und knusprig sind und angenehm nussig duften. Die Röstzeit ist abhängig von der Samenmenge. Beim Rösten pufft Sesam etwas auf.

Geröstetes Sesamöl (Cham-Gi-Reum) wird manchmal auch als asiatisches Sesamöl bezeichnet und sollte nicht mit dem Sesamöl verwechselt werden, das in großen Flaschen im Pflanzenöl-Regal steht. Geröstetes Sesamöl verleiht Speisen ein reichhaltiges, nussiges Aroma.

Geschälte Mungbohnen (Geopi-Nokdu) sind gelb, halbiert und so groß wie Linsen. Ihre äußere Hülle ist entfernt. Sie sind die Grundlage für köstliche Mungbohnenpuffer (Seite 196). Zu finden sind sie bei den Hülsenfrüchten in Asialäden, Bioläden und großen Supermärkten.

Gerstenmalzpulver (Yeotgireum-Garu) ist unverzichtbar für selbst gemachte Koreanische rote Chilipaste (Seite 268) oder Reispunsch (Seite 294). Das Pulver erhält man in koreanischen Lebensmittelläden.

Getrocknete Algen (Mareun-Miyeok), in Japan als *wakame* bekannt, werden in der koreanischen Küche vielfältig eingesetzt, zum Beispiel für Seetangsuppe (Seite 99) und Algensalat (Seite 144). Beim Aufquellen gewinnen die getrockneten Algen stark an Volumen. Sie werden in koreanischen oder japanischen Geschäften und in Bioläden verkauft.

Getrocknete Algenblätter (Gim), japanisch *nori*, entstehen, indem Algen ähnlich wie bei der Papierherstellung erst zerkleinert und dann getrocknet werden. Die Blätter werden zum Rollen von Gimbap (Seite 54) verwendet. Über offener Flamme geröstet und zerbröselt, eignen sie sich zum Garnieren von Reissalat mit rohem Fisch (Seite 62) oder Bohnengelee mit Gemüse und Rinderbrust (Seite 238). Tiefgekühlt halten sie sich ein halbes Jahr.

Getrocknete Ballonblumenwurzel (Doraji) wird in der koreanischen Küche viel verwendet und gilt auch als Heilmittel. Die Wurzeln ähneln dem Ginseng (Seite 27) und schmecken bitter mit starkem, ginsengartigem Duft. Die getrockneten Wurzeln bekommt man in koreanischen Geschäften in Tüten. Dürre, braune Wurzeln sollte man beim Kauf meiden; am besten sind die dicken, weißen Wurzeln.

Getrocknete Feilenfisch-Filets (Juipo) werden eingeschweißt in koreanischen Lebensmittelgeschäften angeboten. Die zähe Konsistenz der Filets ähnelt der von Jerky (Trockenfleisch). Daher wird getrockneter Feilenfisch in Korea auch gern in der Lunchbox mitgenommen. In süßer oder scharfer Sauce gekocht, wird daraus ein leckeres Banchan-Gericht.

Getrocknete Kaki (Got-Gam) haben Süße und Biss: In Korea werden die Früchte im Herbst geerntet, zusammengebunden und zum Trocknen aufgehängt. Weiß ausblühender Zucker an der Oberfläche zeigt an, dass die Früchte trocken und süß sind. Man erhält die getrockneten Kaki in Asialäden. Tiefgekühlt können sie ein paar Monate aufbewahrt werden.

Getrocknete Qualle (Haepari) besitzt so gut wie keinen Eigengeschmack, hat jedoch eine knackige Konsistenz, die man für Kalten Quallensalat (Seite 252) braucht. Man findet sie im Asialaden.

Getrockneter Pollack oder Pollock (Bug-Eo-Chae) ist eine weißfleischige Dorschart. Sie wird in Korea auch frisch gegessen, meist aber auch durch Trocknen haltbar gemacht (am besten in der Meeresbrise). Durchgetrocknet ist der Fisch hart wie ein Holz. Früher musste er weichgeklopft werden, bevor man ihn zerpflücken konnte. Heute wird getrockneter Pollack in koreanischen Geschäften fertig zerpflückt verkauft. Er muss nicht gewaschen werden, aber man sollte ihn in mundgerechte Stücke schneiden. In Suppe gegart wird der Fisch weich, bleibt aber ein wenig zäh. Getrockneter Pollack hält sich luftdicht verpackt im Tiefkühlfach bis zu 6 Monate.

Getrocknete Sardellen (Mareun-Myeolchi) bekommt man in koreanischen Lebensmittelläden in unterschiedlichen Größen und Packungen. Kleinere Sardellen werden mit Sojasauce und scharfer Chilipaste geröstet und im Ganzen als Beilage gegessen. Größere Sardellen geben Brühen und Suppen ihren vollen Geschmack. Die winzigen Gräten enthalten viel Kalzium und gelten als gesund. Sardellen lassen sich im Gefrierbeutel oder in Plastikdosen einfrieren. Bei größeren Sardellen entfernt man vor dem Verzehr Kopf und Gedärm (die schwarzen Innereien).

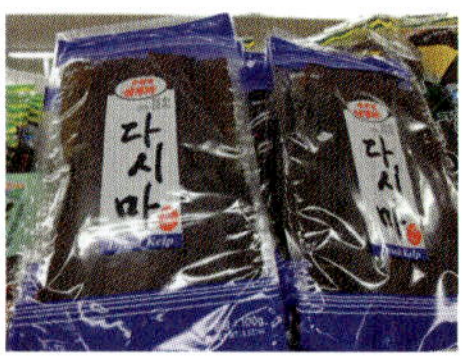

Getrockneter Seetang (Dashima), in Japan *kombu* genannt, ist ein nahrhaftes Meeresgemüse, das in vielen koreanischen Gerichten verwendet wird, etwa in knusprigen Algenchips (Seite 212) oder in Sardellen-Algen-Brühe (Seite 96). Der Tang sollte luftdicht verpackt an einem kühlen, trockenen Ort aufbewahrt werden.

Getrocknete Süßkartoffelstängel (Mallin-Goguma-Julgi) verwendet man für Suppen, Eintöpfe und Beilagen. In Korea werden die Süßkartoffeln im Herbst geerntet – mitsamt der langen, süßen, fleischigen Strünke. Frische Süßkartoffelstängel sind im Westen nur schwer zu bekommen. Die getrockneten Stängel findet man in koreanischen Lebensmittelläden. Luftdicht verpackt halten sie sich monatelang an einem kühlen, trockenen Ort.

Getrockneten Tintenfisch (Mareun-Ojingeo) gibt es in Einzel- oder Zwölferpackungen. Tintenfisch hat getrocknet einen viel intensiveren Geschmack als frisch. Man findet ihn bei den anderen Trockenfischen im koreanischen Lebensmittelgeschäft. Im Tiefkühlfach hält er sich bis zu 3 Monate.

Ginseng (Susam) ist eine der ältesten und beliebtesten Heilpflanzen der Welt. Die fleischigen Wurzeln dieser langsam wachsenden, mehrjährigen Pflanze werden in Korea wegen ihrer gesundheitsfördernden Eigenschaften sehr geschätzt und zu Tee und Süßigkeiten verarbeitet. Frische Ginsengwurzeln findet man in der Kühltheke von Asialäden. Gekühlt hält er sich bis zu 2 Wochen.

Holzkohle (Soot) aus Hartholz braucht man bei der Herstellung von Fermentierter Sojapaste (Seite 263) und Koreanischer Suppen-Sojasauce (Seite 274). Man bekommt sie in koreanischen Lebensmittelgeschäften.

Jujuben (Daechu), auch Chinesische Dattel, Kumul-Dattel, Rote Dattel oder Azufaifa genannt, sind die Beerenfrüchte eines in Südasien beheimateten Baums. Getrocknet sind sie rot und schrumpelig und schmecken herbsüß (fast ein bisschen wie Rosinen). Man findet sie im Asialaden. Luftdicht verpackt kann man die Beeren auch einfrieren. Getrocknete Jujuben lassen sich durch getrocknete Cranberries ersetzen (Seite 20).

Klebreis (Chap-Ssal) wird auch als süßer Reis *(sweet rice)* bezeichnet, obwohl er gar nicht süß ist. Klebreis enthält auch kein Gluten (»Weizenkleber«), wie viele meinen. Der Reis ist klebriger und zäher als normaler Kurzkornreis. Er sollte luftdicht, kühl und trocken aufbewahrt werden. Zu finden ist er in Asialäden und in manchen Supermärkten.

Brauner Klebreis (Hyeonmi-Chapssal) ist ein Vollkornreis mit klebriger Konsistenz (er enthält mehr Stärke als normaler Kurzkornreis). Zusammen mit Gerste und weißem Reis gekocht, ergibt er eine typisch koreanische Mehrkornmischung. In koreanischen Läden erhältlich.

Klebreismehl (Chap-Ssal-Garu) entsteht aus Klebreis und enthält, da es nicht aus Weizen besteht, kein Gluten (»Weizenkleber«). In Japan ist es als *mochiko* bekannt und wird auch von amerikanischen Herstellern so bezeichnet. Das Mehlsollte luftdicht verschlossen, kühl und trocken aufbewahrt oder tiefgefroren werden. Klebreismehl ist in Asialäden erhältlich.

Klettenwurzel (Ueong-Ppuri) ist roh äußerst hart, schmeckt gedünstet aber nach Kräutern und bekommt einen knackigen Biss. Beim Einkaufen sollte man auf eine glatte Oberfläche ohne Flecken achten. Klettenwurzel ist in koreanischen, chinesischen oder japanischen Läden zu finden. Als Ersatz eignen sich Lotuswurzeln (Seite 31), die gedünstet werden.

Koreanische Auberginen (Gaji) sind dünn, leicht und verglichen mit normalen Auberginen zarter und weniger bitter, mit weicherer, luftigerer Konsistenz. Man findet sie im Asialaden oder mit Glück auf dem Wochenmarkt. Ersatzweise nimmt man kleine Auberginen (Seite 20).

Koreanische Chiliflocken (Gochu-Garu) gibt es in milden und scharfen Varianten. Für manche Gerichte nehme ich die milderen Flocken, damit ich mehr davon verwenden und das Gericht damit mehr röten kann. Beim Einkauf hilft es, ein paar koreanische Begriffe zu kennen: Mae-Woon Gochu-Garu heißen die ganz scharfen Flocken, Deol-Mae-Woon Gochu-Garu die mildere Sorte. Am besten kauft man Flocken aus sonnengetrockneten Chilischoten (Tae-Yang-Cho). Nach dem Öffnen kann man die Flocken luftdicht verschlossen einfrieren. Gewöhnliche zerstoßene Chiliflocken sind gröber, färben nicht so schön rot und setzen sich meist aus verschiedenen Chilisorten zusammen, die nicht so gut zur koreanischen Küche passen.

Koreanische Chilipaste (Gochujang) verleiht Gerichten Feuer und eine leichte Süße. Heute kaufen die meisten Hobbyköchinnen fertige Chilipasten, aber man kann die Paste auch auf traditionelle Weise selbst herstellen (Seite 268). Paste nach dem Öffnen im Kühlschrank aufbewahren.

Koreanisches Chilipulver (Gochujang-Yong-Gochu-Garu) wird aus den gleichen Chilischoten hergestellt wie koreanische Chiliflocken (siehe oben). Das fein gemahlene Pulver verwendet man vor allem zur Herstellung von Koreanischer roter Chilipaste (Seite 268). Es ist im koreanischen Lebensmittelhandel erhältlich und sollte im Tiefkühlfach gelagert werden.

Koreanische Chilischoten

Grüne koreanische Chilis (Cheong-Gochu) sind bis zu 10 Zentimeter lang und schmecken süßlich-scharf. Koreaner entfernen die Kerne vor dem Zerhacken meist nicht. Wer im koreanischen Lebensmittelladen keine findet, nimmt Serrano- oder Jalapeño-Chilis (Seite 20).

Rote koreanische Chilis (Hong-Gochu) sind gereifte grüne Chilischoten. Sie sind etwas herber und süßer, aber auch weniger scharf als die grünen Schoten. Verwendet werden sie in Chilischotenpuffer (Seite 204). Sie zie zieren so manches Banchan-Gericht. Als Garnierung kann man sie auch durch fein gehackte rote Paprika ersetzen.

Shishito-Chilis (Kkwari-Gochu) sind mild bis scharf, bis zu 8 Zentimeter lang und haben eine dünne, gerillte Haut. In der koreanischen Küche werden sie gedämpft, gewokt, gekocht oder sautiert und gewürzt. Als Ersatz eignen sich kleine, milde Paprikasorten.

Koreanisches Currypulver (Ka-Re-Garu) schmeckt ein wenig anders als die indischen Currymischungen. Dieses Currypulver kommt bei dem Rezept Curryreis koreanisch (Seite 52) zur Anwendung und ist im koreanischen Lebensmittelgeschäft erhältlich.

Koreanische Fischsauce (Aekjeot) hat einen herzhaft salzigen und sogar ein bisschen süßen Geschmack und ein tiefes, gereiftes Aroma. Die Sauce ist eine Kernzutat für Kimchi. Ich verwende sie in vielen meiner Rezepte anstelle von selbst gemachter Suppen-Sojasauce (Seite 274). Am liebsten mag ich die Marke »3 Crabs« der Firma Viet Huong. Auch wenn diese Fischsauce nicht in Korea hergestellt wird, ist sie in vielen koreanischen Läden erhältlich, weil sie bei Exilkoreanern beliebt ist.

Koreanisches Paniermehl (Ppang-Garu) ähnelt mit seinen großen, flockigen und knusprigen Krümeln dem japanischen Panko-Mehl. Wer es im Asialaden nicht bekommt, nimmt ersatzweise Panko-Mehl oder grob gemahlenes Toastbrot.

Koreanische Petersilie (Minari), auch Java-Wasserfenchel *(Oenanthe javanica)* genannt, besitzt knackige Stängel, die in buschigen Blättern enden, und hat einen mild-würzigen Geschmack. Sie wird in der Gemüseabteilung von koreanischen Geschäften angeboten. Da frische Minari nicht immer erhältlich ist, greife ich zu, wenn es welche gibt. Das Kraut welkt schnell und sollte innerhalb weniger Tage verzehrt werden. Am besten wickelt man das Kraut in Zeitungs- oder Küchenpapier, steckt es in eine Plastiktüte und bewahrt es im Kühlschrank auf.

Koreanischer Rettich (Mu) ist dem japanischen Daikon-Rettich (Seite 22) ähnlich, aber kompakter und fester. Seine Spitze ist hellgrün, sein Fleisch süß, saftig und knackig, besonders während der Hauptsaison im Spätherbst. Beim Einkauf im koreanischen Laden sollte man auf Rettiche mit glatter Oberfläche und festem Fleisch achten. Falls keiner erhältlich ist, eignet sich ersatzweise Daikon (Seite 20).

Koreanische Schwarzbohnen (Geomeun-Kong) sind eigentlich schwarze Sojabohnen und daher kleiner und runder als normale Schwarzbohnen. Sie kommen im Rezept Süße Schwarzbohnen (Seite 163) vor und sind manchmal Teil einer Mehrkorn-Reismischung. Man findet sie bei den anderen trockenen Hülsenfrüchten in koreanischen Geschäften.

Koreanisches Senfpulver (Gyeoja-Garu) hat eine leuchtend gelbe Farbe, die ich ganz besonders liebe. Das Pulver schmeckt ähnlich wie gewöhnliches Senfpulver, das man auch ersatzweise für die Senf-Knoblauch-Sauce (Seite 285) verwenden kann (Seite 20).

Koreanische Suppen-Sojasauce (Guk-Ganjang, Joseon-Ganjang) ist stärker und salziger als reguläre Sojasauce. Sie ist in koreanischen Geschäften erhältlich, aber ich habe im Handel noch keine Suppen-Sojasauce gefunden, die mich wirklich überzeugt hätte. Wenn ich keine selbst gemachte zur Hand habe (Seite 264), verwende ich lieber Fischsauce (Seite 29) als fertig gekaufte Suppen-Sojasauce.

Kurzkornreis (Mep-Ssal) ist bei uns auch als Sushi-Reis bekannt. Koreas Lieblingsreis ist klebriger und stärkehaltiger als Langkornreis, aber nicht so pappig wie Klebreis (Seite 27). In koreanischen oder japanischen Geschäften bekommt man ihn in großen Säcken, die preisgünstiger sind als die kleinen Packungen im Supermarkt.

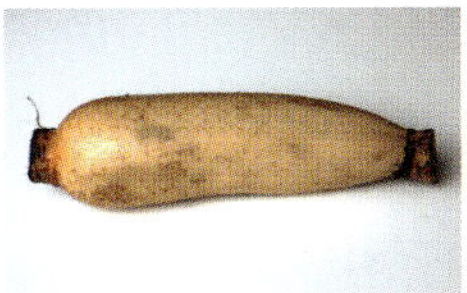

Lotuswurzeln (Yeon-Geun) sind genau genommen die Rhizome einer Wasserpflanze. Schneidet man sie auf, zeigt sich im Innern ein charakteristisches Lochmuster (wie bei Schweizer Käse). Die Wurzeln sind von knackiger Konsistenz und schmecken süß. Frische Wurzeln findet man in der Gemüseabteilung von Asialäden, manchmal auch in Scheiben und verpackt im Kühlregal. Lotuswurzeln schmecken am besten gedünstet.

Mandu-Teigtaschen (Mandu-Pi) bestehen aus Weizenteig und werden mit Gemüse, Fisch und Fleisch gefüllt (Seite 220) und dann gedämpft, frittiert oder in der Suppe gekocht. In koreanischen Geschäften findet man sie in der Tiefkühlabteilung, meist bei Reismehl und Reiskuchen. Die Beschriftung auf der Verpackung lautet oft »Dumpling wrappers«. Mandu-Pi werden in 50er-Packungen verkauft. Sie sind preisgünstig und lassen sich gut einfrieren. Vor dem Gebrauch taut man sie über Nacht im Kühlschrank auf.

Maronen (Bam-Tongjorim) aus der Dose, in Sirup eingelegt, werden in Korea gern für Desserts verwendet, etwa für Süßen Reis mit Trockenobst und Nüssen (Seite 298). Sie sind in koreanischen Läden und im Delikatessengeschäft erhältlich.

Mungbohnensprossen (Sukjunamul) kann man in den meisten gut sortierten Supermärkten oder in Bioläden kaufen. Sie sollten gekühlt aufbewahrt und innerhalb von wenigen Tagen gegessen werden. Vor dem Verzehr unbedingt gründlich waschen.

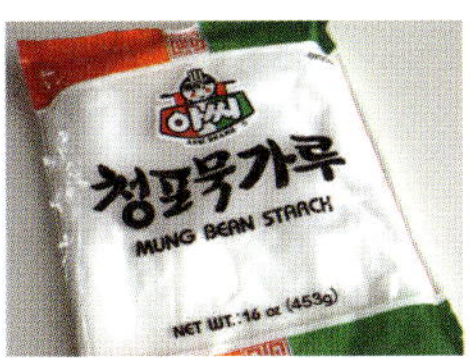

Mungbohnenstärke (Cheongpomuk-Garu) trägt oft fälschlicherweise die Bezeichnung Mungbohnenmehl (*mung bean flour*). Es handelt sich aber um feine, aus Mungbohnen gewonnene Stärke, die zur Zubereitung von Mungbohnengelee (Seite 228) verwendet wird. Im Asialaden steht sie neben der Kartoffel- und Maisstärke.

Perilla (Kkaennip), japanisch *shiso*, auch Sesamblatt oder Schwarznessel genannt, ist mit der Minze verwandt. *Perilla frutescens* var. crispa sät sich selbst aus und wuchert im Garten, wenn sie einmal Fuß gefasst hat. Perillablätter bekommt man in koreanischen Geschäften das ganze Jahr über. Man verwendet die saftigen Blätter für Gebratene Perillataschen (Seite 196). Sie verleihen Fischsuppen eine minzige Note.

Perillasamen (Deulkkae-Garu) werden in gemahlener Form zum Würzen von Suppen, Eintöpfen und Gerichten mit Trockengemüse wie den Gedünsteten Süßkartoffelstängel (Seite 152) verwendet. Sie verleihen Gerichten einen nussigen, vollmundigen Kräutergeschmack. Perillapulver ist im Gewürzregal von koreanischen Lebensmittelgeschäften zu finden.

Pinienkerne (Jat) verzieren viele Speisen und Desserts und sind für die Cremige Pinienkernsauce (Seite 285) unverzichtbar. Man kann stattdessen auch europäische Pinienkerne nehmen, aber mir sind die kleineren, würzigeren Pinienkerne lieber, die es in koreanischen Geschäften gibt.

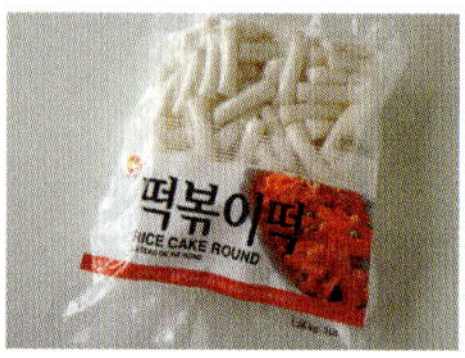

Reiskuchen (Tteok) entstehen aus Kurzkornreismehl, das gedämpft, geklopft und in zylindrische oder andere Form geknetet wird. Reiskuchen gehören in Korea zum beliebtesten Streetfood, wie Reiskuchen pikant (Seite 222). Koreanische Geschäfte verkaufen sowohl frisch zubereitete, als auch fertig verpackte Reiskuchen.

Reiskuchen in Scheiben (Tteokguk-Yong-Tteok) wird in koreanischen Geschäften tütenweise im Kühlregal oder eingeschweißt und tiefgefroren angeboten. Reiskuchenscheiben sind bissfester als gekochter Reis und werden in Suppen gegeben. Tiefgekühlt sind sie bis zu 3 Monate haltbar.

Koreanische Nudeln

Dünne Weizenmehlnudeln (Somyeon) sind beliebt. Man verwendet sie in der koreanischen Küche für heiße und kalte Gerichte. Erhältlich sind sie in jedem gut sortierten Asialaden. Am besten lagert man die Nudeln im Küchenschrank.

Glasnudeln (Dangmyeon) sind aus Süßkartoffelstärke hergestellte Trockennudeln, die nach dem Kochen fast durchsichtig sind. Ersatzweise kann man chinesische Glasnudeln verwenden. In koreanischen Lebensmittelgeschäften vorrätig.

Jjajangmyeon-Nudeln (Jjajangmyeon-Yong-Guksu) sind frische Weizenmehlnudeln. Sie werden im Rezept Nudeln mit schwarzer Bohnenpaste (Seite 72) verwendet. In koreanischen Läden bekommt man sie tiefgekühlt. Falls sie nicht für den sofortigen Gebrauch aufgetaut werden, sollten sie luftdicht verschlossen im Tiefkühlschrank aufbewahrt werden; vor dem Gebrauch lässt man die Nudeln bei Zimmertemperatur antauen. Tiefgekühlt halten sie sich bis zu 3 Monate.

Naengmyeon-Nudeln (Naengmyeon-Yong-Guksu) sind braune Trockennudeln aus Buchweizenmehl, Süßkartoffelstärke oder Weizenmehl. Sie kommen bei den scharfen und milden Eisnudeln (Seite 68 und 70) zum Einsatz. Die Nudeln erhält man in koreanischen Geschäften.

Yangjangpi-Nudeln (Yangjangpi) sind aus Mungbohnenstärke bestehende, zu großen Blättern geformte Glasnudeln, die nach dem Kochen in mundgerechte Stücke zerpflückt werden müssen. Man kann sie in koreanischen Geschäften kaufen.

Rippchen vom Rind (Galbi, manchmal auch Kalbi) werden quer zum Knochen geschnitten, sodass lange dünne Streifen mit drei bis vier Rippenabschnitten entstehen. Am besten bittet man den Metzger, die Rippchen aus der Querrippe oder Leiter quer zum Knochen in möglichst dünne Scheiben zu schneiden.

Salzig eingelegte Krabben (Saeujeot) finden neben vielen anderen gesalzenen und fermentierten Meeresfrüchten (Jeotgal) vielseitige Verwendung. Sie würzen zum Beispiel Sautierte Zucchini mit Krabben (Seite 186), während man die Salzlake den Wraps mit Schweinefleisch und Austernsalat (Seite 248) zugibt. Viele Koreaner verwenden Saeujeot auch als Zutat bei der Herstellung von Kimchi. Die Krabben sind in koreanischen Geschäften erhältlich und halten sich im Kühlschrank bis zu 6 Monate.

Schnittknoblauch (Buchu) wird auch Knoblauch-Schnittlauch, Chinesischer Schnittlauch oder Thai Soi genannt. Die zart sprießenden Stangen mit knoblauchartigem Aroma bringen Farbe und Geschmack in jedes Gericht. Ersatzweise kann man auch Lauchzwiebeln verwenden.

Schwarze Bohnenpaste (Chunjang) ist salzig und leicht süßlich. Sie wird in der Sauce für Nudeln mit schwarzer Bohnenpaste (Seite 72) verwendet. Die Paste entsteht durch Fermentation einer Mischung aus Sojabohnen, Mehl und Karamell. Man erhält sie in koreanischen Lebensmittelgeschäften. Nach dem Öffnen hält sie sich bis zu 3 Monate im Kühlschrank.

Maangchi and Friends

Elizabeth: *Da ich nicht koreanisch spreche, hat mir deine Website beim Übersetzen von Zutaten sehr geholfen. Letzte Woche war ich mit meiner Liste in einem koreanischen Supermarkt. In der Gemüseabteilung sagte ein Mitarbeiter mit einem Blick in meinen Einkaufskorb: »Ah! Bibimbap«, und half mir, die letzte fehlende Zutat zu finden. Meiner Familie hat's geschmeckt, und ich soll es wieder kochen.*

Maangchi: *Wie toll! Auch ohne Koreanischkenntnisse sollte man keine Probleme haben, die Zutaten zu finden. Wahnsinn, dass der Mitarbeiter im Supermarkt nach einem Blick in den Einkaufskorb gleich wusste, was du kochen willst.*

Schwarzer Klebreis (Heukmi-Chapssal) ist dunkelviolett und enthält gesundheitsfördernde Flavonoide, die auch in großer Menge in Blaubeeren (Heidelbeeren) vorkommen. Ein oder zwei Esslöffel davon reichen, um weißem Reis oder Vollkornreis einen appetitlichen Lavendelton und ein mildnussiges Aroma zu verleihen, wie dem Mehrkornreis (Seite 48). Schwarzer Klebreis ist in Asialäden oder im Supermarkt erhältlich.

Seelachsrogen (Naengdong-Myeong-Ran), den man für das Rezept Scharfe Rogensuppe (Seite 115) braucht, ist in westlichen Ländern mitunter recht schwer aufzutreiben. Als Ersatz eignet sich aber jede Art von frischem oder tiefgefrorenem Fischrogen.

Getrocknete Shiitake-Pilze (Mareun Pyogo-Beoseot) haben ein intensiveres Aroma und mehr Biss als frische. Sie schenken Suppen und Banchan-Gerichten einen vollen Umami-Geschmack und Textur. Erhältlich sind sie in großen Supermärkten und koreanischen Läden.

Sojasauce (Jin-Ganjang), wie man sie aus der japanischen Küche kennt, ist für Koreaner relativ neu – anders als die koreanische Suppen-Sojasauce, die seit Tausenden von Jahren in Korea in Gebrauch ist. Wie die Suppen-Sojasauce wird gewöhnliche Sojasauce aus Sojabohnen hergestellt, allerdings auf andere Weise. Sojasauce eignet sich für den alltäglichen Einsatz, etwa als Dip oder zum Abschmecken, taugt dafür aber weniger zum Würzen eines ganzen Topfes Suppe. Es gibt verschiedene koreanische Sojasaucen-Marken. Ich benutze seit Jahrzehnten die Marke Sempio. Für die Rezepte in diesem Buch kann man aber jede japanische Marke verwenden.

Sojasprossen (Kongnamul) aus gelben Sojabohnen sind womöglich das beliebteste Gemüse Koreas. Sie sind nicht zu verwechseln mit den im Supermarkt angebotenen Mungbohnensprossen. Sojabohnen werden in koreanischen Läden fertig verpackt mit dem anderen Frischgemüse verkauft. Sojasprossen werden nur gegart verzehrt, da sie roh nach Fisch riechen, gekocht aber einen nussig-süßen Geschmack haben. Sie eignen sich als Zutat zu Reisgerichten und Suppen, können aber auch als Beilage serviert werden. Sie sollten gekühlt aufbewahrt und schnell verzehrt werden; länger als 1 Woche halten sie sich jedoch nicht.

Speisechrysantheme (Ssuk-Gat) oder Salatchrysantheme werden im Blumenbeet auch Kronenwucherblume oder Glebione genannt. Die zum Verzehr geeigneten Chrysanthemen haben einen herb-frischen Kräutergeschmack und schmecken sowohl roh, als auch schonend gegart, köstlich, beispielsweise im Meeresfrüchte-Eintopf (Seite 112). Speisechrysanthemen sind in Asialäden und auf manchen Wochenmärkten erhältlich. Man kann sie auch durch frische Minze oder Basilikum ersetzen (Seite 20).

Starterkultur (Nuruk) benötigt man zur Herstellung von koreanischem Reiswein (Seite 272). Zu finden ist sie in koreanischen Geschäften meist neben dem Malzpulver und der Mungbohnenstärke in der Getreideabteilung.

Strumpfbandfisch (Galchi) ähnelt von der länglichen Form her dem Aal, hat aber zartes, süßliches weißes Fleisch. Mit Glück findet man ihn auf dem Fischmarkt oder im Asialaden an der Fischtheke oder im Tiefkühlregal. Ein gutes Ersatzprodukt ist Makrele (Seite 20).

Surimi (Ge-Massal) ist ein Krebsfleischimitat aus zermahlenem Fisch und Stärke, das zu fingerdicken Sticks geformt ist. Surimi verleiht beliebten koreanischen Gerichten wie Reisröllchen (Seite 54) eine leuchtend rote Farbe und einen milden Fischgeschmack. Surimi ist im Supermarkt eingeschweißt im Fischregal zu finden. Nach dem Öffnen hält es sich im Kühlschrank etwa 2 Wochen und kann auch eingefroren werden (Seite 20).

Tofu (Dubu) in mittelfester oder fester Qualität wird in Korea oft gebraten. Sorgfältig eingewickelt und gekühlt hält er sich bis zum Ablaufdatum. Wer ein Stück Tofu nur zur Hälfte verwendet, sollte die andere Hälfte in kaltes Wasser geben, zugedeckt im Kühlschrank verwahren und innerhalb der nächsten Tage aufbrauchen.

Weicher Tofu (Sundubu) wird in schlauchförmigen Verpackungen verkauft und ist eine wichtige Zutat für Scharfen Sundubu-Eintopf (Seite 100). Diese cremige Tofu-Variante ist in Asialäden erhältlich. Da sie leicht verderblich ist, sollte man auf das Mindesthaltbarkeitsdatum achten und den Tofu im Kühlschrank aufbewahren, falls man ihn nicht gleich isst. Als Ersatz eignet sich Seidentofu.

Getrocknete Chilis bekommt man in Korea fast an jeder Straßenecke angeboten.

UTENSILIEN FÜR DIE KOREANISCHE KÜCHE

In einer halbwegs gut ausgestatteten Küche findet sich in der Regel fast alles, was man für die Zubereitung der Rezepte in diesem Buch braucht. Womöglich fehlen aber noch einige Gerätschafte, die beim Kochen koreanischer Gerichte unverzichtbar und hilfreich sind. Meistens bekommt man diese Kochgeräte in koreanischen Lebensmittelgeschäften oder online (Seite 311).

BAMBUSKÖRBE Ich besitze Körbe in mehreren Größen. Ich brauche sie bei der Zubereitung von Extrastarker fermentierter Sojapaste (Seite 266). Manchmal serviere ich darin auch Pfannkuchen oder trockne darin Gemüse.

BAMBUSMATTE Für die Zubereitung von Reisröllchen (Seite 54) braucht man eine Matte aus Bambus. Zu finden ist sie in Asiamärkten oder beim Sushi-Zubehör im Supermarkt.

DÄMPFEINSATZ Um übrig gebliebenen Reis wieder über köchelndem Wasser aufzuwärmen ist ein Dämpfeinsatz aus Edelstahl äußerst praktisch.

DÖRRAUTOMAT Auf meiner ersten Reise in die USA habe ich das Dörren für mich entdeckt. Seither benutze ich einen Dörrautomaten, um luftgetrocknete Speisen wie Beef Jerky (Seite 225) schnell und einfach herzustellen. Ich dörre damit auch Knusprige Algenchips (Seite 212).

ESSSTÄBCHEN In Korea werden Essstäbchen aus Metall zu Suppe und Reis gereicht. Sie sind dünn, flach und schwerer als Bambus-Essstäbchen. Die Enden sind abgeflacht und eckig. Natürlich kann man auch mit anderen Essstäbchen koreanisch essen, aber wer den Tisch authentisch decken möchte, sollte sich in koreanischen Läden entsprechende Essstäbchen besorgen.

GASKOCHER Zum Grillen oder zum Erhitzen von Eintöpfen bei Tisch eignen sich tragbare kleine Gasbrenner, die mit Butangaskartuschen betrieben werden. Natürlich kann man das genauso gut auf dem Grill oder Herd bewerkstelligen, aber so kocht man mitten auf dem Tisch im Familien- und Freundeskreis. Brenner und Kartuschen kosten wenig und sind in Asialäden erhältlich.

GEWÜRZMÜHLE Ich benutze eine Mühle, um Sesam für Reiskugeln mit schwarzem Sesammantel (Seite 300) zu mahlen oder gerösteten Sesam für Sojasprossensuppe (Seite 103) zu zerkleinern.

ELEKTRISCHE HEIZDECKE Auf einer Liste mit Kochgeräten mag eine Heizdecke Verwunderung hervorrufen. Ich benutze eine solche als Ersatz für die traditionelle koreanische Fußbodenheizung, damit man auf dem Boden sitzend nicht friert. Die warme Oberfläche hilft auch beim Zubereiten von Fermentierter Sojapaste (Seite 263) und Extrastarker fermentierter Sojapaste (Seite 266).

KÜCHENMASCHINE Ich nutze meine Küchenmaschine intensiv und bereite damit Nudelteig für Handgezupfte Nudeln in Suppe (Seite 76) zu oder mixe damit Marinaden und vieles mehr.

MÖRSER UND STÖSSEL Ich besitze mehrere Mörser. Damit zerstampfe ich gekochte Bohnen für Fermentierte Sojapaste (Seite 263) und Extrastarke fermentierte Sojapaste (Seite 266), und ich bereite damit auch Reiskuchen zu. Mörser gibt es im Haushaltswarengeschäft oder im Asialaden.

NEUNGETEILTER TELLER So ein Teller ist für die Platte der neun Köstlichkeiten (Seite 255) nötig. Für Partys befülle ich den Teller auch mit Nüssen, Trockenfrüchten, getrocknetem Tintenfisch und Kandiertem Ginseng (Seite 303). Diese Servierteller gibt es in koreanischen Läden.

REISKOCHER Alle hier vorgestellten Reisrezepte habe ich in einem Topf auf dem Herd probegekocht. Aber trotzdem liebe ich meinen koreanischen Reiskocher, den ich tagtäglich benutze. Reiskocher gibt es in allen Preisklassen, je nach Größe und Marke. In Korea sind Reiskocher der Marke Cuckoo am beliebtesten (auch ich habe einen von dieser Firma). Da er auch als Dampfdrucktopf funktioniert, kann ich darin Mehrkornreis (Seite 48) ohne vorheriges Einweichen kochen.

REISLÖFFEL Man kann jeden großen Löffel benutzen und damit Reis im Topf wenden und in Servierschüsseln schieben, aber für ein paar Euro bekommt man im Asialaden spezielle Reislöffel aus Plastik, die besser funktionieren und jedes Reiskorn aus dem Topf kriegen. Manchmal benutze ich meinen Reislöffel, um Gewürze zu mischen oder den Teig für Süße Puffer mit Sirupfüllung (Seite 216) in der Edelstahlschüssel anzurühren, weil es damit nicht so klappert.

SIEB Wenn ich Sardellen-Algen-Brühe (Seite 96) zubereite, benutze ich gern ein großes Sieb. Auch so etwas gibt es im Asialaden.

KOREANISCHES STEINGUT- UND STEINGESCHIRR Traditionelles Geschirr erfüllt viele Zwecke. Steingutschüsseln (Ttukbaegi) stellt man direkt auf die Herdplatte und anschließend auf den Esstisch, wo sie das Essen warm halten. Eine mittelgroße Steingutschüssel reicht für die meisten Gerichte in diesem Buch, eine größere Schüssel ist für Partys ideal. Große Steinguttöpfe und -krüge eignen sich für die Zubereitung von Fermentierter Sojapaste (Seite 263), Koreanischer roter Chilipaste (Seite 268) und Koreanischem Reiswein (Seite 272). In einem traditionellen Steintopf (Dolsot) aus Granit bereite ich Reisgerichte wie Reis mit Sojasprossen (Seite 50) oder Mehrkornreis (Seite 48) zu. Vorsicht: An den heißen Gefäßen kann man sich leicht verbrennen!

TISCHGRILL Der Grill hat abschüssige Rillen, sodass das beim Grillen austretende Fett entweder durch ein Loch in der Mitte oder an den Rändern in eine darunterliegende Pfanne ablaufen kann. Man kann auch eine gewöhnliche Grillpfanne verwenden und das Fett zwischendurch abgießen, aber ein echter Tischgrill ist preiswert und praktisch, besonders wenn man oft Schweinebauch vom Tischgrill (Seite 242) zubereitet. Tischgrills bekommt man im Asialaden.

Gärgefäße

Traditionell werden in Korea zur Zubereitung und Aufbewahrung fermentierter Speisen wie Kimchi spezielle Tontöpfe (Onggi) verwendet. Heutzutage benutzt man meist große Einmachgläser oder Plastikbehälter. Wer Kimchi in Mengen machen will, braucht ein großes Gärgefäß.

PLASTIK- UND GLASBEHÄLTER

Manche Leute haben die Sorge, Plastikbehälter könnten Chemikalien enthalten, die in die gärenden Speisen übergehen und sie kontaminieren. Das trifft auf manche, aber nicht auf alle Behälter zu. Die sichersten bestehen aus Polyäthylen (PE-HD oder PE-LD) oder Polypropylen.

Woher weiß man, ob ein Behälter aus dem einen oder anderen Stoff gemacht ist? Allen Plastikbehältern ist eine internationale Standardkennzeichnung namens Resin Identification Code eingeprägt: Es handelt sich um das Symbol eines aus Pfeilen gebildeten Dreiecks mit einer Ziffer in der Mitte. Die Ziffer verrät, aus welcher Sorte Plastik der Behälter besteht: Polyäthylen mit hoher Dichte (PE-HD) hat die Ziffer 2, Plastik mit niedriger Dichte (PE-LD) die 4, und Polypropylen die Ziffer 5. Die meisten Getränkeflaschen tragen eine 1. Da sich in ihnen Bakterien ansiedeln können, sind sie nicht zur Wiederverwendung geeignet.

Wer Kimchi in einem Plastikbehälter ansetzt, sollte damit rechnen, dass sich der Behälter rot verfärbt. Polypropylen ist farbabweisender als Polyäthylen, kann sich aber auch verfärben!

Viele Leute bevorzugen Glasbehälter. Sie sind zerbrechlicher und schwerer als Plastikgefäße, sehen dafür aber hübscher aus und nehmen keine Farbe an. Große Einmachgläser eignen sich hervorragend. Was den Fermentationsprozess angeht, gibt es zwischen Glas und Plastik kaum Unterschiede, wobei Plastik ein wenig durchlässiger sein kann.

TRADITIONELLE KOREANISCHE STEINGUTTÖPFE

In Korea wurden noch bis vor kurzem zur Fermentation und Aufbewahrung von Kimchi Steinguttöpfe benutzt. In Zeiten, als es noch keine Kühltechnik gab, bewahrte man die Töpfe draußen auf, manchmal vergrub man sie sogar, um die Temperatur zu regeln und das Kimchi gegen Frost zu schützen.

Seitdem fast jeder Haushalt einen Kühlschrank hat, benutzen die meisten Koreaner lieber leichte und stapelbare Behälter aus Glas oder Plastik. Aber die herkömmlichen Tontöpfe haben durchaus ihre Vorzüge. Ein Experiment hat das bestätigt: Ich bereitete Kimchi zu und füllte es zum Teil in ein Glas, zum Teil in einen traditionellen Onggi-Topf. Beide Behälter stellte ich 2 Wochen in den Kühlschrank und führte anschließend eine Blindverkostung mit Bekannten durch, von denen manche ihr Leben lang Kimchi gegessen hatten, andere noch nie zuvor. Alle Testpersonen, ich eingeschlossen, bevorzugten das im Tontopf gegorene Kimchi. Es war ein subtiler und doch deutlicher Unterschied. Im Onggi-Topf fermentiertes Kimchi schmeckt reifer, intensiver und komplexer als solches, das in Glas und Plastik aufbewahrt wurde. Die Textur des Kimchi ist elastischer und die Farbe ein tieferes, appetliches Rot.

Wie kann ein Gefäß das Aussehen und den Geschmack seines Inhalts beeinflussen? Das Geheimnis liegt in der Herstellung. Onggi-Töpfer verwenden unreinen Ton, und wenn die Töpfe bei Temperaturen zwischen 1200 und 1250 Grad Celsius gebrannt werden, verglühen die im Ton eingeschlossenen Verunreinigungen und hinterlassen mikroskopische Löcher. Diese Mikroporen lassen Gase austreten und eindringen, sodass sich der Fermentationsprozess in dem porösen Gefäß selbst regulieren kann. Im Anfangsstadium breiten sich aerobe Bakterien im Topf aus und sterben dann idealerweise ab, sobald genug Milchsäure produziert wurde, sodass das Gemüse fermentiert, aber nicht völlig vergoren ist. Onggi-Geschirr erleichtert diesen Prozess: Da durch seine Mikroporen aerobe Bakterien permanent nach draußen gelangen, entsteht ein äußerst ausgewogener Geschmack. Wird Kimchi dagegen in einem Glas- oder Plastikbehälter fermentiert, können Gase nur bei gelüftetem Deckel austreten, und der Gehalt an aeroben Bakterien bleibt auch nach der Fermentation hoch, was das Kimchi etwas bitter werden lässt. Onggi-Töpfe begünstigen außerdem auch Milchsäurebakterien, die dem Kimchi einen prickelnden Kick geben.

Traditionelle koreanische Steinguttöpfe

Reis

Erwarte ich Gäste zum Essen, dann bereite ich erst einmal den Reis zu. Die Gewissheit, dass mein Reis – mein Bap, wie man jede Art von gekochtem Reis in Korea nennt – heiß im Topf (oder Reiskocher) für meine Gäste bereitsteht, beruhigt mich ungemein, und ich kann meine ganze Aufmerksamkeit der Suppe oder dem Eintopf, dem Fleisch, dem Fisch, dem Gemüse, sprich: den Banchan (Beilagen), zuwenden, die die Mahlzeit erst vollenden. Meine Gäste haben dann bei Tisch die Möglichkeit, nach Herzenslust aus unterschiedlichen Geschmacksrichtungen und Texturen auszuwählen – und zwischen einem leckeren Banchan-Bissen immer wieder einen Happen fluffigen Reis zu sich zu nehmen.

Ab und zu bereite ich auch Gerichte zu, bei denen der Reis mit anderen Zutaten in einer Schüssel gemischt wird. Das kann ein so einfaches Gericht sein wie Reis mit Sojasprossen (Seite 50), bei dem der Reis zusammen mit Rindfleisch und Sojasprossen kombiniert wird, oder aber so raffiniert wie Bibimbap (Seite 58) sein. Hierbei werden mehr als ein halbes Dutzend Gemüsesorten, Fleisch und eine besondere Würzsauce vermischt. Selbstverständlich kann man auch dazu noch Beilagen servieren.

In Korea isst man meist kurzkörnigen Reis. Im Supermarkt sollte man daher im Asiaregal nach Kurzkornreis oder Sushi-Reis Ausschau halten. Wer öfter Reis kocht, kauft am besten beim koreanischen oder japanischen Lebensmittelhändler gleich einen größeren, preiswerteren Reissack.

Richtig zubereitet ist gekochter Kurzkornreis etwas klebrig und hat einzelne, glänzende Körner, die weich, aber nicht matschig sind.

In Korea kocht man den Reis in der Regel ohne Salz, da er zusammen mit gut gewürztem Kimchi und anderen gewürzten Gerichten auf den Tisch kommt.

Einen schönen Topf mit fluffigem Reis hinzubekommen, ist gar nicht so schwer. Aber wer den Reis im Topf auf dem Herd kocht, sollte einen wichtigen ersten Schritt beachten: Der Reis muss vor dem Kochen eingeweicht werden! Weißer Reis sollte mindestens 30 Minuten quellen, damit er weich wird, Vollkornreis und Reismischungen sogar an die 2 Stunden.

Da eingeweichter Reis schneller gar wird als nicht eingeweichter, besteht auch keine Gefahr, dass der Reis am Topfboden anhaftet, bevor der Rest gar ist. Hat man das Einweichen vergessen oder einfach keine Zeit dazu, dann kocht man den Reis einfach trotzdem und rechnet 5–10 Minuten zusätzliche Kochzeit dazu.

Am besten serviert man den Reis sofort wenn er fertig ist – auch, wenn der gekochte Reis im zugedeckten Topf auf dem ausgeschalteten Herd ein paar Stunden frisch bleibt.

Wer Reis im Voraus zubereiten möchte, liest am besten auf Seite 46 nach, wie es gelingt. So locker wie frisch gekochter Reis wird vorgekochter Reis zwar nicht, aber er schmeckt auch nicht übel. Wichtig: Wer einen Reiskocher verwendet, braucht den Reis nicht extra einzuweichen.

Fluffiger weißer Reis (Seite 46)

Fluffiger weißer Reis (Ssalbap)

Ergibt etwa 4 Portionen

Die meisten Koreaner benutzen heutzutage elektrische Reiskocher, die zuverlässig perfekten Reis liefern. Wer nicht jeden Tag Reis kocht, möchte sich aber dieses Küchengerät womöglich lieber sparen. Keine Sorge – Reis lässt sich auch leicht in einem gewöhnlichen Topf zubereiten.

400 g weißer Kurzkornreis

1. Reis in einen mittelschweren Topf geben, mit kaltem Wasser bedecken und mit der Hand umrühren. Dann das Wasser abgießen und erneut Wasser zugießen. Durch Umrühren überschüssige Stärke lösen. Den Reis so lange abspülen und abgießen, bis das Wasser klar wird. Nun 460 Milliliter Wasser zum Reis geben und den Topf zugedeckt etwa 30 Minuten stehen lassen.

2. Den zugedeckten Reistopf 7–8 Minuten auf mittlerer bis starker Hitze garen. Wenn auf der Reisoberfläche reichlich Bläschen emporblubbern, ist es Zeit, umzurühren.

3. Den Deckel abnehmen, den Reis mit einem Kochlöffel im Topf aufmischen und den Topf wieder zudecken. Die Hitze stark reduzieren und den Reis weitere 10 Minuten sanft garen, bis er zart ist. Den Reis mit einem Koch- oder Reislöffel erneut aufmischen, um überschüssigen Dampf entweichen zu lassen. Sofort servieren oder bei Zimmertemperatur bis zu 3 Stunden zugedeckt stehen lassen.

Reste verwerten und Reis vorkochen: Wer Reste von gekochtem Reis aufheben möchte oder größere Reismengen vorkocht, kann den Reis bis zu 3 Tage zugedeckt in den Kühlschrank stellen. Zum Aufwärmen gibt man den Reis am besten in einen Dämpfkorb über köchelndem Wasser oder in die Mikrowelle.

Der Reis wird vor dem Kochen eingeweicht (links); schöner, fertiger fluffiger Reis (rechts)

Angebratener Reis (Nurungji)

Gart man Reis im Topf, hat es den Vorteil, dass man dabei gleich eine Knabberei zubereiten kann, die in Korea Nurungji genannt wird. Sie ist in Korea so beliebt, dass sie von den Snack-Herstellern ähnlich wie Kartoffelchips in verschiedenen Geschmacksrichtungen angeboten wird. Um Nurungji zu erhalten, kocht man den Reis statt 10 Minuten einfach 12–15 Minuten. Löffelt man anschließend den gekochten Reis aus dem Topf (zum sofortigen oder späteren Verzehr), bleibt am Boden der Nurungji-Reis übrig. Diesen lässt man weitere 2 Minuten zugedeckt auf schwacher Hitze weitergaren. Anschließend hebt man den Deckel ab, spritzt mit den Fingern etwas Wasser auf den Reis und lässt ihn erneut 1–2 Minuten scharf anbraten. Danach kratzt man das Nurungji mit einem Löffel aus dem Topf. Achtung: Den Topf bloß nicht geich auswaschen! Man kann darin noch leckeren Reistee (Sung-Nyung) zubereiten. Nachdem so viel Nurungji wie möglich aus dem Topf gekratzt wurde, gießt man 500 Milliliter Wasser in den Topf und kocht es auf. Den Reistee in Teebecher oder -schalen gießen und genießen.

Maangchi and Friends

Yeonah: *Meine Mom reißt mir den Kopf ab, wenn ich ihren Topf versaue. Lässt sich der Topf leichter reinigen, wenn man darin Reistee macht? Oder gibt es noch was, was mir das Putzen erleichtert?*

Maangchi: *Kein Problem! Die festgebrannten Stellen kriegst du gut mit Stahlwolle weg.*

Karaisoke: *Maangchi, heißt das etwa, dass meine Art, Reis zu kochen, goldrichtig ist? Ich kann meinen Eltern jetzt sagen, dass das angebrannte Zeug am Topfboden Nurungji ist!*

Angebratener Reis (Nurungji)

Mehrkornreis *(Japgokbap)*

Ergibt etwa 4 Portionen

Als ich ein Kind war, galt weißer Reis als Luxus. Meine Großmutter kochte deshalb zu den einfachen Mahlzeiten eine Mischung aus 70 Prozent Gerste, die vergleichsweise billig war, und 30 Prozent weißem Reis. Heute, da man aus Gesundheitsgründen Mehrkornreis isst, ist dieser teurer in der Zubereitung als weißer Reis! Ich mische weißen Reis gern mit Gerste, braunem Klebreis und ein paar Esslöffeln schwarzem Reis, der dem Ganzen einen hübschen, zartvioletten Ton verleiht (wer möchte, kann den schwarzen Reis auch weglassen). Das Wichtigste bei dieser Mischung ist, sie vor dem Kochen etwa 2 Stunden einzuweichen. Eingeweichtes Korn gart in 30 Minuten, uneingeweichtes Korn wird niemals ganz weich, egal wie lange man es kocht. Ebenfalls wichtig: Den Reis nach dem Kochen mit einem Kochlöffel aufmischen und sofort servieren.

200 g Kurzkornreis
100 g brauner Klebreis (Hyeonmi-Chapssal)
100 g Gerste
2 EL schwarzer Klebreis, nach Belieben

1. Kurzkornreis, braunen Klebreis, Gerste und nach Belieben schwarzen Klebreis in einen Topf geben, mit kaltem Wasser bedecken und mit der Hand umrühren. Dann das Wasser abgießen. Den Reis erneut mit frischem Wasser abspülen, umrühren und abgießen. Den Reis mehrmals abspülen, bis das Wasser klar ist. 600 Milliliter Wasser zum Reis geben und den Topf zugedeckt 2 Stunden stehen lassen.

2. Den zugedeckten Reistopf 10 Minuten auf mittlerer bis starker Hitze garen.

3. Wenn auf der Reisoberfläche reichlich Bläschen emporblubbern, den Reis im Topf aufmischen und dabei vom Boden kratzen. Anschließend die Hitze stark reduzieren und den Reis 10–12 Minuten bei schwacher Hitze weitergaren, bis er zart ist. Den Reis mit einem Koch- oder Reislöffel erneut aufmischen, um überschüssigen Dampf entweichen zu lassen.

4. Sofort servieren oder bei Zimmertemperatur bis zu 3 Stunden zugedeckt stehen lassen.

Reis aufwärmen: Gekochten Reis kann man bis zu 3 Tage im Kühlschrank aufbewahren. Zum Aufwärmen gibt man den Reis am besten in einen Dämpfkorb über köchelndem Wasser oder in die Mikrowelle.

Schwarzer Klebreis (oben links), brauner Klebreis (oben rechts), weißer Kurzkornreis (unten)

Reis mit Sojasprossen *(Kongnamul-Bap)*

Ergibt 2 Portionen

Kongnamul-Bap gibt es in Korea immer dann, wenn es zum Mittag- oder Abendessen etwas Einfaches, aber doch Besonderes geben soll. Dieses Gericht vereint unterschiedliche Aromen und Texturen, darunter knackig-frische Sojabohnensprossen (Kongnamul), nussiges Sesamöl, scharfe Chiliflocken, saftiges Rindfleisch und herzhafte Sojasauce. Es ist ein preisgünstiges Eintopfgericht, das schnell zubereitet ist, egal, wie viele hungrige Gäste am Tisch sitzen.

Mit den Sojasprossen sollte man aber auf keinen Fall knausrig sein, da sie beim Garen stark zusammenfallen. Wichtig ist auch die leckere Scharfe Soja-Würzsauce (Seite 282) mit ihren vielfältigen Aromen. Das Hackfleisch drehe ich in der Regel selbst durch den Fleischwolf – es sei denn, ich stehe unter Zeitdruck. So kann ich sicher sein, dass das Fleisch schön mager ist, denn schließlich sollte Kongnamul-Bap leicht und keinesfalls fettig schmecken. Zu diesem Reisgericht serviere ich meistens Kimchi. Außerdem garniere ich jede Portion mit einem Spiegelei, denn ich finde ein Gericht, auf dem einem ein Spiegelei entgegenlacht, macht Appetit und gute Laune.

200 g weißer Kurzkornreis
340 g Sojabohnensprossen (Kongnamul)
90 g mageres Hackfleisch
1 Prise grobes Salz
1 Prise frisch gemahlener schwarzer Pfeffer
1 TL geröstetes Sesamöl
1 EL Pflanzenöl
2 große Eier
Scharfe Soja-Würzsauce (Seite 282)

1. Den Reis in einen Steintopf (Dolsot) oder Kochtopf geben. Mit kaltem Wasser bedecken und mit der Hand umrühren. Das Wasser abgießen. Erneut Wasser zugeben und den Reis so lange abspülen und abgießen, bis das Wasser klar ist. Abgießen.

2. Die Sojabohnensprossen abspülen und abtropfen lassen. Ungekeimte Bohnen und braune Sprossen aussortieren. Die Sprossen in den Topf zum Reis geben. Hackfleisch, Salz, Pfeffer und Sesamöl in einer Schüssel vermengen. Mit 350 Milliliter Wasser in den Topf geben und auf mittlerer Hitze 20 Minuten (Steintopf) oder 10–12 Minuten (Kochtopf) zugedeckt kochen. Der Reis sollte halb gar sein.

3. Den Deckel abnehmen und den Reis mit einem Kochlöffel aufmischen. Hitze stark reduzieren und 10–12 Minuten zugedeckt weiterköcheln lassen. Falls der Reis noch Biss hat, weitere 5 Minuten zugedeckt köcheln lassen. Anschließend vom Herd nehmen.

4. Das Pflanzenöl in einer Pfanne erhitzen. Die Eier in die Pfanne schlagen und als Spiegeleier braten. Bap mit dem Löffel auflockern. In zwei Schüsseln geben und jede Portion mit einem Spiegelei krönen. Mit Würzsauce servieren.

Abgespülter Reis im Steintopf (oben links); Sprossen und Hackfleischmischung im Steintopf (oben rechts); Scharfe Soja-Würzsauce (Mitte links); aufgemischter Reis (Mitte rechts); Reis mit Sojasprossen (unten)

Curryreis koreanisch *(Ka-Re Rice)*

Ergibt 2–3 Portionen

Die Briten brachten im späten 19. Jahrhundert den Curryreis – weißen Reis mit sämiger Sauce serviert und mit Currypulver bestreut – nach Japan. Koreaner schauten sich das Rezept bei den Japanern ab und variierten es im Laufe der Zeit mit landestypischen Zutaten. Vielleicht ist das der Grund, warum wir es Ka-Re-Rice nennen, und nicht Ka-Re-Bap. Populär wurde dieses Gericht allerdings erst ab 1969, als die koreanische Firma Ottogi damit begann, ihre eigenen Currymischungen zu vermarkten. Inzwischen sind wir so sehr an den Geschmack dieser Variante gewöhnt, dass wir sie dem echten indischen Curry vorziehen. Das benötigte Currypulver ist in koreanischen Läden in milder oder scharfer Form erhältlich, je nach Geschmack.

In Würfel geschnittenes Gemüse und Rindfleisch (oben links); die Currysauce wird angerührt (oben rechts); das Curry köchelt vor sich hin (unten links); Curryreis koreanisch ist angerichtet (unten rechts).

- 2 EL ungesalzene Butter
- 230 g Schweine- oder Rindfleisch, in ca. 1 cm große Würfel geschnitten
- 2 Kartoffeln, geschält und in ca. 2 cm große Würfel geschnitten
- 1 große Zwiebel (ca. 230 g), in 2 cm große Würfel geschnitten
- 1 Karotte, geschält und in ca. 1 cm große Würfel geschnitten
- 100 g koreanisches Currypulver (Ka-Re-Ga-Ru)
- 4 Portionen Fluffiger weißer Reis (Seite 46)

1. Die Butter in einer großen Pfanne erhitzen. Das Fleisch zugeben und unter Rühren 3 Minuten anbraten. Die Kartoffeln zugeben und unter Rühren 3 Minuten braten, bis sie glasig werden. Zwiebel und Karotte zugeben und unter Rühren 3 Minuten braten, bis sie weich werden.

2. Anschließend 600 Milliliter Wasser angießen und die Hitze reduzieren. Die Mischung zugedeckt 10–12 Minuten köcheln lassen, bis die Kartoffeln gar sind.

3. Inzwischen das koreanische Currypulver mit 100 Milliliter Wasser in einer kleinen Schüssel gründlich verrühren. Die Currysauce in die Pfanne geben und einige Minuten unter Rühren köcheln lassen, bis die Sauce schön dick und cremig wird. Vom Herd nehmen.

4. Den Fluffigen Reis auf mehrere Schüsseln verteilen, das Curry darauflöffeln und servieren.

Dieses Rezept erinnert mich an meine Großmutter, obwohl ich es nicht von ihr habe. Ich ging in Seoul zur Schule und lebte mit meinen Geschwistern in einer Wohnung. Meine Eltern waren im Süden des Landes geblieben. Gelegentlich wohnte auch meine Großmutter bei uns – und ich war immer gespannt darauf, womit sie uns nach der Schule kochen würde – womöglich gedämpfte Süßkartoffeln mit Mais? Ich behauptete immer: »Meine Großmutter ist die beste Köchin der Welt!« Sie freute sich sehr über dieses Kompliment. Einmal kam ich aus der Schule und schlug ihr begeistert vor: »Großmutter, heute koche ich Curryreis.« »Was ist das?« fragte sie. Sie hatte noch nie in ihrem Leben Curryreis gegessen. Als sie probierte, was ich gekocht hatte, murmelte sie immer wieder: »Köstlich, einfach köstlich! Meine Enkelin ist eine gute Köchin!« Da meine Großmutter die beste Köchin war, die ich kannte, bedeutete mir ihr Lob viel. Dies ist das Rezept, nach dem ich den Reis damals gekocht habe.

Reisröllchen *(Gimbap)*

Ergibt 4 Portionen

Gimbap entsteht, wenn man Reis und andere Zutaten in Gim (auch bekannt als Nori oder Algenblätter) einrollt und die Rollen dann in mundgerechte Stücke schneidet. Gimbap ist ähnlich wie Sushi. Der Hauptunterschied liegt darin, dass der Reis im Gimbap mit Sesamöl gewürzt wird, bei Sushi dagegen mit Essig. Gimbap eignet sich hervorragend für ein Picknick oder für die Lunchbox und ist in Korea so beliebt wie Sandwiches in den USA. Auf Reisen habe ich fast immer Gimbap als Proviant dabei. Die Röllchen sind leicht herzustellen und eine gesunde, preiswerte Alternative zu Fast Food. Außerdem kann man sie mit den Händen essen und braucht kein Besteck. Wenn ich am Flughafen meine Röllchen aus der Tasche hole, gucken die Leute immer ganz neidisch!

Was die Füllung der Röllchen angeht, so gibt es keine Regeln. Beliebt als Füllung sind Karotten, gelber Rettich, Ei, Spinat, Rindfleisch oder Speck. Ich persönlich würde nie auf gelben Rettich verzichten. Man bekommt ihn in koreanischen Läden, wo man auch die zum Rollen nötige Bambusmatte kaufen kann. Wer möchte, kann die Röllchen in verquirltes Ei tauchen und in Pflanzenöl in einer Pfanne rundum goldbraun und knusprig braten.

4 Portionen Fluffiger weißer Reis (Seite 46), frisch zubereitet
Geröstetes Sesamöl
Grobes Salz
3 große Eier
1 EL Pflanzenöl
230 g mageres Rinderhack
1 EL Sojasauce
5 Knoblauchzehen, fein gehackt
2 EL Zucker
¼ TL frisch gemahlener schwarzer Pfeffer
450 g Spinat, kurz blanchiert, mit kaltem Wasser abgespült, ausgedrückt und grob gehackt
5 Surimi-Sticks (je ca. 20 cm lang)
5 Nori-Blätter (Gim), je 18 × 20 cm groß
5 Stück eingelegter gelber Daikon-Rettich (Danmuji; Seite 22), trocken getupft und in Streifen geschnitten

1. Den heißen Reis aus dem Kochtopf in eine große, breite Schüssel geben. Eine Messerspitze Salz und ½ Esslöffel Sesamöl behutsam einrühren, ohne die Reiskörner zu zerbrechen.

2. Die Eier in eine Schüssel schlagen und mit einer Prise Salz verquirlen. Eine große, beschichtete Pfanne erhitzen. Das Pflanzenöl hineingeben und mit Küchenpapier auf dem Pfannenboden verteilen. Die Hitze reduzieren. Die verquirlten Eier in die Pfanne geben und etwa 1 Minute stocken lassen, aber nicht anbräunen. Die Pfanne vom Herd nehmen, das Rührei wenden und weitere 1–2 Minuten garen. Das Rührei auf ein Schneidebrett geben, etwas abkühlen lassen und dann in dünne Streifen schneiden.

Gekochter Kurzkornreis (oben links); vorbereitete Rindfleischmischung (oben rechts); Gemüsefüllung (Mitte links); der Reis wird gleichmäßig auf dem Algenblatt verteilt (Mitte rechts). Die übrigen Zutaten werden gleichmäßig auf dem Reis aufgeschichtet (3. Reihe links) und alles mithilfe einer Bambusmatte eingerollt (3. Reihe rechts); Reisröllchen-Variationen (unten)

3. Hackfleisch, Sojasauce, die Hälfte des Knoblauchs, Zucker, Pfeffer und ½ Esslöffel Sesamöl in einer Schüssel vermengen. Eine große Pfanne stark erhitzen. Die Hackfleischmischung hineingegeben und 3–4 Minuten anbraten, bis das Fleisch glänzend braun ist. Vom Herd nehmen und abkühlen lassen.

4. Den Spinat mit 1 Messerspitze Salz, dem restlichen Knoblauch und 1 Teelöffel Sesamöl in einer Schüssel gründlich vermengen.

5. Gimbap zusammenbauen: Den Reis in 5 Portionen aufteilen. Ein Nori- bzw. Gim-Blatt am Rand zwischen Daumen und Zeigefinger halten und kurz über einer kleinen Flamme (Seite 63) hin- und herbewegen (nicht stillhalten, sonst verbrennt das Blatt ganz schnell), um es von einer Seite leicht anzurösten. Wichtig: Das Blatt darf nicht knusprig werden, sonst zerbröselt es beim Rollen. Das angeröstete Blatt mit der glänzenden Seite nach unten auf eine Bambusmatte legen.

6. Auf dem Blatt gleichmäßig 1 Portion Reis verteilen, dabei an der Oberkante etwa 5 Zentimeter frei lassen (so werden die Gimbap-Schnitten schön rund). Etwa ein Viertel der Fleischmischung in einem dünnen Streifen quer und mittig über den Reis legen und mit einem Löffel festdrücken. Ein Fünftel des Spinats, einen Surimi-Stick, ein paar Eierstreifen und einen Rettichstreifen auf das Fleisch legen. Die Bambusmatte am unteren Ende anheben und über der Füllung zusammenrollen, bis eine glatte, saubere Rolle entsteht. Die Rolle aus der Matte nehmen und in 1–2 Zentimeter dicke Scheiben schneiden. (Das geht leichter, wenn man das Messer zwischendurch mit einem nassen Handtuch oder Küchenpapier abwischt.) Mit dem Rest der Zutaten auf die gleiche Weise weitere Rollen anfertigen. Auf einem Teller arrangieren und servieren.

Variante: Veganes Gimbap

Statt Hackfleisch nimmt man für diese Variante mehrere Stücke vorgebratenen Tofu, statt Surimi-Sticks in Streifen geschnittene Karotten. Das Ei lässt man bei der veganen Variante einfach weg.

Zuerst den Tofu in etwa 1 Zentimeter breite Streifen schneiden. Eine große Pfanne dünn mit Pflanzenöl bestreichen und erhitzen. Dann 2 Teelöffel Sojasauce, 2 Teelöffel hellbraunen Zucker, 1 Teelöffel Sesamöl und den Tofu hineingeben und braten, bis der Tofu goldbraun glänzt. Beiseitestellen.

Die Karotten schälen und in streichholzgroße Stifte schneiden. Mit 1 Messerspitze Salz in einer kleinen Schüssel vermengen und 5 Minuten ziehen lassen, danach mit Küchenpapier abtupfen. Etwas Pflanzenöl in einer großen Pfanne erhitzen, die Karotten hineingeben und sautieren, bis sie schön zart werden (das dauert gerade mal 30 Sekunden). Weiter wie oben beschrieben.

Gedämpfte Austern mit Reis *(Gulbap)*

Ergibt 2 Portionen

Kocht man Austern mit Reis zusammen, verleihen sie ihm ein süßliches Aroma, das ans Meer erinnert. Knackiger Rettich fügt noch eine erdig-süße Note hinzu. In Korea nennt man Austern »Milch des Meeres«, da man Milch und Austern für die nahrhaftesten Speisen des Landes beziehungsweise des Wassers hält. Am allerbesten sind immer fangfrische Austern, aber tiefgekühlte Austern kann man auch verwenden. Sie sind in koreanischen Läden und vielen Asia-Supermärkten erhältlich. Für dieses Gericht muss der Reis nicht eingeweicht werden.

200 g weißer Kurzkornreis
1 TL geröstetes Sesamöl
230 g koreanischer Rettich (Mu) oder Daikon, geschält und in streichholzgroße Stifte geschnitten
1 Msp. grobes Salz
2 Dutzend frische Austern, ausgelöst, abgespült und abgetupft, oder 230 g TK-Austern, aufgetaut und abgetropft
Scharfe Soja-Würzsauce (Seite 282)

1. Den Reis in eine Schüssel geben, mit kaltem Wasser bedecken und mit der Hand umrühren, um überschüssige Stärke zu lösen. Abgießen und erneut Wasser zugeben. So lange abspülen und abgießen, bis das Wasser klar ist. Dann den Reis abgießen und bereitstellen.

2. Eine große Pfanne etwa 1 Minute erhitzen, danach die Hitze etwas reduzieren. Reis und Sesamöl hineingeben und etwa 2 Minuten braten, dabei mit einem Kochlöffel umrühren, bis der Reis angeröstet ist und anfängt zu duften. Den Rettich zugeben und etwa 1 Minute unter Rühren erhitzen.

3. Anschließend 230 Milliliter Wasser und das Salz zugeben und gut verrühren. Den Reis dabei mit einem Kochlöffel vom Topfboden kratzen, damit er nicht anbrennt, und zugedeckt 7 Minuten köcheln lassen. Die Austern zugeben und vorsichtig unterrühren. Zugedeckt 7–10 Minuten sanft köcheln lassen, bis der Reis gar ist.

4. Den Reis vom Herd nehmen, mit dem Kochlöffel auflockern und in eine Servierschüssel geben. Mit der Würzsauce servieren.

Maangchi and Friends

Macdawg: *Ich mache am St.-Patrick's-Day »Gedämpfte Austern mit Reis«. Die wichtigste Zutat ist doch Liebe, oder? Kann man denn auch geräucherte Austern nehmen?*

Maangchi: *Die wichtigste Zutat ist auf jeden Fall Liebe! Aber geräucherte Austern, das klingt schon etwas komisch. Nimm' vielleicht lieber frische oder tiefgekühlte Austern.*

Bibimbap

Ergibt 4 Portionen

Wörtlich übersetzt bedeutet Bibimbap »gemischter Reis«: Reis mit allerlei Zutaten vermischt. Bibimbap, das zum Servieren im Steintopf (Dolsot) erwärmt wird, nennt man Dolsot-Bibimbap, aber man kann das Gericht auch in einer großen, flachen Schüssel auf den Tisch bringen.

Das hier beschriebene Bibimbap ist etwas Besonderes und optisch ansprechend. Auf Neulinge mag das Rezept möglicherweise abschreckend wirken. Man muss viele Zutaten einzeln zubereiten – und das dauert eine Weile. Wer aber ein aufwendiges Bibimbap zubereitet, braucht sich dafür nicht um Beilagen zu kümmern. Bibimbap ist geschmacklich so vielseitig, dass keine Wünsche offen bleiben. Weiter unten beschreibe ich noch eine einfachere Variante. Wer zum Bibimbap noch eine Suppe essen möchte, sollte Eierbouillon (Seite 97) probieren. Die leckere Suppe ist in 10 Minuten fix und fertig zubereitet.

Die meisten in diesem Rezept verwendeten Gemüsesorten – Spinat, Zucchini, Gurke – sind nichts Ungewöhnliches. Getrocknete Farnspitzen und Ballonblumenwurzeln aber werden den meisten deutschen Köchinnen wahrscheinlich noch unbekannt sein. Wenn man diese Zutaten in einem koreanischen Laden bekommen kann, ist dies eine wunderbare Gelegenheit, sie auszuprobieren. Ballonblumenwurzel hat Biss und eine angenehm bittere Note, und Farnspitzen geben dem ganzen Gericht etwas mehr Fülle. Zusammen bilden diese exotischen Gemüse eine erstaunliche Harmonie. Beide sind übrigens Trockengemüse und müssen deshalb vor dem Verarbeiten über Nacht eingeweicht werden. Wer das Bibimbap lieber nicht so scharf möchte, sollte die Chilipaste ganz oder teilweise durch Scharfe Soja-Würzsauce (Seite 282) ersetzen.

Meine einfachere Variante von Bibimbap: Man sucht sich aus dem Rezept nur ein paar Zutaten aus, die in den Reis gemischt werden sollen (ich würde Sojasprossen, Spinat und Paprika auswählen), dann wird das Bibimbap ein Genuss für Augen und Gaumen. Alle Zutaten auf dem gekochten Reis drapieren. Chilipaste, Eigelb und Sesamöl dazugeben – fertig!

Maangchi and Friends

Becky: *Kann man Bibimbap auch schneller zubereiten? Ich würde vielleicht einfach übrig gebliebene Banchan aus dem Kühlschrank nehmen und mit Reis und ordentlich Gochujang vermischen.*

Maangchi: *Gar kein Problem! Den Topf erhitzen, Reste rein in den Topf – und umrühren, bis alles gut durchgewärmt ist. Dann Reis und scharfe Chilipaste dazugeben. Mit einem Kochlöffel umrühren, bis alles gut durchgewärmt ist. Vom Herd nehmen und nach Belieben Sesamöl einrühren. Manchmal bereite ich Bibimbap auch mit Kimchi zu: Pro Reisschüssel nehme ich 4 Esslöffel klein gehacktes Chinakohl-Kimchi (Seite 124). Ich gebe das Kimchi mit etwas Kimchi-Saft und nach Belieben mit etwas scharfer Chilipaste in eine heiße Pfanne. Dann kommt der Reis dazu. Ich rühre so lange, bis alles schön brutzelt. Mit Sesamöl beträufeln – fertig! Schmeckt beinahe wie gebratener Reis, aber schön scharf und koreanisch.*

Vorbereitetes Rindfleisch (oben links); eingeweichte Farnspitzen (oben rechts); eingewichte Ballonblumenwurzel (Mitte links); vorbereitete Zutaten (Mitte rechts); angerichtetes Bibimbap (unten)

Für das Rindfleisch
230 g Rinderfilet oder -steak, in sehr dünne (streichholzdicke) Streifen geschnitten
1 EL Sojasauce
1 EL Honig oder Zucker
1 EL gehackter Knoblauch
2 TL geröstetes Sesamöl
1 TL geröstete Sesamsamen

Für die Sojabohnensprossen
2 Handvoll Sojabohnensprossen (Kongnamul)
1 Prise grobes Salz
½ TL geröstetes Sesamöl

Für den Spinat
230 g frischer Blattspinat
1 Prise grobes Salz
½ TL geröstetes Sesamöl

Für die Paprika/Karotten
1 TL Pflanzenöl
2 kleine oder 1 große rote Paprika, entkernt und in sehr dünne Streifen geschnitten oder 2 Karotten, geschält und in streichholzgroße Stifte geschnitten

Für die Zucchini
1 Zucchini (ca. 230 g), in dünne Scheiben geschnitten
1 Prise grobes Salz
½ TL Pflanzenöl
¼ TL geröstetes Sesamöl

Für die Gurke
1 kleine Salatgurke (ca. 170 g), in dünne Scheiben geschnitten
1 Prise grobes Salz
½ TL Pflanzenöl

Für die Ballonblumenwurzel
30 g getrocknete Ballonblumenwurzel (Doraji), 18–24 Std. eingeweicht
Grobes Salz
1 TL Pflanzenöl

Für die Farnspitzen
15 g getrocknete Farnspitzen (Gosari), eingeweicht und gekocht (Seite 156)
½ TL Pflanzenöl
2 TL Sojasauce
2 TL Zucker
½ TL gehackter Knoblauch
1 TL geröstetes Sesamöl

4 Portionen Fluffiger weißer Reis (Seite 46), frisch gekocht
4 große Eigelbe
4 EL koreanische rote Chilipaste (Gochujang), plus etwas mehr zum Anrichten
1 TL geröstete Sesamsamen
Scharfe Soja-Würzsauce (Seite 282), nach Belieben

1. Rindfleisch: Rindfleisch, Sojasauce, Honig oder Zucker, Knoblauch, Sesamöl und Sesamsamen in einer Schüssel vermengen. Abdecken und kühl stellen.

2. Sojabohnensprossen: Sojasprossen unter kaltem Wasser gründlich abspülen und abtropfen lassen. Bräunlich verfärbte Sprossen aussortieren. Die Sprossen in einen mittelgroßen Topf geben und 50 Milliliter Wasser zugeben. Zugedeckt etwa 5 Minuten kochen. Abgießen und mit Salz und Sesamöl vermengen. Auf einen großen Teller häufen.

3. Spinat: Den Spinat in kochendem Wasser 30 Sekunden blanchieren, abgießen und unter kaltem Wasser abspülen. Gut abtropfen lassen und überschüssiges Wasser ausdrücken. Den Spinat grob hacken und mit Salz und Sesamöl vermengen. Auf den großen Teller zu den Sprossen geben.

4. Paprika/Karotten: Pflanzenöl in einer Pfanne erhitzen. Paprika bzw. Karotten zugeben und etwa 30–60 Sekunden garen. Auf den Teller legen.

5. Zucchini: Zucchini und Salz in einer kleinen Schüssel vermengen und ein paar Minuten ziehen lassen, dann trocken tupfen. Pflanzenöl in einer Pfanne erhitzen. Die Zucchini darin etwa 1 Minute sautieren, bis sie zart werden. Sesamöl untermischen und alles auf den Teller geben.

6. Gurke: Gurke und Salz in einer kleinen Schüssel vermengen und ein paar Minuten ziehen lassen, dann trocken tupfen. Pflanzenöl in einer Pfanne erhitzen. Die Gurke darin etwa 30 Sekunden sautieren, bis sie durchgewärmt ist. Auf den Teller geben.

7. Ballonblumenwurzel: Die eingeweichte Wurzel abgießen. Mit 1 Esslöffel Salz vermengen und kurz durchkneten, um die Wurzel mürbe zu machen und Bitterstoffe zu entfernen. Wurzel gründlich unter fließendem Wasser abspülen und abtropfen lassen. Pflanzenöl in einer Pfanne erhitzen. Die Hitze reduzieren. Die Ballonblumenwurzel hineingeben und unter Rühren etwa 3 Minuten braten, bis sie zusammenfällt und weich wird. Auf den Teller geben.

8. Farnspitzen: Die Farnspitzen in etwa 5 Zentimeter lange Stücke schneiden. Pflanzenöl in einer Pfanne erhitzen. Farnspitzen hineingeben und unter Rühren 3–5 Minuten braten, bis sie weich werden. Sojasauce, Zucker, Knoblauch und Sesamöl zugeben und 1 Minute unter Rühren mitgaren. Auf den Teller geben.

9. Bibimbap in Steintöpfen (Dolsot) anrichten: In jeden der vier Töpfe ein paar Tropfen Sesamöl träufeln. Den Reis auf die Töpfe verteilen. Gemüse und Fleisch auf dem Reis anrichten. Auf jede Portion ein Eigelb und etwas scharfe Chilipaste geben. Jeden Topf auf eine Herdplatte stellen und auf mittlerer bis hoher Stufe erhitzen, bis der Reis anfängt zu brutzeln.

10. Bibimbap in der Servierschüssel anrichten: Den Reis in die Schüssel geben und Gemüse und Fleisch darauf anrichten. Mit den Eigelben und scharfer Chilipaste garnieren.

11. Servieren: Bibimbap mit Sesam bestreuen und nach Belieben mit Sesamöl beträufeln. Heiß servieren und dazu scharfe Chilipaste und/oder Soja-Würzsauce reichen. Zum Vermischen und Essen reicht man den Gästen am besten Löffel.

Maangchi and Friends

Kat: *Ich würde gern mal Bibimbap zum Abendessen zubereiten, aber hier in Idaho Falls gibt es keinen Asialaden. Ich kriege also keine Farnspitzen. Was kann ich tun?*

Maangchi: *Auch ohne Farnspitzen schmeckt das Bibimbap bestimmt köstlich! Du kannst stattdessen blanchierten Spinat mit Salz und Sesamöl nehmen oder gegarte und gewürzte Sojasprossen.*

Reissalat mit rohem Fisch *(Hoe-Deop-Bap)*

Ergibt 4 Portionen

Hoe-Deop-Bap (hoe bedeutet »roher Fisch«, deop »dazu«) ist eine simple Köstlichkeit aus Reis, rohem Gemüse und rohem Fisch, in einer großen Schüssel mit scharfer Sauce und geröstetem Sesamöl serviert. Leicht, knackig und unglaublich erfrischend. Nach einem Bissen von dem pikanten Fisch mit Gemüse nimmt man einen großen Löffel erdige Tofu-Suppe zu sich, die den Gaumen beruhigt und bereit macht für den nächsten scharfen Fischhappen.

Dieses Rezept bekam ich von einer Expertin für rohen Fisch, die es schon tausendfach für anspruchsvolle, hungrige Koreaner zubereitet hat. Ich lernte Frau Park in Toronto kennen, wo ich als Familientherapeutin arbeitete. Sie kochte in einem koreanischen Restaurant und war dort für die Zubereitung von Ho-Deop-Bap zuständig. Ich überredete sie, einigen meiner Gruppenteilnehmern ihre Spezialität beizubringen. So bekam auch ich Gelegenheit, von einer Meisterin zu lernen. In einem koreanischen Restaurant ist Hoe-Deop-Bap meist teuer – aber wenn man es selbst zubereitet, kann man reichlich guten Fisch verwenden, ohne horrendes Geld auszugeben.

Für die Sauce

8 EL koreanische rote Chilipaste (Gochujang)
4 EL destillierter weißer Essig
2 EL Sojasauce
2 EL Honig oder Zucker
6 Knoblauchzehen, fein gehackt
2 Lauchzwiebeln, fein gehackt
2 TL Ingwer, geschält und fein gehackt

Für die Suppe

8 große getrocknete Sardellen (Mareun-Myeolchi), ohne Kopf und entdarmt
5 EL fermentierte Sojapaste (Doenjang)
2 Knoblauchzehen, fein gehackt
200 g mittelfester Tofu, in ca. 1 cm große Würfel geschnitten
2 Lauchzwiebeln, gehackt

Für den Reissalat

4 Handvoll gemischter Blattsalat oder grob gehackter Kopfsalat
2 grüne koreanische Chilischoten (Cheong-Gochu), fein gehackt
2 rote koreanische Chilischote (Hong-Gochu), fein gehackt
10 Perillablätter (Kkaennip), in dünne Streifen geschnitten, oder 4 EL dünn geschnittene Minzeblätter
1 Zwiebel, in dünne Ringe geschnitten
1 große Salatgurke, geschält, entkernt und in streichholzgroße Stifte geschnitten
1 Handvoll Rettichsprossen, nach Belieben
1 Avocado, halbiert, entkernt, geschält und in ca. 1 cm große Würfel geschnitten, nach Belieben
4 Portionen Fluffiger weißer Reis (Seite 46)
700 g grätenfreier TK-Fisch (z. B. Lachs, Thunfisch, Flunder), in 1 cm große Würfel geschnitten und gekühlt
8 EL Tobiko (Rogen vom fliegenden Fisch), nach Belieben
2 TL geröstete Sesamsamen
2 Nori-Algenblätter (Gim), leicht geröstet (Seite 25) und in dünne Streifen geschnitten
Geröstetes Sesamöl

1. Sauce: Alle Zutaten in einer Schüssel gründlich verrühren.

2. Suppe: 1,6 Liter Wasser, getrocknete Sardellen, Sojapaste und Knoblauch in einen Topf geben und 30–35 Minuten kochen, bis das Wasser den Sardellengeschmack angenommen hat.
Die Brühe abseihen und wieder in den Topf geben. Den Tofu zugeben und etwa 5 Minuten erwärmen. Die Lauchzwiebeln zugeben. Zugedeckt warm halten.

3. Reissalat: Blattsalat, Chilischoten, Perillablätter, Zwiebel, Gurke, Sprossen und, falls verwendet, Avocado in einer großen, flachen Schüssel arrangieren.

4. Servieren: Den Reis auf den Salat löffeln. Fisch und Rogen (falls verwendet) auf dem Reis drapieren. Mit Sesam und Algen bestreuen. Zum Reissalat Sauce, Suppe und Sesamöl servieren.

Variante: Hoe-Deop-Bap mit gebratenem Tofu

Statt rohem Fisch kann man auch gebratenen Tofu nehmen. Dazu 400 Gramm mittelfesten Tofu in mundgerechte Stücke schneiden und mit Küchenpapier abtupfen. Den Tofu in einer Pfanne in 2 Esslöffel Öl braten und mehrmals wenden, bis er von allen Seiten goldbraun und knusprig ist.

Kein Tofu im Haus? Macht nichts! In diesem Fall einfach den Reissalat (ohne Fisch) mit Gemüse und scharfer Würzsauce anrichten. Auf keinen Fall das Sesamöl weglassen – das ist die Zutat, die das Gericht abrundet.

Algenblätter (Gim) rösten: Durch das Rösten kommen Geschmack und Duft der Algenblätter erst richtig zur Geltung. Zudem werden die Blätter knusprig und lassen sich zerbröseln. Dazu ein Gim-Blatt am Rand zwischen Daumen und Zeigefinger halten und ein paar Sekunden über einer kleinen Gasflamme oder Herdplatte hin- und herbewegen (nicht stillhalten, sonst verbrennt das Blatt). Blatt drehen, um es gleichmäßig zu rösten. Ist das Gim knusprig, steckt man es in einen Plastikbeutel und zerbröselt es.

Reissalat mit rohem Fisch (links); Hoe-Deop-Bap mit gebratenem Tofu (rechts)

Nudeln, Reiskuchensuppe und Brei (Juk)

Eine gute Schüssel Reis lässt sich nur durch wenig anderes ersetzen. Wenn es bei einer koreanischen Mahlzeit keinen Reis gibt, werden stattdessen Nudeln, Reiskuchensuppe oder Brei (Juk) gereicht. Diese Speisen ersetzen dann auch die übliche Suppe, werden aber immer mit Beilagen oder mit Kimchi serviert.

In Korea isst man Nudeln in allen möglichen Variationen – hausgemacht und aus der Tüte, frisch oder getrocknet, aus Weizen, Buchweizen oder aus Süßkartoffelstärke zubereitet.

Die Rezepte in diesem Kapitel geben einen kleinen Einblick in die große Vielfalt der Nudelrezepte, Reiskuchensuppen und Breie. Manche der hier vorgestellten Gerichte sind scharf, andere mild. Manche werden brühheiß serviert, andere eiskalt. Es gibt deftige Fleischgerichte darunter und Gerichte mit Fisch oder Meeresfrüchten. Manche Nudeln schwimmen in Brühe, andere werden mit Sauce bedeckt, manche von Hand gezupft, andere wieder fein geschnitten. Einige Rezept in diesem Kapitel sind ein wenig aufweniger zuzubereiten, aber es gibt auch Gerichte, die in Minutenschnelle auf dem Tisch stehen.

Wer getrocknete Nudeln im Schrank oder Reiskuchen im Tiefkühlfach hat, der braucht eigentlich nur noch Knoblauch, Schalotten, Chiliflocken und Sesamöl, um einen schönen Topf Suppe zu zaubern.

Auch frischer Nudelteig ist schnell aus Wasser und Mehl zubereitet. Man rollt den Teig aus, zerrupft ihn und gart die Nudeln in einer Brühe mit ein paar Gewürzen und Kartoffelstückchen – fertig ist das Abendessen.

Die Vorliebe der Koreaner für Brei (juk) in allen möglichen Variationen hat eine lange Geschichte und geht zurück auf Zeiten der Not, in denen man in den Haushalten aus Sparsamkeit den Reis mit Wasser strecken musste. Heraus kamen schließlich Breie mit einer an-genehm weichen und seidigen Konsistenz, die nicht nur nahrhaft und gesund sind, sondern sich auch schnell zubereiten lassen und leicht zu verdauen sind.

Breie gibt es für jeden Geschmack und für jede Tageszeit. Reisbrei mit Sesam (Seite 85) ist leicht gesüßt und eignet sich hervorragend als Frühstück oder Zwischenmahlzeit. Kürbisbrei mit Reiskugeln (Seite 89) ist ein herzhaft-süßes vegetarisches Eintopfgericht – und Reisbrei mit Garnelen (Seite 86) würzt man mit Salz oder Fischsauce (Seite 29), um den typischen Meergeschmack herauszukitzeln.

Weizenmehlnudeln (Somyeon)

Milde Eisnudeln *(Mul-Naengmyeon)*

Ergibt 2 Portionen

Diese Eisnudeln sind so erfrischend, dass ich sie im Sommer am liebsten jeden Tag essen würde. Man glaubt fast zu spüren, wie nach dem Essen die Körpertemperatur sinkt. Die Nudeln haben ein wenig Säure von der Rettichlake, etwas volle Süße von der Birne und Biss und Deftigkeit vom Rindfleisch. Nach dem ersten Bissen wird man richtig süchtig danach. Am liebsten mag ich es, wenn die Brühe fast noch gefroren ist.

Koreaner kaufen die Nudeln für diese Suppe meistens fertig (im koreanischen Lebensmittelgeschäft), statt sie selbst herzustellen. Die Nudeln bestehen aus Weizenmehl und etwas Buchweizen und sind ziemlich zäh (ungefähr so wie rote Lakritzschlangen). Die Brühe – eine Mischung aus Rinderbrühe und der fermentierten Lake von Rettich-Kimchi – prickelt auf der Zunge. Die Brühe muss allerdings 7–8 Stunden vorher zubereitet werden, damit sie noch gefrieren kann.

Wer keine Zeit hat, Brühe mit Kimchi-Lake zuzubereiten, nimmt das Päckchen mit gekörnter oder konzentrierter Brühe, das den gekauften Naengmyeon-Nudeln beiliegt, bereitet die Brühe nach Packungsanweisung zu und stellt sie dann ins Gefrierfach, bis sie halb gefroren ist.

230 g Rinderbrust
950 ml Lake von saftigem Rettich-Kimchi (Seite 136)
2 TL grobes Salz
5 EL Zucker
1 mittelgroße Nashi-Birne oder 2 Bosc-Birnen
280 g Naengmyeon-Nudeln
10 Scheiben Rettich-Kimchi (Seite 130), plus weitere Scheiben zum Anrichten
¼ Salatgurke, in streichholzgroße Stifte geschnitten
1 hartgekochtes Ei, geschält und halbiert
1 EL geröstete Sesamsamen
2 TL koreanisches Senfpulver (Gyeoja-Garu), nach Belieben

1. Rinderbrust unter fließendem Wasser abspülen und dann 10 Minuten in kaltem Wasser ziehen lassen, um Blutreste zu entfernen (so wird die Brühe schön klar).

2. 1,6 Liter Wasser in einem Topf zum Kochen bringen. Die Rinderbrust abgießen und in den Topf geben. Zugedeckt 1 Stunde pochieren. Dann die Hitze reduzieren und weitere 50 Minuten köcheln lassen.

3. Das Rindfleisch aus dem Topf nehmen und abkühlen lassen. Die Brühe beiseitestellen und ebenfalls abkühlen lassen. Das Fleisch in dünne Scheiben schneiden. Zugedeckt kühl stellen.

4. Brühe und Kimchi-Lake in eine Edelstahlschüssel geben. Salz und 4 Esslöffel Zucker dazugeben und darin auflösen. Zugedeckt 5–6 Stunden einfrieren, bis die Mischung halb gefroren ist (wie Sorbet).

5. Den restlichen Zucker mit 500 Milliliter Wasser in eine Schüssel geben und auflösen. Kurz vor dem Servieren die Birne schälen, entkernen und in dünne Scheiben schneiden. Die Birnenscheiben in die Schüssel mit Zuckerwasser geben und 1 Minute ziehen lassen (damit sie nicht braun werden!). Abgießen.

6. Kurz vor dem Servieren einen großen Topf Wasser zum Kochen bringen. Die Nudeln hineingeben und mit einem Kochlöffel umrühren, damit sie nicht verkleben. Die Nudeln 3–5 Minuten kochen lassen, bis sie zart sind, aber noch Biss haben. Die Nudeln abgießen und unter kaltem Wasser schwenken, bis sie kalt und nicht mehr glitschig sind.

7. Die Nudeln auf zwei flache Schüsseln verteilen. Die halbgefrorene Brühe darauf verteilen. Rindfleisch, Rettich-Kimchi, Gurke, Birne und Eihälften darauf arrangieren. Mit geröstetem Sesam bestreuen. Wer es scharf mag, vermischt nach Belieben Senfpulver mit 1 Teelöffel Wasser und gibt etwas davon in jede Schüssel. Sofort servieren und dazu Rettich-Kimchi reichen.

Halbgefrorene Brühe (oben links); Zutaten zum Garnieren (oben rechts); Milde Eisnudeln (unten)

Scharfe Eisnudeln *(Bibim-Naengmyeon)*

Ergibt 2 Portionen

In der koreanischen Küche gibt es zwei Sorten Eisnudeln. Diese bissfesten Nudeln in roter Sauce schmecken süß, sauer, scharf und intensiv, während die Milden Eisnudeln (Seite 68) leicht säuerlich und herzhaft sind. Ehrlich: Ich weiß gar nicht, welche Sorte ich lieber mag!

Wenn man die Nudeln und die Sauce erst kurz vor dem Servieren mit der halbgefrorenen Kimchi-Lake vermengt, nehmen sie die Gewürze besser an. Wer keinen Kimchi-Saft zur Hand hat, kann das Gericht (wie auch auf Seite 68 beschrieben) einfach mit der Fertigbrühe zubereiten, die der Nudelpackung beiliegt.

Im koreanischen Restaurant bringt die Bedienung nach dem Servieren dieses Gerichts meist eine große Schere herbei und fragt, ob die langen Nudeln zerschnitten werden sollen. Bejaht man dies, werden sie gleich in der Schüssel zerteilt. Zu Hause kann man es genauso handhaben, wenn man lieber kürzere Nudeln isst.

Für die scharfe Würzsauce

½ Nashi-Birne oder 1 andere Birne, geschält, entkernt und gehackt
1 Zwiebel, fein gehackt
2 Knoblauchzehen, fein gehackt
1 TL gehackter Ingwer
4 EL koreanische Chiliflocken (Gochu-Garu)
2 EL koreanische rote Chilipaste (Gochujang)
2 Lauchzwiebeln, gehackt
2 TL geröstetes Sesamöl
1 EL Sojasauce
1 TL grobes Salz
4 EL brauner Reissirup (Ssal-Yeot) oder Honig
2 TL Zucker
2 EL Branntwein- oder Apfelessig
2 EL Rinderbrühe oder Wasser

Für die Nudeln

280 g Naengmyeon-Nudeln
½ Nashi-Birne oder 1 kleine Bosc-Birne, geschält und entkernt
230 ml Lake von saftigem Rettich-Kimchi (Seite 136), halbgefroren
8–12 Scheiben saftiges Rettich-Kimchi (Seite 136) oder 5 EL gehacktes Chinakohl-Kimchi (Seite 124)
½ Salatgurke, in 1 cm dicke Stifte geschnitten
1 großes hartgekochtes Ei, geschält und halbiert
1 TL geröstete Sesamsamen
Branntwein- oder Apfelessig, zum Anrichten (nach Belieben)

1. Scharfe Würzsauce: Die Birne in einem Mixer glatt pürieren.

2. Von dem Birnenpüree 120 Milliliter in eine Schüssel geben. Zwiebel, Knoblauch, Ingwer, Chiliflocken, Chilipaste, Lauchzwiebeln, Sesamöl, Sojasauce, Salz, Reissirup, Zucker, Essig und Rinderbrühe dazugeben. Alle Zutaten im Mixer cremig pürieren.

3. Nudeln: Einen großen Topf Wasser zum Kochen bringen. Die Nudeln hineingeben und mit einem Kochlöffel umrühren, damit sie nicht verkleben. Die Nudeln 3–5 Minuten kochen lassen, bis sie zart sind, aber noch Biss haben. Die Nudeln abgießen und unter fließendem kalten Wasser schwenken, bis sie kalt und nicht mehr glitschig sind. Die Nudeln auf zwei flache Schüsseln verteilen.

4. Die Birne in dünne Scheiben schneiden.

5. Die Würzsauce direkt auf die Nudeln geben. In jede Schüssel 1–2 Schöpflöffel halbgefrorene Lake geben. Kimchi, Gurke, Birne und Eihälften darauf auftürmen. Die Eier mit geröstetem Sesam bestreuen. Sofort servieren und dazu die restliche Würzsauce und Essig zum Nachwürzen reichen.

Scharfe Eisnudeln

Nudeln mit schwarzer Bohnenpaste *(Jjajangmyeon)*

Ergibt 2–4 Portionen

Fast alle Koreaner lieben diese Nudeln, die in koreanischen Restaurants und koreanischen Imbissbuden, aber auch in chinesischen Gaststätten in Korea serviert werden. In meiner Familie galten sie immer als etwas Besonderes. Ich werde nie vergessen, wie mein Vater an dem Tag, an dem ich die mittlere Reife erhielt (was für koreanische Familien ein Grund zum Feiern ist), für uns alle diese Nudeln bestellte. Nach weniger als einer halben Stunde wurden sie in einer speziellen Blechdose geliefert. Dass ich Anlass für dieses Festessen war, erfüllte mich mit Stolz.

Die dicken, blassgelben, bissfesten Nudeln isst man mit einer dunkelbraunen Sauce aus gebratener schwarzer Bohnenpaste, Schweinefleisch und gebratenen Zwiebeln. Schweinebauch und Kartoffeln machen das Gericht deftig, aber nicht schwer. Es ist wunderbar mild und daher auch bei Kindern sehr beliebt. Während man in Korea nur zum Telefon greifen muss, um Jjajangmyeon-Nudeln geliefert zu bekommen, muss sich der Rest der Welt die Nudeln selbst zubereiten (was kein Nachteil sein muss). Wer wie ich dieses Gericht seit vielen Jahren kocht, der weiß, dass es hausgemacht meist besser schmeckt. Der Trick bei diesem Rezept besteht darin, den Schweinebauch kräftig anzurösten, damit er auch noch unter der Sauce schön knusprig bleibt.

3 EL Pflanzenöl
230 g Schweinebauch, in 1 cm große Würfel geschnitten
⅓ koreanischer Rettich (Mu) oder Daikon, geschält und in ca. 1 cm große Würfel geschnitten
½ Zucchini, in 1 cm große Würfel geschnitten
1 große Kartoffel, mehlig- oder vorwiegend festkochend, geschält und in ca. 1 cm große Würfel geschnitten
1 große Zwiebel, in 1 cm große Stücke geschnitten
5 EL schwarze Bohnenpaste (Chunjang)
2 EL Kartoffel- oder Maisstärke
1 TL Zucker
1 TL geröstetes Sesamöl
450 g Jjajangmyeon-Nudeln, frisch oder tiefgefroren und aufgetaut, entwirrt
½ Salatgurke, in streichholzgroße Stifte geschnitten

1. Eine große Pfanne oder einen Wok erhitzen. 1 Esslöffel Pflanzenöl hineingeben und den Schweinebauch 3–5 Minuten darin braten, bis er goldbraun und knusprig ist. Das Fett abgießen.

2. Den Rettich zugeben und 1 Minute braten. Zucchini, Kartoffel und Zwiebel zugeben und 3 Minuten braten, bis die Kartoffelwürfel glasig werden.

3. In der Mitte der Pfanne oder des Woks etwas Platz schaffen, die restlichen 2 Esslöffel Pflanzenöl hineingeben und die Bohnenpaste zugeben. Die Paste 1 Minute umrühren, dann gründlich mit dem Fleisch und dem Gemüse vermengen. 460 Milliliter Wasser zugeben, alles verrühren und zugedeckt 10 Minuten kochen lassen.

4. Während Fleisch und Gemüse garen, die Kartoffelstärke mit 70 Milliliter Wasser und dem Zucker in einer Schüssel verquirlen.

5. Den Deckel von Pfanne oder Wok nehmen und je ein Stück Rettich und Kartoffel kosten. Wenn sie noch hart sind, noch ein paar Minuten weitergaren. Wenn sie weich sind, die Hitze reduzieren und die gelöste Kartoffelstärke nach und nach einrühren. So lange weiterrühren, bis die Sauce dick wird. Das dauert etwa 1 Minute. Das Sesamöl einrühren und den Wok vom Herd nehmen.

6. Einen großen Topf Wasser zum Kochen bringen. Die Nudeln hineingeben, mit einem Kochlöffel umrühren und 5–7 Minuten kochen lassen, bis sie zart sind, aber noch Biss haben. Die Nudeln abgießen, unter fließendem kalten Wasser schwenken und abtropfen lassen.

7. Falls nötig, die Sauce noch einmal erhitzen. Die Nudeln auf zwei Schüsseln verteilen. Sauce auf die Nudeln geben und mit Gurkenstiften garnieren. Sofort servieren.

Variante: Jjajangbap

Statt mit Nudeln kann man die Jjajang-Sauce mit Fluffigem weißen Reis (Seite 46) servieren. Mit Gurkenstiften garnieren und dazu Chinakohl-Kimchi (Seite 124) oder eingelegten gelben Rettich (Danmuji) reichen.

Vorbereitetes Fleisch und Gemüse (oben links); Zubereitung im Wok (oben rechts); Fleisch und Gemüse köcheln in der Bohnenpaste (unten links); Nudeln mit schwarzer Bohnenpaste (unten rechts)

Nudeln in Sardellenbrühe *(Guksu)*

Ergibt 2 Portionen

Nudelsuppe ist praktisch, wenn Überraschungsbesuch kommt und man schnell was zu essen auf den Tisch bringen muss. Sie eignet sich aber durchaus auch für besondere Anlässe. In Korea verbindet man lange, dünne Nudeln traditionell mit Langlebigkeit, und deshalb kommt diese Suppe oft bei Geburtstagsfeiern auf den Tisch, um ein langes Leben herbeizuwünschen. Bei Hochzeiten beschwört sie eine glückliche, langlebige Ehe.

Diese Nudelsuppe basiert auf einer klaren Brühe, die etwas nach Fisch und sehr umami schmeckt. Koreanische Hausfrauen haben immer Sardellenbrühe parat, um auf die Schnelle eine nahrhafte Nudelsuppe kochen zu können. Man kann stattdessen auch Fleischbrühe nehmen, aber die Suppe schmeckt dann eben völlig anders.

Das Rezept lässt sich leicht an eine größere oder kleinere Gästezahl anpassen. Außerdem kann man die fertigen Suppenschüsseln mit gehacktem Kimchi oder dünnen Rindfleischstreifen verfeinern – der Geschmack der Brühe wird dadurch komplexer.

1 TL Pflanzenöl
1 Knoblauchzehe, gehackt
4 Stück gebratener Tofu, in dünne Streifen geschnitten
Grobes Salz
1 TL Zucker
2 TL geröstetes Sesamöl, plus etwas mehr zum Beträufeln
230 g dünne Weizenmehlnudeln (Somyeon)
700–800 ml Sardellen-Algen-Brühe (Seite 96)
2 Lauchzwiebeln, gehackt
2 TL koreanische Chiliflocken (Gochu-Garu), nach Belieben
2 Nori-Algenblätter (Gim), geröstet und zerbröselt

1. Eine große Pfanne erhitzen. Pflanzenöl, Knoblauch, Tofustreifen und 1 Prise Salz hineingeben und unter Rühren etwa 1 Minute braten, bis der Knoblauch goldbraun ist. Zucker und Sesamöl zugeben und umrühren, bis der Zucker aufgelöst ist. Die Pfanne vom Herd nehmen.

2. Einen großen Topf Wasser zum Kochen bringen. Die Nudeln hineingeben und mit einem Kochlöffel umrühren, damit sie nicht verkleben. Die Nudeln 3–4 Minuten kochen, bis sie zart sind, aber noch Biss haben. Nudeln abgießen und zum Abkühlen in eine großen Schüssel mit kaltem Wasser geben, damit überschüssige Stärke entfernt wird. Die Nudeln abgießen und unter fließendem kalten Wasser schwenken, bis sie kalt und nicht mehr glitschig sind.

3. Die Nudeln auf zwei flache Schüsseln oder Steinguttöpfe verteilen.

4. Die Sardellen-Algen-Brühe erhitzen und über die Nudeln gießen, bis über den Nudeln 2,5 Zentimeter Brühe steht. In jede Schüssel die Hälfte der Tofustreifen, Lauchzwiebeln und Chiliflocken (falls erwünscht), die zerbröselten Algenblätter und ein paar Tropfen Sesamöl geben. Nach Belieben mit Salz bestreuen. Sofort servieren.

Gebratene Tofustreifen (oben); Nudeln in Sardellenbrühe (unten)

Handgezupfte Nudeln in Suppe *(Sujebi)*

Ergibt 2–4 Portionen

Sujebi ist eine Nudelsuppe, die in Korea traditionell an kühlen Regentagen auf den Tisch kommt, um Wärme und Gemütlichkeit zu spenden. Die rustikalen Nudeln bestehen lediglich aus Mehl, Wasser, Salz und Öl. Wer eine komplette Mahlzeit daraus machen möchte, serviert dazu Kimchi und ein paar Beilagen.

Den Nudelteig kann man mit der Hand kneten oder in einer Küchenmaschine. Beim Kneten von Hand muss man ordentlich Energie reinstecken – je länger man knetet, desto bissfester und leckerer werden die Nudeln. Der Teig ist leichter zu verarbeiten, wenn er eine Weile im Kühlschrank geruht hat. Nudelfetzen aus dem Teig zu pflücken ist eine schöne Aufgabe für Kinder, aber »handgezupft« bedeutet nicht schlampig oder achtlos. Die Nudeln sollten in gleichmäßige, dünne Streifen gezogen werden – egal, wie lang und breit, sollten aber möglichst dünn gezogen werden (idealerweise ca. 3 mm). In Korea misst man die Könnerschaft einer Köchin an ihren Nudeln. Übung macht den Meister! (Man kann aber auch eine Nudelmaschine verwenden.)

Für den Nudelteig
250 g Mehl
½ TL grobes Salz
1 EL Pflanzenöl

Für die Suppe
12 große getrocknete Sardellen (Mareun-Myeolchi), ohne Kopf und entdarmt
1 Stück (10 × 12 cm) getrockneter Seetang (Dashima), in Streifen geschnitten
2 mittelgroße Kartoffeln, mehlig- oder vorwiegend festkochend, geschält und in Stücke geschnitten
1 Zwiebel, in feine Ringe geschnitten
3 Knoblauchzehen, fein gehackt
1 EL Fischsauce oder koreanische Suppen-Sojasauce, am besten hausgemacht (Seite 274)
1 Lauchzwiebel, gehackt
1 TL geröstetes Sesamöl

1. Nudelteig: Mehl, 180 Milliliter Wasser, Salz und Öl in einer großen Schüssel vermengen und 10–15 Minuten kneten, bis der Teig geschmeidig ist (wie Pizzateig). Andernfalls die Zutaten in eine Küchenmaschine geben und 1–2 Minuten mit dem Knethaken verarbeiten, bis ein kompakter Teig entsteht. Den Teig in Frischhaltefolie einschlagen und 20–30 Minuten kühl stellen.

2. Suppe: 2,4 Liter Wasser in einen großen Topf geben, Sardellen und Seetang zugeben und zugedeckt etwa 20 Minuten kochen. Die Hitze reduzieren und Seetang und Sardellen mit einem Schaumlöffel herausheben. Die Sardellen entsorgen, den Seetang auf einem Teller bereitstellen.

3. Kartoffeln, Zwiebel und Knoblauch in den Topf geben und 15–20 Minuten kochen, bis die Kartoffeln weich sind, aber nicht zerfallen.

4. Fischsauce und Seetangstreifen zugeben und zugedeckt sanft köcheln lassen.

5. Nudeln zupfen: Eine kleine Schüssel mit kaltem Wasser füllen. Den Nudelteig in die linke Hand nehmen (oder in die rechte, falls man Linkshänder ist). Die Finger der anderen Hand ins Wasser tauchen und dann mit den nassen Fingern in den Teig greifen und etwa 8 Zentimeter herausziehen (das Wasser verhindert, dass der Teig an den Fingern klebt). Den Teig so lang und dünn ziehen, wie möglich. Bei mir wird jede Nudel etwa 5 Zentimeter breit und 3 Millimeter dick. Auf die Länge kommt es nicht an. Hauptsache, die Nudeln sind schön dünn! Nun die Nudel vom Teigklumpen abzupfen und in die köchelnde Suppe geben. Den restlichen Teig rasch in der gleichen Weise verarbeiten. Den Topf zudecken und die Nudeln 2–3 Minuten köcheln lassen, bis sie zart sind und an der Oberfläche schwimmen.

6. Die Suppe vom Herd nehmen und Lauchzwiebel und Sesamöl einrühren. Suppe in Schüsseln geben und sofort servieren.

Nudelteig (oben links); vorbereitetes Gemüse (oben rechts); Nudelteig zupfen (unten links); Handgezupfte Nudeln in Suppe (unten rechts)

Nudelsuppe mit Meeresfrüchten *(Jjampong)*

Ergibt 2–4 Portionen

Diese Suppe steht in vielen chinesischen Restaurants und koreanischen Imbissen auf der Speisekarte. Sie bietet sowohl Meeresfrüchte als auch Fleisch in einer rauchig-scharfen Brühe. Koreaner können lange darüber diskutieren, ob beim Lieferdienst Nudeln mit schwarzer Bohnenpaste (Seite 72) oder diese Suppe bestellt werden soll. Um Streit zu vermeiden, haben wir früher beides bestellt.

Als ich in Missouri lebte, kam ich einmal in ein koreanisches Lebensmittelgeschäft. Die Frau des Inhabers, mit der ich eng befreundet war, bat mich ins Hinterzimmer, denn ihr Mann kochte gerade Jjampong. Dass jemand diese Suppe zu Hause kochte, wunderte mich etwas, denn man lässt sie sich eigentlich immer vom Chinesen kommen. Aber die selbst gemachte Version war wesentlich besser als jede gekaufte. Wichtig ist, dass man eine gute Brühe verwendet, die richtig nach Meer schmeckt. Der Ladenbesitzer kochte seine Brühe übrigens ganz ohne Glutamat, aber mit getrockneten Sardellen und Seetang. Ich mache es seither genauso.

- 10 große getrocknete Sardellen (Mareun-Myeolchi), ohne Kopf und entdarmt
- 3 getrocknete Shiitake-Pilze
- 1 Stück (10 × 10 cm) getrockneter Seetang (Dashima)
- 1 Zwiebel, in dünne Ringe geschnitten
- 110 g Schweinefilet, in dünne Streifen geschnitten
- Grobes Salz und frisch gemahlener schwarzer Pfeffer
- 3 EL koreanische Chiliflocken (Gochu-Garu)
- 4 EL Pflanzenöl
- 1 EL gehackter Knoblauch
- 2 TL gehackter Ingwer
- 450 g Weißkohl oder Chinakohl ohne Strunk, in mundgerechte Stücke geschnitten
- ½ kleine Karotte, geschält und in dünne, 5 cm lange Streifen geschnitten
- 4 Lauchzwiebeln, in 5 cm lange Stücke geschnitten
- 1 Stange Lauch (ca. 140 g), gewaschen, weiße und hellgrüne Teile in 2,5–5 cm lange Streifen geschnitten
- 4 kleine weiße Champignons, in dünne Scheiben geschnitten
- 110 g Tintenfisch, frisch oder TK und aufgetaut, in 2,5–5 cm lange Streifen geschnitten
- 8 große Garnelen, ohne Schale, entdarmt
- 10 frische Miesmuscheln, geputzt
- 1 TL Fischsauce
- 450 g Jjajangmyeon-Nudeln, frisch oder TK und aufgetaut, entwirrt
- 1 TL geröstetes Sesamöl

1. 2,4 Liter Wasser, Sardellen, Pilze, Seetang und Zwiebel in einen großen Topf geben und zugedeckt 20 Minuten garen. Hitze reduzieren und weitere 20 Minuten köcheln lassen. Die Brühe abseihen, Ausgesiebtes entsorgen. Übrig bleiben 1,7–1,9 Liter Brühe.

2. Das Fleisch mit 1 Prise Salz und Pfeffer in einer Schüssel vermengen. In einer weiteren Schüssel Chiliflocken und 2 Esslöffel Pflanzenöl vermengen.

3. Die restlichen 2 Esslöffel Öl in einem Wok oder einem großen, schweren Topf erhitzen. Knoblauch und Ingwer zugeben und 1 Minute goldbraun braten. Schweinefleisch zugeben und 2 Minuten braten. Kohl, Karotte, Lauchzwiebeln, Lauch und Champignons zugeben und unter Rühren etwa 5 Minuten weich garen. Chiliflocken-Öl-Mischung zugeben und gründlich unterrühren. Tintenfisch, Garnelen und Muscheln zugeben und unter Rühren etwa 5 Minuten garen, bis die Garnelen rosa sind, und die Muscheln sich öffnen.

4. 1,7 Liter Brühe zugeben und zugedeckt zum Kochen bringen. Ohne Deckel 7–10 Minuten kochen lassen, bis sich die Aromen vermischt haben. Fischsauce, 2 Teelöffel Salz und etwas Pfeffer einrühren.

5. Nudeln in die Suppe geben und 5–7 Minuten mitkochen, bis sie zart, aber noch bissfest sind.

6. Sesamöl einrühren. Die Suppe auf einzelne Schüsseln verteilen und sofort servieren.

Jjajangmyeon-Nudeln (oben links); Knoblauch, Ingwer und Schweinefleisch im Wok (oben rechts); Nudelsuppe mit Meeresfrüchten (unten)

Handgeschnittene Nudeln mit Muscheln

(Jogae-Kalguksu)

Ergibt 2–4 Portionen

Das liebe ich: Sonntagnachmittag, alle sind zu Hause, schauen fern, machen Hausaufgaben oder einfach gar nichts. ich werkele in der Küche, knete Teig und rolle ihn aus. Die Kinder haben gute Laune, weil sie wissen, dass sie gleich eine dampfende Nudelsuppe erwartet.

In diesem Rezept wird der Nudelteig ausgerollt und mit einem scharfen Kochmesser in feine Streifen geschnitten – Kalguksu bedeutet schlicht und einfach »Messer-Nudeln«. Wichtig ist, dass man Mehl und Wasser sorgfältig abmisst. Ist der Teig zu feucht, wird er beim Ausrollen festkleben – ist er zu trocken, wird er rissig und krümelig.

Das Rezept verlangt Sardellenbrühe, aber wenn es schnell gehen soll, nimmt man einfach selbst gemachte oder gekaufte Hühnerbrühe. Die Zucchini verleihen der Suppe ein bisschen Süße, die Nudeln sind weich, aber elastisch – und die salzigen Muscheln bilden einen schönen Kontrast zur aromatischen Brühe.

Grobes Salz
570 g frische Venusmuscheln, geputzt

Für den Nudelteig
250 g Mehl, plus etwas mehr zum Bemehlen
1 EL Pflanzenöl
½ TL grobes Salz

Für die Suppe
1 TL Pflanzenöl
½ Zucchini (ca. 110 g), in dünne Scheiben geschnitten
2 TL geröstetes Sesamöl
1,9 l Sardellen-Algen-Brühe (Seite 96)
4 Knoblauchzehen, fein gehackt
2 Lauchzwiebeln, gehackt
Chili-Fäden (Silgochu), nach Belieben

1. 1 Esslöffel Salz in einer Schüssel mit 1 Liter Wasser auflösen. Die Muscheln hineingeben und ein paar Stunden kühl stellen, um die Muscheln zu entsanden.

2. Nudelteig: Mehl, 8 Esslöffel Wasser, Pflanzenöl und Salz in eine Schüssel geben und mit einem Kochlöffel vermengen, bis sich ein Klumpen bildet. In der Schüssel oder auf der Arbeitsfläche 5 Minuten kneten, bis der Teig glatt ist. Andernfalls die Zutaten in eine Küchenmaschine geben und 1–2 Minuten mit dem Knethaken verarbeiten, bis ein kompakter Teig entsteht. Den Teig auf der bemehlten Arbeitsfläche noch ein paar Minuten durchkneten, bis er glatt ist. Den Teig in Frischhaltefolie einschlagen und 30 Minuten ruhen lassen.

3. Den Teig auspacken und 5–7 Minuten durchkneten, bis er geschmeidig ist, dann wieder einpacken, damit er nicht austrocknet.

4. Suppe: Das Pflanzenöl in einer Pfanne erhitzen. Die Zucchini hineingeben und unter gelegentlichem Rühren etwa 3 Minuten weich garen. Die Pfanne vom Herd nehmen und 1 Teelöffel Sesamöl einrühren. Beiseitestellen.

5. Sardellen-Algen-Brühe und Knoblauch in einen großen, schweren Topf geben und zum Kochen bringen. Vom Herd nehmen und zudecken.

6. Die Arbeitsfläche leicht mit Mehl bedecken. Den Teig mit einem Teigroller zu einem Rechteck (ca. 30 × 40 cm) ausrollen – das geht auch mit einer Nudelmaschine. Den Teig mit Mehl bestäuben und 2- bis 3-mal falten und dann mit einem scharfen Kochmesser in dünne Nudeln schneiden. Die Nudeln mit Mehl bestäuben, damit sie nicht verkleben. Nudeln mit beiden Händen teilen und auflockern.

7. Die Brühe wieder zum Kochen bringen. Die Muscheln abgießen und Nudeln, Muscheln und 1 Teelöffel Salz in die kochende Brühe geben. Zugedeckt 4–5 Minuten kochen lassen, bis sich die Muscheln öffnen, und die Nudeln an der Oberfläche treiben. Muscheln, die sich nicht öffnen, noch etwas weiterkochen, bis sie sich öffnen; falls sie geschlossen bleiben, Muscheln entsorgen. 1 Teelöffel Sesamöl einrühren. Die Suppe vom Herd nehmen.

8. Suppe und Muscheln in 2 große oder 4 kleine Suppenschalen geben. Sautierte Zucchini und Lauchzwiebeln zugeben und die Schalen nach Belieben mit Chili-Fäden garnieren. Sofort servieren.

Nudelteig ausrollen (oben links); Nudelteig schneiden (oben rechts); Nudeln auflockern (unten links); Handgeschnittene Nudeln mit Muscheln (unten rechts)

Reiskuchensuppe *(Tteokguk)*

Ergibt 2–3 Portionen

Diese Suppe wird am Neujahrstag gegessen, weil sie Glück bringen soll. Da sich die Koreaner traditionell nach dem Mondkalender richten, fällt Neujahr (Seollal) auf den zweiten Neumond nach der Wintersonnenwende und damit jedes Jahr auf einen anderen Tag Ende Januar/Anfang Februar. Manche Koreaner essen auch am 1. Januar Reiskuchensuppe und verdoppeln damit ihr Glück!

Die zylindrische Form des Reiskuchens symbolisiert ein langes Leben, seine weiße Farbe steht für Reinheit, Erneuerung und ein unbeschwertes neues Jahr. Heute schneidet man die Reiskuchen diagonal, aber früher wurden sie in münzförmige Scheiben geschnitten, um finanziellen Erfolg zu beschwören. Reiskuchensuppe im Freundes- und Familienkreis ist die beste Gelegenheit, einander ein frohes, gesundes und erfolgreiches neues Jahr zu wünschen.

Natürlich kann man auch zu jeder anderen Jahreszeit Reiskuchensuppe essen. Das sollte man auch, denn sie ist lecker und schnell zubereitet – und dank Rinderbrust und Ei nahrhaft.

- 230 g Rinderbrust, klein geschnitten
- 3 Knoblauchzehen, fein gehackt
- 450 g Reiskuchen in Scheiben (Tteokguk-Yong-Tteok)
- 1 EL Fischsauce
- 1 TL grobes Salz
- 1 großes Ei, leicht verquirlt
- 2 Lauchzwiebeln, gehackt
- 1 TL geröstetes Sesamöl
- ½ TL frisch gemahlener schwarzer Pfeffer
- 1 Nori-Blatt (Gim), geröstet und zerbröselt (Seite 63)

1. 1,6 Liter Wasser in einem Topf zum Kochen bringen. Rindfleisch und Knoblauch zugeben und 5 Minuten kochen lassen. Die Hitze reduzieren und 20–25 Minuten zugedeckt kochen lassen, bis das Fleisch zart ist und das Kochwasser Geschmack angenommen hat.

2. Reiskuchenscheiben, Fischsauce und Salz zugeben und zugedeckt 7 Minuten kochen lassen, bis die Reiskuchenscheiben an der Oberfläche schwimmen und zart sind.

3. Das Ei nach und nach in die Suppe gießen und 30 Sekunden nicht umrühren. Lauchzwiebeln zugeben und mit einem Kochlöffel umrühren. Die Suppe vom Herd nehmen und Sesamöl und Pfeffer zugeben. Die Suppe auf Schalen verteilen und mit zerbröseltem Algenblatt bestreuen. Sofort servieren.

Ein Neujahrsritual: Heute kauft man Reiskuchen meist im Supermarkt. Als ich vor vielen Jahren in Korea lebte, wurden Reiskuchen noch selbst hergestellt. Ein paar Tage vor Neujahr wusch ich dazu eine große Schüssel Reis, ließ den Reis abtropfen und brachte ihn zur örtlichen Mühle. Damals gab es überall noch Mühlen, wo man für wenig Geld Reis dämpfen und mahlen lassen konnte. Vor der Mühle waren die Reisschüsseln aufgereiht. Ich stellte meine dazu und gesellte mich zu meinen Freundinnen, die plaudernd in der Nähe standen, während der Müller Schüssel für Schüssel unseren Reis verarbeitete. Zuerst mahlte er den Reis zwei- oder dreimal. Dann kippte er ihn in den Behälter eines mächtigen Dampfapparats. Er tat Wasser und ein bisschen Salz hinein, und die Maschine dämpfte die Mixtur zu einem großen, lockeren Reiskuchen. Den brachte der Müller zu einem anderen Gerät, wo der heiße Reiskuchen zu langen Zylindern geformt und dann in ein kaltes Wasserbad getaucht wurde. Die ersten Stücke waren nie glatt genug und wurden daher wieder in die Maschine gesteckt. Am Ende kamen seidige Rollen heraus, die der Müller in etwa 30 Zentimeter lange Stücke schnitt. Ich erlag jedes Mal der Versuchung des frischen Reiskuchens und pflückte mir ein kleines Stück ab, um es zu probieren. Zuhause ließ ich die Reiskuchen 10–12 Stunden trocknen, damit sie so fest wurden, sodass man sie in dünne Scheiben schneiden konnte. Die Vorbereitungen waren mühevoll, aber Neujahr war es wert. Übrig gebliebene Reiskuchen wurden eingefroren.

Maangchi and Friends

Rain: *Hi, Maangchi! Vor kurzem hab ich diese Suppe gemacht – sie ist wunderbar gelungen, und meine Eltern waren begeistert. Das einzige Problem war, dass ich sie im Voraus zubereitet habe, und da waren die Reiskuchenscheiben nach ein paar Stunden matschig. Soll man die Reiskuchenscheiben lieber kurz vor dem Servieren zugeben, wenn man die Suppe ein oder zwei Tage vorher zubereitet hat?*

Maangchi: *Ja, genau! Koche die köstliche Rinderbrühe im Voraus und bewahr sie im Kühlschrank auf. Wenn du die Suppe dann zubereitest, wärmst du die Brühe einfach nur auf. Sobald sie kocht, Reiskuchen reingeben und so lange kochen, bis sie die gewünschte Konsistenz haben. Auch das Ei und das Sesamöl solltest du erst in letzter Minute dazugeben.*

Reiskuchensuppe

Reisbrei mit Sesam *(Kkaejuk)*

Ergibt 2 Portionen

Juk bedeutet nichts anderes als »Brei« – und wer Zeit mit Koreanern verbringt, der hört das Wort immer wieder. Dieses Rezept für einen Reisbrei ist eine kräftige, sämige Version mit herrlich nussigem Aroma, die sich als schnelles Frühstück eignet oder in Lernpausen angenehm satt macht, wenn man Schüler oder Student ist.

Als ich Kind war, weckte mich meine Mutter jeden Morgen und fragte, ob ich mit ihr zum Einkaufen auf den Markt gehen wollte. Mir ging es nicht ums Einkaufen, sondern darum, Kkaejuk zu naschen. In einem Winkel des Marktplatzes rührte eine Frau einen riesigen, dampfenden Kessel voller Reisbrei. Daneben stand eine Bank für ihre Gäste. Sie löffelte den goldenen Brei in eine Schüssel und bestreute ihn mit etwas braunem Zucker. Auf Wunsch tat sie auch noch ein Eigelb oben drauf, was den Aufpreis wert war. Immer wenn ich Kkaejuk zubereite, kommt mir diese Szene in den Sinn: Die Frau, die Bank, der Markt, meine Mutter – ich erinnere mich sogar an die Muster im Reisbrei.

5 EL geröstete Sesamsamen
5 EL Klebreismehl (Chap-Ssal-Garu)
1 TL grobes Salz
1 EL hellbrauner Zucker, nach Belieben
2 große Eigelbe, nach Belieben

1. Sesam mit 200 Milliliter Wasser in einen Mixer geben und 1 Minute mixen. 500 Milliliter Wasser und das Klebreismehl zugeben und 30 Sekunden mixen.

2. Den Brei in einen Topf geben, Salz zufügen und 5–7 Minuten unter regelmäßigem Rühren kochen, bis der Brei dick wird und Blasen bildet. Unter Rühren weitere 5 Minuten kochen, bis der Brei glatt ist und etwas dünner wird.

3. Den Brei auf Schüsseln verteilen, mit Zucker bestreuen und – je nach Belieben – mit einem Eigelb belegen. Sofort servieren.

Reisbrei mit Sesam (oben); Reisbrei mit Garnelen (unten, Seite 86)

Reisbrei mit Garnelen *(Saeu-Juk)*

Ergibt 2–3 Portionen

Bei Reis und Meeresfrüchten denken die meisten gleich an Paella. Aber Saeu-Juk ist deutlich suppiger, wobei die Garnelen eine leckere Süße und Salzigkeit beisteuern. Statt Garnelen kann man auch Muscheln jeder Art oder sogar Hackfleisch nehmen. Wer statt Fischsauce Suppen-Sojasauce verwendet, sollte etwas mehr nehmen, da sie nicht so salzig ist. (Abbildung Seite 84)

- 8 EL weißer Kurzkornreis
- 2 TL geröstetes Sesamöl
- 1 Knoblauchzehe, gehackt
- 110 g kleine Garnelen, ohne Schale, entdarmt und grob gehackt
- 1 kleine Karotte, geschält und gehackt
- 3 Stangen Schnittknoblauch oder 2 Lauchzwiebeln, gehackt
- 1 TL Fischsauce oder koreanische Suppen-Sojasauce, am besten hausgemacht (Seite 274), nach Belieben
- ½ TL grobes Salz
- 1 großes Ei, leicht verquirlt
- 1 Nori-Blatt (Gim), geröstet und zerbröselt (Seite 63)

1. Den Reis in eine Schüssel geben und mit kaltem Wasser bedecken. Das Wasser abgießen und den nassen Reis mit einer Hand reiben. So oft abspülen und abgießen, bis das Wasser klar ist. Den Reis erneut mit Wasser bedecken. Den Reis 30 Minuten einweichen, dann abgießen.

2. Einen großen Topf erhitzen. Reis, Sesamöl und Knoblauch hineingeben und 2–3 Minuten mit einem Kochlöffel verrühren, bis der Reis glasig wird. Garnelen, Karotte und Schnittknoblauch zugeben und 1 Minute mitgaren.

3. 950 Milliliter Wasser zugeben und zugedeckt 10 Minuten kochen lassen. Die Hitze reduzieren, den Brei umrühren und zugedeckt weitere 5 Minuten köcheln lassen.

4. Die Fischsauce oder Suppen-Sojasauce sowie Salz zugeben. Das Ei langsam hineingießen. Zugedeckt 1 Minute weiterkochen, bis das Ei gestockt ist. Vom Herd nehmen.

5. Den Brei in einzelne Schüsseln geben, mit zerbröseltem Gim bestreuen und sofort servieren.

Bohnenbrei mit Reiskugeln *(Dongji-Patjuk)*

Ergibt 2–3 Portionen

Pat ist das koreanische Wort für rote Azukibohnen. Diese Bohnensorte wird seit Jahrtausenden in der koreanischen Küche verwendet. Auf der Bestenliste der koreanischen Breie nimmt Patjuk seit jeher einen Spitzenplatz ein. Besonders beliebt ist die Variante mit leckeren Kugeln aus Reiskuchen, Dongji-Patjuk genannt.

Der Bohnenbrei hat einen nussig-süßen Geschmack, besonders wenn man ihm, wie in Korea üblich, etwas Zucker zugibt. Die Konsistenz der pürierten Bohnen erinnert an mexikanische Rezepte mit schwarzen Bohnen (frijoles), aber Patjuk ist flüssiger. Die Stärke, die die Reiskugeln abgeben, macht den Brei glatt und sämig. Dongji-Patjuk schmeckt am Tag nach der Zubereitung noch leckerer. Beim Abkühlen dickt der Brei ein, und die Reiskugeln bekommen noch mehr Biss.

Für den Brei

200 g trockene Azukibohnen, verlesen, gespült und abgetropft
2 TL grobes Salz
Zucker zum Anrichten, nach Belieben

Für die Reiskugeln

360 g Klebreismehl (Chap-Ssal-Garu)
½ TL grobes Salz
1 EL Zucker

1. Brei: Bohnen und 2,4 Liter Wasser in einen großen, schweren Topf geben und 30 Minuten kochen. Die Hitze reduzieren und noch etwa 90 Minuten auf niedriger Stufe garen, bis die Bohnen ganz weich sind und sich leicht zerdrücken lassen.

2. Ein Sieb mit großen Löchern auf eine große Schüssel legen. Die Bohnen hineingießen und mit einem Löffel durch das Sieb drücken. Die zurückbleibenden Bohnenschalen entsorgen und den Bohnenbrei in einen mittelgroßen Kochtopf geben.

3. Reiskugeln: 320 g Klebreismehl, Salz und Zucker in eine Schüssel geben. 230 Milliliter kochendes Wasser zugeben und alles gründlich mit einem Kochlöffel verrühren. Die Masse mit der Hand 5 Minuten in der Schüssel kneten, bis ein glatter Teig entsteht. Den Teig in Frischhaltefolie einschlagen und etwa 20 Minuten ruhen lassen.

4. Die restlichen 40 Gramm Reismehl in eine große, flache Schüssel geben oder auf ein Schneidebrett streuen. Die Finger mit etwas Reismehl bestäuben, etwas Teig abzupfen und zu etwa 1 Zentimeter großen Kugeln rollen. Die Kugeln auf das Brett oder in die Schüssel legen und im Reismehl wenden, damit sie nicht zusammenkleben. Bei Bedarf die Finger zwischendurch immer wieder neu bemehlen. Die Kugeln auf ein großes, bemehltes Backblech legen. Sofort weiterverwenden oder mit Küchenpapier zugedeckt bis zu 3 Stunden kühl stellen.

5. Den Bohnenbrei zum Kochen bringen. Die Reiskugeln und das Salz zugeben und unter Rühren etwa 6 Minuten garen, bis die Kugeln oben schwimmen. Den Schaum von der Oberfläche abschöpfen. Einige Minuten weiterkochen, bis die Kugeln gar sind. Gelegentlich umrühren, damit der Brei nicht anbrennt.

Mit Patjuk das Dongjitnal-Fest begehen: In Korea wird Brei aus Azukibohnen das ganze Jahr über gegessen. Im Gastrobereich von Einkaufszentren ist Patjuk ein beliebter Imbiss – so wie Pommes in westlichen Ländern. Traditionellerweise wird dieser Bohnenbrei zu Dongjitnal gegessen, dem Fest der Wintersonnenwende, das am oder um den 22. Dezember begangen wird. Das Besondere am festlichen Patjuk ist, dass darin Reiskugeln schwimmen, die wie kleine Vogeleier aussehen. Sie künden von neuem Leben und Wohlstand und begrüßen die nun wieder länger werdenden Tage. Außerdem glauben die Koreaner, dass die rote Farbe des Breis böse Geister fernhält. Früher schmierte man vor dem Patjuk-Essen etwas davon an die Haustür. Meine Großmutter stellte sogar zur Geisterabwehr eine ganze Schüssel voll an das Tor vor ihrem Haus. Als ich noch in Korea lebte, machte ich Patjuk für die ganze Familie, für Nachbarn und enge Freunde. Gäste brachten ihr eigenes Patjuk mit, sodass wir allerlei Bohnenbreie von verschiedenen Köchinnen hatten. Wir teilten alles, um uns vor Unglück zu schützen und wünschten einander Erfolg fürs kommende Jahr. Es ist ein schöner Brauch, der Familien- und Nachbarschaftsbande stärkt.

Bohnenbrei mit Reiskugeln

Kürbisbrei mit Reiskugeln *(Hobakjuk)*

Ergibt 2–3 Portionen

In Korea gibt es zum Mittagessen oft ein einfaches Püree aus Kürbis (Hobak). Als Kind aß ich es fast immer, wenn ich in den Winterferien meine Großmutter besuchte. Sie wohnte auf einer Insel und hatte hinter dem Haus ein Stück Garten mit einem Beet, in dem sie Kürbisse anbaute. Je größer die Kürbispflanzen wurden, desto breiter und flacher wuchsen sie, und das Fleisch der Kürbisse wurde orangefarben und schmeckte süß. Meine Großmutter lagerte die Kürbisse an einer kühlen Stelle im Haus, wo sie sich den ganzen Winter über bis ins Frühjahr hielten.

Das Hobakjuk-Rezept meiner Großmutter schmeckt köstlich. Der sämige, leicht süße Brei hat einen wunderschön warmen, appetitlichen Orangeton. Die kleinen, bissfesten Reiskugeln habe ich diesem Rezept hinzugefügt. Sie bilden einen schönen Kontrast zur cremigen Suppe.

Für den Brei

900 g Butternuss-Kürbis oder Hokkaido
1 TL grobes Salz
3 EL Zucker
Chinakohl-Kimchi (Seite 124)

Für die Reiskugeln

320 g Klebreismehl (Chap-Ssal-Garu), plus mehr zum Bemehlen
¼ TL grobes Salz
Zucker zum Anrichten, nach Belieben

1. Brei: Den Kürbis längs halbieren. Die Kerne und Fasern mit einem Löffel herauskratzen und entsorgen. Die Kürbishälften quer halbieren und abspülen.

2. Das Kürbisfleisch in einen schweren Topf legen und 700 Milliliter Wasser zugeben. Kürbisfleisch etwa 30 Minuten garen, dann die Hitze reduzieren und 10 Minuten weiterköcheln lassen, bis der Kürbis zart ist und leicht gelöffelt werden kann. Das Wasser abgießen, den Kürbis aus dem Topf nehmen und etwas abkühlen lassen. Den Topf mit Küchenpapier auswischen.

3. Das Kürbisfleisch aus der Schale kratzen und in den Topf löffeln, die Schale wegwerfen. Kürbisfleisch mit einem Kartoffelstampfer oder der Rückseite eines Löffels zerdrücken, bis alle großen Stücke zerkleinert sind, der Brei aber noch nicht ganz matschig ist. (Gegarter Kürbis kann luftdicht verschlossen bis zu 1 Monat im Tiefkühlfach aufbewahrt werden. Vor der Verwendung im Kühlschrank auftauen.)

Maangchi and Friends

Amanda: *Ich will Hobakjuk kochen. Kann ich es vormittags zubereiten und zum Abendessen servieren? Werden die Reiskugeln dann matschig? Oder soll ich alles andere vorbereiten und die Reiskugeln erst kurz vor dem Essen reintun?*

Maangchi: *Beides geht. Du kannst Hobakjuk mit Reiskugeln zubereiten, kühl stellen und dann aufwärmen. Wenn der Brei zu dick wird, verdünnst du ihn mit Wasser. Pass auf, dass beim Aufwärmen nichts anbrennt. Du kannst den Kürbispüree und die Reiskugeln aber auch getrennt im Kühlschrank aufbewahren (indem du die Reiskugeln auf einen Teller legst und mit Frischhaltefolie abdeckst) und erst kurz vor dem Essen mit dem Brei anrichten.*

4. Reiskugeln: Reismehl, Salz und 180 Milliliter kochendes Wasser in einer Schüssel vermengen. Mit einem Kochlöffel 2–3 Minuten umrühren, damit der Teig abkühlt. Dann den Teig mit den Händen etwa 5 Minuten in der Schüssel kneten, bis sich ein glatter Teig bildet. In Frischhaltefolie einschlagen und 20 Minuten ruhen lassen.

5. Etwas Teig abzupfen und zwischen den Handflächen zu einer gut 1 Zentimeter dicken Kugel rollen. Auf diese Weise den ganzen Teig verarbeiten. Der Teig bleibt währenddessen immer abgedeckt, damit er nicht austrocknet. Die Reiskugeln auf ein bemehltes Backblech legen und mit Reismehl bestäuben. Sofort verwenden oder mit Küchenpapier zudecken und bis zu 3 Stunden kühl stellen.

6. Nun 1,4 Liter Wasser zum gestampften Kürbis geben und zugedeckt zum Kochen bringen. Die Reiskugeln, Salz und Zucker hineingeben und unter gelegentlichem Rühren 5–6 Minuten garen, bis die Reiskugeln oben schwimmen.

7. Den Kürbisbrei auf Suppenschalen verteilen, mit etwas Kimchi servieren und Zucker dazu reichen – für alle, die ihr Hobakjuk gern besonders süß haben.

Ähnliche Kürbisrezepte gibt es überall auf der Welt. Nachdem ich in die Vereinigten Staaten gezogen war, befürchtete ich, ich könnte kein Hobakjuk mehr zubereiten, da es dort die Art von Kürbis, wie ich sie von zu Hause her kannte, nicht gibt. Auf einem Erzeugermarkt in einer Kleinstadt in Missouri fand ich Butternuss-Kürbis. Ich fragte die Bäuerin: »Wie kocht man den bei euch?« Sie erklärte mir: »Meistens halbieren wir den Kürbis, kratzen die Samen heraus, geben etwas Butter, braunen Zucker und Zimt in die Höhlung und stecken den Kürbis in die Mikrowelle.« Als ich nach Hause kam, folgte ich ihren Anweisungen und fand, dass der Kürbis ganz ähnlich wie Hobak schmeckte – in jedem Fall sehr lecker!

Der Kürbis gart im Topf (oben links); gestampftes Kürbisfleisch (oben rechts); Reiskuchenteig (Mitte links); Reiskugeln (Mitte rechts); Kürbisbrei mit Reiskugeln (unten, Seite 79)

Suppe und Eintopf

Das Herz von Koreas Küche besteht aus Reis, Kimchi, Suppe & Eintopf. In Korea enthält fast jede Mahlzeit eine Suppe oder einen Eintopf – manchmal auch beides. Suppe oder Eintopf enthalten reichlich Flüssigkeit und dienen unter anderem dazu, den Gaumen während einer Mahlzeit schön feucht zu halten, da Reis den Mund austrocknet.

Suppen werden in Korea immer in Einzelportionen serviert, sodass jeder oder jede am Tisch ein Schüsselchen Suppe neben der Reisschale stehen hat. Eintöpfe werden dagegen kochend heiß in einem Topf mitten auf den Tisch gestellt. Sie sind dicker als Suppe und ein kleines bisschen salziger.

Suppen und Eintöpfe werden mit fermentierter Sojapaste, Sojasauce, Fischsauce und/oder scharfer Chilipaste gewürzt, manchmal auch nur gesalzen. Zwar ist es Brauch, Suppe und Eintopf gleichzeitig auf den Tisch zu stellen – besonders, wenn es eine leichte Suppe und ein reichhaltiger Eintopf ist –, aber mir persönlich reicht meist eines von beiden.

In Korea gibt es spezielle Suppen und Eintöpfe für jeden Anlass. Sojasprossensuppe (Seite 103) mag ich zum Beispiel besonders gern. Ich liebe den nussigen Geschmack der Sprossen in der leichten, frischen Brühe. Fleischesser, die auf gesättigte Fette achten, dürfen sich über eine Rindfleisch-Rettich-Suppe (Seite 105) mit einem deftigen Fleischgeschmack freuen. Man braucht für diese Suppe nur ein kleines Stück Rinderbrust.

Recht sparsam ist auch ein Kimchi-Eintopf, beispielsweise mit Thunfisch (Seite 114), der eine sehr schmackhafte Mahlzeit für wenig Geld ergibt. Kochneulinge beginnen am besten mit Eierbouillon (Seite 97), denn dafür braucht man nur drei Zutaten, die in jedem Supermarkt zu finden sind: Eier, Hühnerbrühe und Lauchzwiebeln.

Koreanische Suppen und Eintöpfe sind schnell zubereitet. Während man für westlichen Suppenfond oft stundenlang Geflügel oder Fleisch kochen muss, beziehen die meisten Suppen in diesem Kapitel ihren Geschmack aus wenigen, kurz mitgekochten Sardellen, aus Fischsauce oder fermentierter Sojapaste.

Zu allen hier vorgestellten Suppengerichten serviert man zumindest Reis und Kimchi. Eine kleine Schüssel Reis ergibt zusammen mit einer größeren Schüssel Suppe ein sättigendes Mittagessen. Für ausgiebigere Mahlzeiten fügt man nach Belieben Beilagen hinzu.

Wer authentisch koreanisch essen möchte, der benutzt Essstäbchen für die Beilagen und isst Reis und Suppe mit einem Löffel. Nicht vergessen: Koreaner schlürfen Suppe niemals aus der Schüssel!

Scharfer Sundubu-Eintopf (Seite 100)

Sardellen-Algen-Brühe *(Myeolchi-Dashima-Yuksu)*

Ergibt 2,3 Liter

Dieses Fondrezept garantiert kräftigen Umami-Geschmack. Ich verwende die Brühe bei Handgeschnittenen Nudeln mit Muscheln (Seite 80), Meeresfrüchte-Eintopf (Seite 112) oder Nudeln in Sardellenbrühe (Seite 74), um nur einige wenige Rezepte zu nennen. Immer, wenn Freunde meine Suppen und Eintöpfe probieren, fragen sie »Was ist da drin?« Ich habe viele herzhafte Zutaten ausprobiert, darunter getrocknete Garnelen und Shiitake-Pilze, bis ich darauf kam, dass die schmackhafteste Kombination aus getrockneten Sardellen, Algen, Rettich und Zwiebeln besteht. Diese Basis ergibt reichlich Aroma, ohne die anderen Zutaten zu überdecken. Man kann größere Mengen der Brühe ansetzen und tiefgekühlt bis zu 1 Monat aufbewahren. Dann sind leckere Suppen oder Eintöpfe jederzeit blitzschnell zubereitet.

230 g koreanischer Rettich (Mu) oder Daikon, in dünne Scheiben geschnitten
1 große weiße Zwiebel, in dünne Ringe geschnitten
20 große getrocknete Sardellen (Mareun-Myeolchi), ohne Kopf und entdarmt
1 Blatt (18 × 25 cm) getrockneter Seetang (Dashima), in dünne Streifen geschnitten
2 ½ TL grobes Salz

1. Rettich und Zwiebel mit 3,3 Liter Wasser in einen großen Topf geben und 45 Minuten kochen.
2. Die Sardellen und den Seetang zugeben und weitere 15 Minuten kochen.
3. Den Topf vom Herd nehmen, die Brühe in einen zweiten Topf oder eine Schüssel abseihen und das Salz einrühren, bis es aufgelöst ist. Heiß servieren oder abkühlen lassen. Zugedeckt bis zu 1 Woche kühl stellen oder luftdicht verschlossen bis zu 1 Monat einfrieren.

Von links nach rechts: getrockneter Seetang, Zwiebel, getrocknete Sardellen und koreanischer Rettich

Eierbouillon *(Gyeran-Guk)*

Ergibt 4 Portionen

Diese schnelle Suppe gibt es oft in koreanischen Imbissstuben aufs Haus, wenn man scharfen Reiskuchen oder gebratenen Reis mit Kimchi bestellt. Sie macht sich gut zu allerlei Hauptgerichten, die für sich genommen eher trocken sind, beispielsweise zu Teigtaschen (Seite 220), Reiskuchen pikant (Seite 222), Reisröllchen (Seite 54) oder Bibimbap (Seite 58).

- 450 ml natriumarme Hühnerbrühe, aus dem Glas oder selbst gemacht
- 2 große Eier, leicht verquirlt
- Grobes Salz
- 2 Lauchzwiebeln, in feine Ringe geschnitten

1. Brühe und 700 Milliliter Wasser in einen Topf geben und zum Kochen bringen. Die Eier langsam in den Topf gießen und 10 Sekunden ohne zu rühren kochen lassen. Danach die Suppe behutsam umrühren. Die Suppe bleibt klar, die Eier flocken aus.

2. Die Suppe mit etwas Salz abschmecken und in Suppenschalen löffeln. Mit Lauchzwiebeln bestreuen und servieren.

Eine typische Imbissbude in Korea

Kartoffelsuppe mit Sojapaste *(Gamja-Doenjang-Guk)*

Ergibt 4 Portionen

Wer glaubt, er kenne Kartoffelsuppe, sollte diese Suppe hier probieren. So schmeckt eine echte Kartoffelsuppe! Sardellen und fermentierte Sojapaste machen die Suppe unwiderstehlich herzhaft, während Chili für einen feurigen Unterton sorgt. Ein Hauch von Nuss ist auch dabei, dank Perillapulver (Seite 32). Die Sardellen wickle ich in ein Mulltuch ein, damit ich sie vor dem Servieren leicht aus der Suppe nehmen kann. Man kann die Sardellen aber genauso gut einfach in die Suppe geben und später herausfischen – oder man isst sie mit.

- 8 große getrocknete Sardellen (Mareun-Myeolchi), ohne Kopf und entdarmt
- 700 g Kartoffeln, mehlig- oder vorwiegend festkochend, geschält und in mundgerechte Stücke geschnitten
- 1 Zwiebel, in feine Ringe geschnitten
- 4 Knoblauchzehen, fein gehackt
- 4 EL fermentierte Sojabohnenpaste (Doenjang)
- 4 Lauchzwiebeln, in ca. 4 cm lange Stücke geschnitten
- 1–2 grüne koreanische Chilischoten (Cheong-Gochu), fein gehackt
- 4 EL Perillapulver (Deulkkae-Garu; Seite 32)

1. Die Sardellen nach Belieben in ein Mulltuch einschlagen und zusammen mit Kartoffeln, Zwiebel, Knoblauch, Sojapaste und 1,4 Liter Wasser in einen Topf geben und zugedeckt 40 Minuten kochen.

2. Lauchzwiebeln, Chilischoten und Perillapulver zugeben und zugedeckt weitere 10 Minuten kochen lassen. Die Sardellen herausfischen und entsorgen, falls sie nicht in der Suppe bleiben sollen. Die Suppe vom Herd nehmen, auf Suppenschalen verteilen und heiß servieren.

Seetangsuppe *(Miyeok-Guk)*

Ergibt 2–3 Portionen

Die koreanische Küche kennt viele Arten von Seetangsuppe. In meiner Heimatstadt bereitet man sie aus frischem Fisch zu, aber für diese Variante verwende ich Rinderbrust. Die Suppe hat einen leichten, aber herzhaften Fond und der Seetang sorgt für einen Hauch Meeresaroma.

Da die getrockneten Miyeok (Seite 25) viel Jod und Kalzium enthalten, eignet sich diese Suppe ausgezeichnet zur Rekonvaleszenz, insbesondere zur Stärkung von Müttern im Wochenbett. Viele frischgebackene Mütter in Korea essen nach der Geburt 4 Wochen Seetangsuppe, sowohl für die eigene Gesundheit, als auch für die des Kindes. Die Suppe heißt in Korea auch »Geburtstagssuppe«. Man isst sie zusammen mit Reis traditionell am Geburtstag.

- 20 g (ca. 1 Handvoll) getrocknete Algen (Miyeok; Seite 25)
- 230 g Rinderbrust oder Kronfleisch (Skirt Steak), in kleine Stücke gehackt
- 4 Knoblauchzehen, fein gehackt
- 3 EL Fischsauce oder koreanische Suppen-Sojasauce, am besten hausgemacht (Seite 274)
- 1 TL geröstetes Sesamöl

1. Die Algen etwa 30 Minuten in kaltem Wasser einweichen. Dann abspülen, abtropfen lassen und grob hacken.

2. Die Algen mit 1,6 Liter Wasser in einen großen Topf geben und zugedeckt 20 Minuten kochen lassen.

3. Rindfleisch und Knoblauch zugeben und weitere 20 Minuten kochen lassen.

4. Die Fischsauce oder Suppen-Sojasauce zugeben und ein paar Minuten weiterkochen lassen. Die Suppe vom Herd nehmen, Sesamöl unterrühren und sofort servieren.

Nach meiner Geburt aß auch meine Mom Seetangsuppe, und jedes Mal, wenn ich ein Kind auf die Welt brachte, kochte sie diese Suppe für mich. Wenn meine Mutter anruft, um mir zum Geburtstag zu gratulieren, fragt sie immer als Erstes, ob ich mir schon Miyeok-Guk gemacht habe! Zufällig fiel der Tag, an dem ich kanadische Staatsbürgerin wurde, auf meinen Geburtstag. Als ich nach dem Behördentermin zur Arbeit zurückkehrte, hatte mir meine koreanische Kollegin eine große Schüssel Miyeok-Guk, eine Schale Reis und eine Grußkarte auf den Tisch gestellt, in der sie mich zu meinem ersten Tag als Kanadierin beglückwünschte. Ich konnte nicht anders – ich weinte vor Glück!

Scharfer Sundubu-Eintopf *(Sundubu-Jjigae)*

Ergibt 2 Portionen

Bei diesem Gericht kommt es ganz auf den schmackhaften Fond an. Aus diesem Grund wird das Schweinefleisch in einer Hühnerbrühe gekocht. Statt Schweinefleisch kann man auch Rinderbrust nehmen – oder, wenn man Meeresfrüchte gern mag, als Ergänzung oder Ersatz für das Schweinefleisch 12 Muscheln oder Austern und/oder 6 Garnelen in die Brühe geben.

Diese Eintopf-Version ist ganz schön scharf. Man kann natürlich ganz nach eigenem Gusto würzen. Deutlich milder wird der Eintopf, wenn man nur 1 Esslöffel Chiliflocken statt 4 Esslöffel zugibt. In Korea kocht und kocht und serviert man dieses Gericht übrigens traditionell im Steinguttopf (Ttukbaegi) oder im Steintopf (Dolsot).

- 4 EL koreanische Chiliflocken (Gochu-Garu)
- 1 EL Pflanzenöl
- 1 TL geröstetes Sesamöl
- 110 g Schweinebauch oder Schweineschulter ohne Knochen, in kleine Stücke gehackt
- 6 Knoblauchzehen, fein gehackt
- 8 EL gehacktes Chinakohl-Kimchi (Seite 124)
- 1 mittlere Zwiebel, fein gehackt
- 450 ml natriumarme Hühnerbrühe, aus dem Glas oder selbst gemacht
- 1 TL grobes Salz
- 2 Schläuche Sundubu (Seite 36) oder 300 g Seidentofu
- 2 große Eier
- 2 Lauchzwiebeln, gehackt

1. Chiliflocken und Pflanzenöl in einer kleinen Schüssel vermengen und bereitstellen.

2. Einen Kochtopf, Steinguttopf oder Steintopf erhitzen (Achtung: Steintöpfe erhitzen sich nur langsam; es kann eine Weile dauern, bis sie richtig heiß sind). Sesamöl, Schweinefleisch und Knoblauch zugeben und 2–3 Minuten unter Rühren anbraten, bis das Fleisch nicht mehr rosa ist und der Knoblauch duftet.

3. Kimchi und Zwiebel zugeben und unter Rühren etwa 7 Minuten mitbraten, bis die Zwiebel glasig wird. 2 Esslöffel der Chili-Öl-Mischung zugeben und gründlich unterrühren. Brühe und Salz zugeben, die Hitze reduzieren und alles 10–15 Minuten sanft köcheln lassen.

4. Sundubu oder Seidentofu in die Suppe geben, mit einem Kochlöffel zerkleinern und die Suppe erneut aufkochen lassen.

5. Die Suppe mit dem restlichen Chiliöl beträufeln, dann die Eier nebeneinander mit etwas Abstand in den Topf schlagen. Die Lauchzwiebeln zugeben und die Suppe so lange köcheln, bis das Eiweiß gestockt ist, die Eigelbe aber noch weich sind. Sofort servieren.

Schweinebauch mit Knoblauch anbraten (oben links); Kimchi und Zwiebel zugeben (oben rechts); Chili-Öl-Mischung (2. Reihe links); die scharfe Brühe köcheln lassen (2. Reihe rechts); Tofu zugeben (3. Reihe links); Eier zugeben (3. Reihe rechts); Scharfer Sundubu-Eintopf (unten)

Sojasprossensuppe köcheln lassen (oben); fertige Sojasprossensuppe (unten)

Sojasprossensuppe *(Kongnamul-Guk)*

Ergibt 4 Portionen

Kongnamul-Guk gehört zu den Suppen, die in koreanischen Haushalten am häufigsten auf den Tisch kommen. Die Brühe ist leicht, die Sprossen schmecken saftig und frisch, und der leicht nussige Geschmack der Sprossen wird noch durch den gemahlenen, gerösteten Sesam betont. In vielen koreanischen Familien gibt es diese Suppe mindestens einmal in der Woche zum Frühstück, Mittag- oder Abendessen. Nebenbei gilt sie auch als Wundermittel bei einem Kater.

Wer es nicht so gern scharf mag, lässt einfach die Chiliflocken weg. Ob feurig scharf oder mild: In beiden Varianten ist dies eine meiner absoluten Lieblingssuppen.

450 g Sojabohnensprossen (Kongnamul), gewaschen und abgetropft
8 große getrocknete Sardellen (Mareun-Myeolchi), ohne Kopf und entdarmt
6 Knoblauchzehen, fein gehackt
½ Zwiebel, in feine Ringe geschnitten
1 EL Sojasauce
1 EL grobes Salz
1 EL koreanische Chiliflocken (Gochu-Garu)
3 Lauchzwiebeln, gehackt
1 EL geröstetes Sesamöl
4 EL geröstete Sesamsamen, fein gemahlen

1. Sojasprossen, Sardellen, Knoblauch, Zwiebel, Sojasauce, Salz und Chiliflocken mit 1,9 Liter Wasser in einen großen Topf geben. Zugedeckt 30 Minuten kochen lassen.

2. Lauchzwiebeln zugeben, unterrühren und den Topf vom Herd nehmen. Die Sardellen herausnehmen und entsorgen, falls sie nicht mitgegessen werden sollen. Das Sesamöl unterrühren.

3. Die Suppe auf einzelne Schüsseln verteilen, mit je einem Esslöffel Sesam bestreuen und servieren.

Maangchi and Friends

Jenny: *In Long Island sind getrocknete Sardellen nur schwer aufzutreiben. Kann ich auch Sardellenpaste nehmen? Und wenn ja, wie viel?*

Maangchi: *Ich würde getrocknete Sardellen nicht durch Sardellenpaste ersetzen. Aber statt der Sardellen kannst du auch ein großes Blatt Seetang (10 × 15 cm) nehmen. Hast du es schon in den koreanischen Läden in Flushing oder Queens probiert? Oder online?*

Pollacksuppe *(Bugeo-Guk)*

Ergibt 2 Portionen

Wegen des hohen Preises von getrocknetem Pollack, einem Fisch aus der Familie der Dorsche (Seite 26), gilt diese Suppe in Korea als besonderes Gericht, das man gern einem geliebten Menschen zubereitet. (Außerdem hilft sie gegen Kater.) Die Kombination aus dem leicht salzigen, zähen und flockigen Fischfleisch mit dem süßlichen Rettich ist wirklich magisch. Die Suppe ist schnell zubereitet und ergibt zusammen mit Reis eine leichte, aber sättigende Mahlzeit.

- 30 g getrockneter Pollack (Bug-Eo-Chae; Seite 26), in kleine Stücke geschnitten
- 2 Knoblauchzehen, fein gehackt
- 1 TL geröstetes Sesamöl
- 200 g koreanischer Rettich (Mu) oder Daikon, geschält und in feine Würfel geschnitten
- 1 EL Fischsauce oder koreanische Suppen-Sojasauce, am besten hausgemacht (Seite 274)
- ½ TL grobes Salz
- 1 großes Ei, verquirlt
- 2 Lauchzwiebeln, fein gehackt

1. Einen großen Topf erhitzen. Fisch, Knoblauch und Sesamöl hineingeben und 30 Sekunden mit einem Kochlöffel verrühren. Den Rettich und 1,2 Liter Wasser zugeben und die Suppe zugedeckt 20 Minuten kochen lassen, bis sie leicht rauchig duftet und der Rettich schön zart ist.

2. Fischsauce oder Suppen-Sojasauce und Salz zugeben. Die Hitze reduzieren und die Suppe zugedeckt weitere 10–15 Minuten sanft köcheln lassen, bis der Rettich glasig wird.

3. Das Ei in die kochende Suppe geben und ohne zu rühren 10 Sekunden mitkochen. Dann den Topf vom Herd nehmen, Lauchzwiebeln zugeben und sofort servieren.

Getrockneter Pollack

Rindfleisch-Rettich-Suppe *(Soegogi-Muguk)*

Ergibt 2–3 Portionen

Diese Suppe hat einen herrlich süßen Geschmack, den Koreaner sofort erkennen, und den alle neugierig Probierenden auf der Stelle lieben. Ich verwende für diese Suppe gut marmorierte Rinderbrust, weil etwas Fett die Suppe reichhaltiger und schmackhafter macht. Das Fleisch kommt erst in die Brühe, wenn der Rettich bereits darin kocht. So bleibt die Suppe schön klar.

Der Geschmack von Soegogi-Muguk versetzt mich immer zurück ins ländliche Korea, wo Suppen-Sojasauce in riesigen irdenen Töpfen reift.

- 230 g koreanischer Rettich (Mu) oder Daikon, geschält
- 230 g Rinderbrust, in kleine Stücke (ca. 2,5 × 1 × 1 cm) geschnitten
- 4 Knoblauchzehen, fein gehackt
- 1 TL grobes Salz
- 1 EL koreanische Suppen-Sojasauce, am besten hausgemacht (Seite 274), oder Fischsauce
- ¼ TL frisch gemahlener schwarzer Pfeffer
- 2 Lauchzwiebeln, schräg in dünne Ringe geschnitten

1. Das Wurzelende des Rettichs abschneiden, sodass der Rettich auf dem Schneidebrett stehen kann (Abbildung unten). Dann rundum 3,5 Zentimeter große Stücke abschneiden, die möglichst unterschiedlich dick sein sollten (0,4–0,8 cm).

2. Den Rettich mit 1,6 Liter Wasser in einen Topf geben und zugedeckt 15 Minuten kochen lassen. Rindfleisch und Knoblauch zugeben, die Hitze reduzieren und die Suppe 25 Minuten zugedeckt kochen lassen. Die restlichen Zutaten unterrühren und weitere 5 Minuten kochen lassen.

3. Suppe auf einzelne Schüsseln verteilen und servieren.

Rettich schneiden (inks); Rindfleisch-Rettich-Suppe (rechts)

Scharfe Gemüsesuppe mit Rind *(Yukgaejang)*

Ergibt 3–4 Portionen

Diese Suppe schmeckt rauchig, scharf und vollmundig – ein Geschmack, der mich an Berge und Wildnis erinnert. Sie bietet zartes Rindfleisch und allerlei gesundes Gemüse. Zusammen mit Reis ergibt sie eine sättigende, wärmende Mahlzeit. Reste halten sich 1 Woche im Kühlschrank.

Traditionell besteht die Suppe aus verschiedenen Gemüsesorten, die aus den Bergregionen Koreas stammen. Sie werden jeweils separat gegart, was eine Menge Zeit beansprucht. Als ich noch in Korea lebte, lud mich eine Freundin zu sich ein und kredenzte mir ihre Version dieser Suppe. »Wie hast du die denn gekocht?«, fragte ich. »Ich hab's mir leicht gemacht«, sagte sie. Sie hatte weniger Gemüsesorten verarbeitet und alles zusammen gekocht. Manchmal, gestand sie, kochte sie diese Suppe sogar nur aus Rinderbrust und Lauchzwiebeln, aber sie schmeckte trotzdem lecker. Seitdem koche ich nur noch ihre Light-Version.

450 g Rinderbrust
1 mittelgroße Zwiebel, geschält und halbiert
4 getrocknete Shiitake-Pilze
170 g Farnspitzen (Gosari), eingeweicht und gekocht (Seite 156), in ca. 6 cm lange Stücke geschnitten
300 g Mungbohnensprossen, gewaschen und abgetropft
8 Knoblauchzehen, fein gehackt
12–14 Lauchzwiebeln, in 6 cm lange Stücke geschnitten
4 EL koreanische Chiliflocken (Gochu-Garu)
1 EL geröstetes Sesamöl
1 EL Pflanzen- oder Olivenöl
1 EL Sojasauce
1 EL grobes Salz
1 TL frisch gemahlener schwarzer Pfeffer

1. In einem großen Topf 3 Liter Wasser aufkochen. Die Rinderbrust währenddessen 10 Minuten in kaltem Wasser ziehen lassen, dann herausnehmen und trocken tupfen.

2. Wenn das Wasser kocht, Rinderbrust, Zwiebel und Shiitake-Pilze zugeben und alles zugedeckt 1 Stunde kochen lassen.

3. Während das Fleisch kocht, Farnspitzen, Mungbohnensprossen, Knoblauch und Lauchzwiebeln in eine große Schüssel geben. Chiliflocken, Sesamöl, Pflanzen- oder Olivenöl, Sojasauce, Salz und schwarzen Pfeffer in eine kleine Schüssel geben und gründlich vermengen. In die große Schüssel geben und unterrühren.

4. Rindfleisch, Zwiebeln und Pilze mit einem Schaumlöffel aus dem Topf nehmen. Die Brühe abseihen und zurück in den Topf geben. Gewürzte Gemüsemischung zugeben und zugedeckt 20 Minuten kochen lassen.

5. Die Rinderbrust entlang der Faser zerpflücken oder dünn zerschneiden. Zwiebelhälften und Pilze in dünne Scheiben schneiden. Rindfleisch, Zwiebel und Pilze in den Topf geben und weitere 10 Minuten garen. Heiß servieren.

Gegarte Rinderbrust und Pilze in Scheiben (oben links); Mungbohnensprossen (oben rechts); Chiliflocken-Mischung (Mitte links); Gemüse kochen (Mitte rechts); Scharfe Gemüsesuppe mit Rind (unten)

Mangoldsuppe mit Sojapaste

(Geundae-Doenjang-Guk)

Ergibt 4 Portionen

Die Kombination aus fermentierter Sojapaste und getrockneten Sardellen verleiht dieser Suppe ein überraschend komplexes und vielschichtiges Aroma – pikant, erdig und nussig. Für die Zubereitung braucht man gerade mal 30 Minuten. Die meisten Koreaner essen Doenjangguk mindestens einmal pro Woche zum Frühstück oder Abendessen. Man kann die Suppe mit jedem Gemüse zubereiten. In diesem Rezept verwende ich Mangold, der eine leichte Süße ins Spiel bringt.

- 450 g Mangold, die dicken Stängel entfernt
- 5 EL fermentierte Sojapaste (Doenjang)
- 4 Knoblauchzehen, fein gehackt
- 1 grüne koreanische Chilischote (Cheong-Gochu), entkernt und fein gehackt
- 1 rote koreanische Chilischote (Hong-Gochu), entkernt und gehackt
- 2 EL Mehl
- 10 große getrocknete Sardellen (Mareun-Myeolchi), ohne Kopf und entdarmt

1. Einen großen Topf mit Wasser zum Kochen bringen. Die Mangoldblätter zugeben und unter Rühren 3 Minuten blanchieren. Mangold abgießen und unter fließendem kalten Wasser abspülen, bis er abgekühlt ist. Abtropfen lassen und überschüssiges Wasser ausdrücken. Den Mangold hacken und wieder in den Topf geben. Sojapaste, Knoblauch, Chilischoten und Mehl zugeben und gründlich vermengen.

2. Die Sardellen in ein Mulltuch einschlagen und in den Topf geben. Anschließend 1,6 Liter Wasser zugeben und zugedeckt 20 Minuten kochen. Die Hitze etwas reduzieren und weitere 10 Minuten garen.

3. Die Sardellen aus dem Topf nehmen und entsorgen. Die Suppe auf Schüsseln verteilen und heiß servieren oder abkühlen lassen und luftdicht verschlossen bis zu 1 Woche im Kühlschrank aufbewahren. Vor dem Servieren gut durchwärmen.

Mangold, Sojapaste, Knoblauch, Chilischoten und Mehl (links); Mangoldsuppe mit Sojapaste (rechts)

Eintopf mit extrastarker Sojapaste

(Cheonggukjang-Jjigae)

Ergibt 2 Portionen

Extrastarke Sojapaste, Kimchi und getrocknete Sardellen verleihen dem Eintopf pikante Geschmacksnoten, wie sie für die koreanische Küche typisch sind. Kimchi sorgt für etwas scharfe Säure, und die in der Paste enthaltenen Sojabohnen bringen sowohl weiche als auch festere Texturen ins Spiel. Am besten schmeckt so ein blubbernder Topf mit Cheonggukjang-Jjigae im Winter, wenn er nicht nur Energie, sondern auch Wärme spendet. *(Abbildung Seite 110)*

- 4 große getrocknete Sardellen (Mareun-Myeolchi), ohne Kopf und entdarmt
- 8 EL Chinakohl-Kimchi (Seite 124), gehackt
- 4 EL gehackte Zwiebel
- 1 Knoblauchzehe, gehackt
- 1 Kugel (100 g) extrastarke fermentierte Sojapaste (Cheongguk-Jang)
- 140 g mittelfester Tofu, fein gewürfelt
- 1 Lauchzwiebel, gehackt
- Grobes Salz

1. Getrocknete Sardellen in ein Mulltuch einschlagen, wenn gewünscht.

2. Sardellen, Kimchi, Zwiebel, Knoblauch und 350 Milliliter Wasser in einen Topf geben. (Ich verwende einen Steinguttopf, aber ein kleiner, schwerer Topf tut es auch.) Zugedeckt 20 Minuten köcheln lassen.

3. Die Sojapaste einrühren. Dann die Hitze reduzieren und 10 Minuten sanft köcheln lassen.

4. Tofu und Lauchzwiebel zugeben und zugedeckt etwa 5 Minuten garen. Mit Salz abschmecken. Gegebenenfalls die Sardellen mit Essstäbchen herausfischen und entsorgen. Heiß servieren.

Auf koreanischen Märkten findet man die verschiedensten getrockneten Fisch- und Algenarten.

Oben: Meeresfrüchte-Eintopf (Seite 112)

Linke Seite: Eintopf mit extrastarker Sojapaste (oben); Kimchi-Eintopf mit Thunfisch (unten: Seite 114)

Meeresfrüchte-Eintopf *(Haemul-Jeongol)*

Ergibt 2–3 Portionen

Die Menge an Meeresfrüchten in diesem Rezept mag vielleicht für zwei oder drei Portionen übertrieben erscheinen – aber genau das ist der Clou bei diesem besonderen, üppigen Eintopf. Außerdem kann man das Rezept flexibel handhaben: Man nimmt einfach von der einen Meeresfrucht etwas mehr, von der anderen etwas weniger – je nach Geschmack und Verfügbarkeit. Mit zwei Esslöffeln Chiliflocken bekommt der Eintopf eine angenehme Schärfe. Wer es etwas milder lieber mag, nimmt einfach weniger Chiliflocken. Die Zutatenmengen kann man problemlos verdoppeln, wenn man für mehr Personen kocht.

Die Speisechrysanthemen (Seite 36) sind das besondere Gewürz in diesem Eintopf. Sie verleihen der Brühe ein wunderbares Kräuteraroma und schmecken ein wenig wie Sellerieblätter, aber süßer. Früher waren Speisechrysanthemen nur auf Asiamärkten zu finden, aber unlängst habe ich sogar welche auf dem Markt am Union Square in New York entdeckt. Offenbar schätzen immer mehr Köche den Reiz dieser asiatischen Zutat. Falls man keine Speisechrysanthemen bekommt, kann man stattdessen frische Minze- oder Basilikumblätter benutzen (sie schmecken ein wenig intensiver). Die Sardellen-Algen-Brühe (Seite 96) verleiht dem Eintopf geschmackliche Tiefe. Wenn man keine Brühe zur Hand hat, kann man auch einfach gesalzenes Wasser nehmen.

Grobes Salz
2 Venusmuscheln, geputzt
6 Miesmuscheln, geputzt
1 Tintenfischtube, frisch oder TK, aufgetaut und gewaschen
1 Blaukrabbe oder 1 Taschenkrebs, am besten TK, aufgetaut und gewaschen
1 kleine Zucchini
1 Zwiebel, in dünne Ringe geschnitten
120 g Kabeljau- oder Flunderfilet, gewaschen und mit Küchenpapier abgetupft, in ca. 5 cm große Stücke geschnitten
2 große Garnelen, mit Kopf (Fühler entfernt), TK, aufgetaut und gewaschen
1 rote koreanische Chilischote (Hong-Gochu), entkernt und fein gehackt, oder 1 kleine rote Paprika, in dünne Scheiben geschnitten
1 grüne koreanische Chilischote (Cheong-Gochu), entkernt und fein gehackt, oder ½ grüne Paprikaschote, in dünne Scheiben geschnitten
60 g Speisechrysantheme (Ssuk-Gat), gewaschen, ganz oder in 7 cm lange Stücke geschnitten, plus mehr zum Garnieren; alternativ ein paar Stängel frische Minze oder Basilikum
3 Lauchzwiebeln, in ca. 2,5 cm lange Stücke geschnitten
60 g Enoki-Pilze, geputzt, unter kaltem Wasser gewaschen und abgetropft
1 TL Sojasauce
3 Knoblauchzehen, fein gehackt
2 EL koreanische Chiliflocken (Gochu-Garu)
700 ml Sardellen-Algen-Brühe (Seite 96)

1. 500 Milliliter Wasser mit 1 Teelöffel Salz in eine kleine Schüssel geben und umrühren, bis das Salz aufgelöst ist. Die Muscheln hineingeben und ein paar Stunden im Kühlschrank ziehen lassen.

2. Den Tintenfischkörper aufschlitzen und flach auf einem Schneidebrett ausbreiten. Mit einem scharfen Kochmesser ein diagonales Gittermuster einritzen. Umdrehen und auf der Rückseite ebenso verfahren. Das Tintenfischfleisch in Streifen (ca. 2,5 × 8 cm) schneiden.

3. Das Schwanzstück von Krabbe bzw. Krebs wegklappen und abdrehen. Den oberen Panzer abziehen und beiseitelegen. Die Kiemen entfernen. Mit einer Schere die Mundglieder abschneiden. Den Körper mit einem Kochmesser halbieren. Die Scheren abdrehen und beiseitelegen. Fleisch abspülen.

4. Die Muscheln gründlich säubern, abspülen und abtropfen lassen.

5. Die Zucchini quer in 5 Zentimeter lange Stücke schneiden. Jedes Stück halbieren und die Hälften noch einmal längs in 0,5 Zentimeter dicke Stücke schneiden. Zucchini und Zwiebel auf dem Boden eines großen Kochtopfs verteilen. Krabbenfleisch und Krabbenteile, Tintenfisch, Muscheln, Kabeljau oder Flunder sowie die Garnelen auf dem Gemüse verteilen. Chilischoten, Speisechrysantheme und Lauchzwiebeln darüberstreuen. Die Pilze in der Mitte zu einem Sträußchen arrangieren (Abbildung unten rechts).

6. Sojasauce, Knoblauch und Chiliflocken in einer kleinen Schüssel zu einer Paste vermengen. Die Paste zu einer Kugel formen und neben die Pilze setzen.

7. Die Sardellenbrühe behutsam in den Topf gießen. Zugedeckt 15 Minuten dünsten. Den Deckel abnehmen und umrühren, um die Chilipaste zu verteilen, dann ohne Deckel unter gelegentlichem Rühren etwa 10 Minuten weitergaren, bis das Krabben- bzw. Krebsfleisch gar ist.

8. 1 Teelöffel Salz unterrühren, mit Speisechrysantheme garnieren und direkt aus der Pfanne servieren.

Vorbereitete Meeresfrüchte (links); Meeresfrüchte-Eintopf im Kochtopf (rechts)

Kimchi-Eintopf mit Thunfisch *(Chamchi-Kimchi-Jjigae)*

Ergibt 3–4 Portionen

Wer dieses Gericht aus süß-saurem, leicht knackigem Kohl in einer herzhaften, mit duftendem Sesamöl verfeinerten Brühe probiert, wird es lieben. Thunfisch sorgt für einen vollen Geschmack und Proteingehalt, aber man kann auch eine fleischige Variante mit 200 Gramm Schweinebauch, den man in mundgerechte Stücke zerteilt, zubereiten. Das Schweinefleisch kommt zusammen mit dem Kimchi in den Topf, damit es gut durchgegart wird.

Das Rezept sieht 450 Gramm gut fermentiertes Kimchi vor. Das erscheint vielleicht etwas reichlich bemessen zu sein, zeigt aber nur, wie viel Kimchi wir Koreaner tagtäglich so verdrücken, und warum wir es in Massen zubereiten. Kimchi ist eben nicht nur eine Beilage, sondern die Hauptzutat vieler traditioneller Gerichte wie diesem Kimchi-Eintopf. (Abbildung Seite 110).

- 450 g Chinakohl-Kimchi (Seite 124), in ca. 5 cm große Stücke geschnitten, plus 4 EL Kimchi-Lake
- 1 mittelgroße Zwiebel, in dünne Ringe geschnitten
- 2 EL koreanische Chiliflocken (Gochu-Garu)
- 2 TL Zucker
- 1 TL grobes Salz
- 2 TL geröstetes Sesamöl
- 3 Lauchzwiebeln, davon 2 Zwiebeln in 2,5 cm lange Stücke geschnitten und 1 Zwiebel fein gehackt, zum Bestreuen
- 1 Dose (ca. 140 g) heller Thunfisch in Öl, gut abgetropft
- 230 g mittelfester Tofu, in ca. 1 cm große Scheiben und dann in mundgerechte Stücke geschnitten

1. Kimchi und Kimchi-Lake, Zwiebel, Chiliflocken, Zucker, Salz, Sesamöl und Lauchzwiebeln in eine große Pfanne geben. 600 Milliliter Wasser zugeben und zugedeckt 25 Minuten köcheln lassen.

2. Den Eintopf mit einem Kochlöffel gründlich verrühren. Thunfisch und Tofu zugeben und behutsam umrühren, damit der Tofu nicht zerbröselt. Zugedeckt 5–7 Minuten weitergaren, bis das Kimchi zart, aber noch knackig, und der Tofu weich und heiß ist.

3. Mit gehackter Lauchzwiebel bestreuen und servieren.

Scharfe Rogensuppe *(Altang)*

Ergibt 2–4 Portionen

Dieser Eintopf erhält durch den Fischrogen eine angenehme Textur, weich und knubbelig. Speisechrysantheme bringt den Kräuter-Kick. Das Rezept ist vergleichsweise einfach, da kein Fond vorbereitet werden muss, und weil keine Gräten drin sind, ist der Eintopf auch noch leicht zu essen. Zusammen mit einem Schälchen Reis ist die schnelle Mahlzeit komplett.

Ich verwende tiefgekühlten Pollackrogen, der in koreanischen Läden meist vorrätig ist, aber man kann auch jede andere Art von frischem Rogen nehmen, beispielsweise Lachsrogen.

- 140 g koreanischer Rettich (Mu) oder Daikon, geschält, erst in dünne Scheiben und dann in kleine Stücke geschnitten
- 1 mittelgroße Zwiebel, in dünne Ringe geschnitten
- 2 EL fermentierte Sojapaste (Doenjang)
- 340 g Pollackrogen (Naengdong-Myeong-Ran), TK und im Kühlschrank aufgetaut
- 4–5 Knoblauchzehen, fein gehackt
- 3 EL koreanische Chiliflocken (Gochu-Garu)
- 1 TL grobes Salz
- 3 Lauchzwiebeln, schräg in ca. 1 cm große Stücke geschnitten
- 1 grüne koreanische Chilischote (Cheong-Gochu), entkernt und gehackt
- 1 rote koreanische Chilischote (Hong-Gochu), entkernt und gehackt
- 30 g Speisechrysantheme (Ssuk-Gat), gewaschen, ganz oder in ca. 7 cm lange Stücke geschnitten, alternativ eine Handvoll frische Basilikumblätter

1. Rettich, Zwiebel, Sojapaste und 700 Milliliter Wasser in einen flachen Topf oder eine Pfanne geben. Zugedeckt 12 Minuten kochen, bis die Zwiebel glasig wird.

2. Rogen, Knoblauch, Chiliflocken und Salz zugeben. Die Hitze reduzieren und weitere 10 Minuten garen.

3. Lauchzwiebeln, Chilischoten und Speisechrysantheme auf den Eintopf streuen und zugedeckt weitere 3 Minuten garen. Heiß servieren.

Pollackrogen (links); Scharfe Rogensuppe (rechts)

Spinat-Muschel-Suppe mit Sojapaste

(Sigeumchi-Jogae-Doenjangguk)

Ergibt 4 Portionen

Meistens bereite ich die Brühe für Doenjangguk wie im Rezept auf Seite 118 mit getrockneten Sardellen zu. Bekomme ich allerdings frischen Blattspinat und Venusmuscheln von guter Qualität auf dem Markt, dann koche ich diese Variante von Doenjangguk. Sie ist ein echter koreanischer Klassiker. Die Kombination aus fermentierter Sojapaste (Doenjang) und Muschel lässt dieses Gericht auf wunderbare Weise zugleich nach Land und nach Meer schmecken.

- 1 EL grobes Salz
- 12 frische Venusmuscheln, geputzt
- 1 TL geröstetes Sesamöl
- 110 g Rinderbrust, in dünne Streifen geschnitten
- 4 Knoblauchzehen, fein gehackt
- 4 EL fermentierte Sojapaste (Doenjang)
- 1 EL koreanische rote Chilipaste (Gochujang)
- 280 g frischer Babyspinat, gewaschen und abgetropft
- 1 grüne koreanische Chilischote (Cheong-Gochu), fein gehackt
- 1 rote koreanische Chilischote (Hong-Gochu), fein gehackt

1. Das Salz in einer Schüssel mit etwa 1 Liter kaltem Wasser auflösen. Die Muscheln gründlich säubern und hineingeben und ein paar Stunden kühl stellen, um die Muscheln zu entsanden. Abgießen und abspülen (beschädigte oder geöffnete Muscheln entsorgen).

2. Sesamöl, Rindfleisch und Knoblauch in einen großen, schweren Topf geben und erhitzen. Ein paar Minuten anbraten, bis das Fleisch nicht mehr rosa ist und der Knoblauch duftet.

3. Anschließend mit 1,6 Liter Wasser ablöschen und zugedeckt 25 Minuten kochen.

4. Sojapaste und Chilipaste in die kochende Brühe geben, dann Spinat und Muscheln zugeben und zugedeckt etwa 10 Minuten garen. Die Chilischoten zugeben und weitere 5 Minuten garen.

5. Die Suppe auf einzelne Schüsseln verteilen und heiß servieren.

Venusmuscheln (oben links); Fleisch und Knoblauch werden angebraten (oben rechts); Brühe (Mitte links); Spinat und Muscheln werden zugegeben (Mitte rechts); Spinat-Muschel-Suppe mit Sojapaste (unten)

Garnelen-Eintopf mit Sojapaste

(Myeolchi-Doenjang-Jjigae)

Ergibt 2–4 Portionen

Kein Eintopf ist in Korea so beliebt wie Doenjang-Jjigae. Seit Jahrhunderten war dieses unkomplizierte, herzhafte und sättigende Gericht ein Teil unserer Kultur – in guten wie in schlechten Zeiten. Wer guten Reis, gutes Kimchi und guten Doenjang-Jjigae zubereiten kann, darf sich einen guten koreanischen Koch nennen, und es wird niemand abstreiten.

Die fermentierte Sojapaste, Doenjang, ist in der koreanischen Küche so essenziell, dass der Eintopf den Namen dieser Paste trägt, unabhängig davon, welche Zutaten er sonst noch enthält.

Salzig, erdig und fermentiert – diese Geschmacksnoten sind typisch koreanisch und garantieren einen wahrhaft köstlichen Eintopf. Getrocknete Sardellen geben dem Ganzen noch eine tiefere Geschmacksebene.

Ich bereite diesen Eintopf gern in einem Steinguttopf zu, der auf dem Tisch hübsch aussieht und den Eintopf bis zum letzten Löffel warm hält. Aber jeder andere schwere Topf tut es auch.

Noch schärfer wird das Gericht, wenn man zur Sojapaste noch koreanische Chilipaste oder Chiliflocken zugibt. Mit Reis serviert reicht der Eintopf als vollwertige Mahlzeit für zwei Personen. Im Rahmen eines ausgiebigen Mahls mit Beilagen werden auch vier oder mehr Gäste davon satt.

- 1 mittelgroße Kartoffel, geschält und in ca. 1 cm große Würfel geschnitten
- 1 mittelgroße Zwiebel, in ca. 1 cm große Stücke geschnitten
- 1 kleine Zucchini, in ca. 1 cm große Stücke geschnitten
- 1 grüne koreanische Chilischote (Cheong-Gochu), fein gehackt
- 4 Knoblauchzehen, fein gehackt
- 4 große Garnelen, ohne Schale, entdarmt und grob gehackt (ca. 5 EL), nach Belieben
- 7 getrocknete Sardellen (Mareun-Myeolchi), ohne Kopf und entdarmt
- 5 EL fermentierte Sojapaste (Doenjang)
- 170 g mittelfester Tofu, in ca. 1 cm große Würfel geschnitten
- 2 Lauchzwiebeln, gehackt

1. Kartoffel, Zwiebel, Zucchini, Chilischote, Knoblauch sowie Garnelen (falls verwendet) mit 600 Milliliter Wasser in einen schweren Kochtopf geben. Die Sardellen in ein Mulltuch einschlagen und auf die anderen Zutaten legen. Zugedeckt etwa 15 Minuten garen.

2. Die Sojapaste gründlich einrühren. Zugedeckt weitere 20 Minuten garen. Den Tofu zugeben und weitere 3 Minuten garen. Die Sardellen herausfischen und entsorgen.

3. Den Topf auf den Tisch stellen und servieren oder in eine Servierschüssel gießen. Mit Lauchzwiebeln bestreuen und heiß servieren.

Gemüse, Garnelen und Sardellen vor dem Kochen im Steinguttopf (oben); servierfertigee Garnelen-Eintopf mit Sojapaste (unten)

Kimchi und Eingelegtes

Schon im Altertum wussten Koreaner, wie man wildes Gemüse konserviert. Auf diese Weise konnte man nicht nur das ganze Jahr über vitaminreiches Gemüse essen. Die Lebensmittel erhielten zudem mehr Geschmack durch das Einlegen, Trocknen und Fermentieren – und das aufgesogene Salz machte sie fester und knackiger.

Kimchi, das bekannteste Beispiel für diese uralte Konservierungstechnik, ist seit langem ein zentraler Bestandteil der koreanischen Kultur. Das eingelegte Gemüse hat Schärfe, Säure, eine leichte Süße und ordentlich Biss und kann daher einer schlichten Schüssel Reis erstaunliche Komplexität verleihen. Wie Wein, Käse und Sauerteigbrot ist Kimchi ein fermentiertes Lebensmittel, das für seinen reifen Charakter sehr geschätzt wird.

Im Vergleich zu anderen gesundheitsfördernden fermentierten Produkten wie Joghurt oder Kombucha hat Kimchi den Vorzug, dass es neben nützlichen Bakterien auch Ballaststoffe enthält. Neben den gemüseeigenen Vitaminen, Mineralien und Ballaststoffen sind es aber vor allem die durch die Fermentation erzeugten Bakterienkulturen, die verdauungsfördernd wirken. Neuere Forschungen legen nahe, dass die im Darm lebenden Mikroorganismen überlebenswichtig sind.

Gutes Kimchi erhält man in jedem koreanischen Lebensmittelgeschäft, aber ich finde, dass gekauftes Kimchi einfach nicht so satt und glücklich macht wie selbst gemachtes.

Die Herstellung von Kimchi ist nicht schwer, denn Kimchi reift von ganz allein: Man muss lediglich das Gemüse einsalzen, mit einer Würzpaste aus Chiliflocken, Knoblauch, Ingwer und Fischsauce vermengen und es dann bei Zimmertemperatur in einem verschlossenen Gefäß so lange stehen lassen, bis es leicht säuerlich wird.

Aufgrund von modernen Zubereitungsmethoden und gewandelten Geschmacksvorlieben hat sich die Herstellung von Kimchi verändert. Früher wurde es ein wenig anders zubereitet. Meine Großmutter verwendete zum Beispiel viel mehr Salz als ich für Kimchi. Sie musste das tun, weil sie keinen Kühlschrank besaß, und das Salz eine zu schnelle Fermentation verhinderte. Meine Großmutter unternahm alles, um den Gärungsprozess etwas zu verlangsamen. So vergrub sie ihren Kimchi-Topf in der Erde, um ihn im Winter auf einer konstanten Temperatur zu halten. Trotzdem war ihr Kimchi am Ende des Winters sehr, sehr sauer. Im Sommer bereitete sie kleinere Mengen davon und lagerte sie in einem Becken, das halb mit Quellwasser gefüllt war. Mehrmals am Tag wechselte sie das Wasser, um das Kimchi so kühl wie möglich zu halten.

Sein Höchstmaß an Aroma erreicht das selbst gemachte Kimchi nach zwei Wochen im Kühlschrank oder nach ein, zwei Tagen bei Zimmertemperatur – je nachdem, wie warm es im Haus ist. Wenn ich frisches Kimchi herstelle, lasse ich gern einen Teil davon zwei Tage in der Küche stehen, damit es schnell vergärt. Den Rest stelle ich zur längeren Fermentation in den Kühlschrank. So bekomme ich eine Bandbreite an Geschmack zur Auswahl, von frisch bis sauer.

Chinakohl-Kimchi (Seite 124)

Kimchi für Einsteiger

Überall um uns herum leben mikroskopisch kleine Bakterien: in der Luft, auf unserer Haut, ja sogar auf unserem Essen. Manche Bakterien wie Coli-Bakterien oder Salmonellen können tödlich sein. Die meisten Bakterien jedoch sind harmlos – und manche sogar gesund. Salzt man Kohl oder anderes Gemüse und lässt es stehen, vermehren sich diese gesunden Bakterien. Sie produzieren nicht nur würzige Säuren, die für den essigsauren Kimchi-Geschmack sorgen, sondern verhindern auch, dass das Kimchi verdirbt. Aus diesem Grund hält sich Kimchi ziemlich lang, manchmal sogar über Jahre! Wenn man frisches Kimchi in einen Behälter oder Topf gefüllt hat, muss man es – mit der Hand oder mit dem Rücken eines Kochlöffels – im Gefäß zusammenpressen, um Luftblasen zu entfernen, die das Wachstum schädlicher Bakterien begünstigen. Wer zum ersten Mal Kimchi macht und vielleicht schon mal Wein hergestellt oder Marmelade eingekocht hat, wird sich vielleicht wundern, dass man Gefäße und Utensilien nicht sterilisieren muss – das erübrigt sich wegen der üppigen Salzmenge, die hinzugefügt wird. Nach ein, zwei Tagen bei Zimmertemperatur beginnt das Kimchi säuerlich zu riechen und fängt möglicherweise an zu prickeln. Daran erkennt man, dass die guten Bakterien Säure produzieren. Wegen dieser lebenden Bakterien verändern sich Geschmack und Konsistenz des eingelegten Gemüses während des Gärprozesses fortwährend, selbst wenn es im kalten Kühlschrank steht.

Viele meiner westlichen Leser glauben, dass Kimchi erst dann »reif« ist, wenn es ganz vergoren ist, und wollen wissen, wie sie die Fermentation beschleunigen können. Ich rate ihnen, lieber nicht so lange abzuwarten. Ich esse Kimchi gern direkt nach der Zubereitung. Ich pflücke mir ein paar Blätter Chinakohl-Kimchi ab, tunke sie in eine Schüssel mit geröstetem Sesam und genieße sie mit warmem Reis. Im Rohzustand sind die Aromen frisch und deutlich zu differenzieren, und die salatartige Kombination aus knackigem Kohl, nussigen Röstaromen und scharfem Gewürz ist unwiderstehlich. Selbst Kinder mögen gern frisches Kimchi. Erst nach dieser ersten Kostprobe verschließe ich das Gefäß und lasse es ein, zwei Tage bei Zimmertemperatur gären, bis es süß-sauer wird und ein bisschen auf der Zunge prickelt. Sofortige Kühlung verlangsamt die Fermentation, sodass ich das Kimchi nach und nach aufessen kann. Noch bevor es aufgebraucht ist, bereite ich schon eine neue Portion Kimchi vor, damit immer etwas da ist.

Chinakohl-Kimchi *(Baechu-Kimchi)*

Ergibt etwa 3,5 Kilogramm

Es gibt hunderte Sorten Kimchi, aber das Kimchi aller Kimchis ist Baechu-Kimchi. Manchmal werde ich gefragt: »Wie viele Portionen ergibt dein Kimchi-Rezept?« Meine Antwort: »Lasst mich damit in Frieden!« Wir Koreaner denken bei Kimchi nicht in Portionen, wir bereiten es in rauen Mengen zu und verwenden es für Suppen, Eintöpfe, Bratlinge, Pfannkuchen oder gebratenen Reis. Sobald es alle ist, macht man eben neues. Das wird zur lieben Gewohnheit, wenn man oft koreanisch kocht. Viele meiner Leserinnen stellen regelmäßig Kimchi-Chargen von 3,5 Kilogramm her. Das Klebreismehl wirkt wie ein Bindemittel, das die Gewürze an den Kohl bindet. Man spart sich Arbeit, wenn man Knoblauch, Ingwer und Zwiebeln in der Küchenmaschine zerkleinert. Achtung: Wer noch nie mit koreanischen Chiliflocken gearbeitet hat und nicht weiß, ob sie die Haut reizen, sollte beim ersten Mal Gummihandschuhe tragen. *(Abbildung Seite 127)*

- 2,7 kg Chinakohl
- 220 g grobes Salz
- 3 EL Klebreismehl (Chap-Ssal-Garu)
- 2 EL weißer Zucker oder Rohrohrzucker
- 20 Knoblauchzehen, fein gehackt
- 2 TL gehackten Ingwer
- 1 Zwiebel, gehackt
- 120 ml Fischsauce
- 190 g koreanische Chiliflocken (Gochu-Garu)
- 340 g koreanischer Rettich (Mu) oder Daikon, in streichholzgroße Stifte geschnitten
- 1 Karotte, in streichholzgroße Stifte geschnitten
- 10 Lauchzwiebeln, gehackt
- 90 g Schnittknoblauch oder mehr Lauchzwiebeln, gehackt

1. Die Kohlköpfe längs halbieren, dann den Strunk bis 5 Zentimeter oberhalb des Stiels so einschneiden, dass sich die Blätter lockern, aber noch zusammenhängen. Die Kohlhälften in eine große Schüssel mit Wasser tauchen, um alle Blätter zu befeuchten. Auf eine Arbeitsfläche legen, Salz zwischen die Blätter streuen und den Kohl in eine große Schüssel legen. Etwa 1,5 Stunden ziehen lassen, dabei die Blätter etwa alle 30 Minuten wenden.

2. Das Klebreismehl mit 600 Milliliter Wasser in einen Topf geben und unter Rühren etwa 10 Minuten kochen. Den Zucker zugeben und unter Rühren ein paar Minuten weiterkochen, bis der Brei leicht glasig und dünner geworden ist. Vom Herd nehmen und auf Zimmertemperatur abkühlen lassen.

3. Die Kohlhälften unter fließendem Wasser abspülen. Dabei die Blätter schütteln, um Schmutz und überschüssiges Salz zu entfernen. Jede Hälfte noch mal längs halbieren. Gut abtropfen lassen.

4. Abgekühlten Reismehlbrei, Knoblauch, Ingwer, Zwiebel, Fischsauce, Chiliflocken, Rettich, Karotte, Lauchzwiebel und Schnittknoblauch in eine große Schüssel geben. Gründlich vermengen (das ergibt die Kimchi-Paste).

5. Ohne den geviertelten Kohl auseinanderzunehmen jedes Kohlblatt mit etwas Kimchi-Paste bestreichen. Die Kohlviertel in Einmachgläser oder andere luftdichte Gefäße stecken und verschließen. Bei Zimmertemperatur gären lassen, bis Bläschen an die Oberfläche steigen, und das Kimchi sauer schmeckt. Das dauert etwa 2 Tage, je nachdem, wie warm die Küche ist. Nach dem Fermentieren Kimchi bis zum weiteren Gebrauch im Kühlschrank aufbewahren.

Maangchi and Friends

Rain: *Ich habe schon mit der Kimchi-Herstellung angefangen und dann erst gemerkt, dass die Chiliflocken alle sind. Ich kann erst morgen welche kaufen. Der Kohl ist aber schon gesalzen und gespült. Kann ich den Kohl bis morgen aufbewahren und dann das Kimchi fertig zubereiten?*

Maangchi: *Am besten spülst du den Kohl, lässt ihn gründlich abtropfen und legst ihn dann in den Kühlschrank, bis die Kimchi-Paste fertig ist. Ein, zwei Tage hält er sich ohne Weiteres frisch.*

Oben: Kimchi-Paste (oben links); den Kohl mit Kimchi-Paste einstreichen (oben rechts); fertiges Chinakohl-Kimchi (unten)

Linke Seite: Chinakohl halbieren (oben links); Chinakohl zerteilen (oben rechts); Chinakohl mit eingeschnittenem Strunk (2. Reihe links); Chinakohl salzen (2. Reihe rechts); vorbereitetes Gemüse (3. Reihe links); Reisbrei (3. Reihe rechts); abgespülter Kohl (unten links); Kimchi-Paste mischen (unten rechts)

Perilla-Kimchi *(Kkaennip-Kimchi)*

Ergibt 450 Gramm

Als ich dieses Rezept zum ersten Mal gepostet habe, sorgte das für Aufruhr: Viele Nordamerikaner hatten sich jahrelang bemüht, die Perilla-Pflanze in ihren Gärten auszurotten. Das wunderte mich sehr, denn in Korea ist Perilla beliebt und findet in vielen Rezepten Verwendung, darunter in diesem würzigen, leichten Kimchi.

Perillablätter haben ein minzeartiges Aroma und eine etwas faserige Konsistenz. Wer dieses Kimchi richtig genießen will, nimmt einen Löffel Reis, legt ein Perillablatt mit Kimchi-Paste darauf und isst den ganzen Happen. Durch den Minzgeschmack in Verbindung mit den Gewürzen, dazu das knackig-zähe Blatt, bekommt der Reis in etwas Außergewöhnliches verwandelt.

Wer keine eigene Perilla anbaut, kann die Blätter in koreanischen Läden kaufen. Im Mai und Juni ist Perilla-Saison, und jedes Jahr gehe ich dann zur selben Stelle auf der Union Street in Queens, wo koreanische Frauen aus der Umgebung ihre eigene Ernte verkaufen. Jedes Jahr sind es andere Frauen, aber Perilla bekomme ich dort immer.

Perilla-Kimchi bereite ich wie Gurken-Kimchi in kleinen Mengen zu. Einen Teil esse ich immer sofort. Dann wandert der Rest in den Kühlschrank, wo er im Laufe von 2 Wochen sauer wird.

- 200 g Perillablätter (Kkaennip)
- 60 g koreanische Chiliflocken (Gochu-Garu)
- 5 EL Fischsauce
- 1 EL Zucker
- 1 EL geröstete Sesamsamen
- 1 große Zwiebel, in dünne Ringe geschnitten
- 6 Lauchzwiebeln, gehackt
- 4 Knoblauchzehen, fein gehackt
- 1 große Karotte, geschält und in streichholzgroße Stifte geschnitten

1. Eine große Schüssel mit kaltem Wasser füllen. Die Perillablätter einzeln eintauchen, um Staub zu entfernen. Dann die Blätter sauber aufeinanderlegen, sodass die Stiele alle in eine Richtung zeigen, den Blätterstapel in beide Hände nehmen und unter fließendes Wasser halten. Dabei das Wasser zwischen die Blätter laufen lassen, um sie gründlich zu reinigen. Die Blätter an den Stielen halten und überschüssiges Wasser ausschütteln.

2. Für die Kimchi-Paste Chiliflocken, Fischsauce, Zucker und Sesam in einer Schüssel gründlich verrühren. Zwiebel, Lauchzwiebeln, Knoblauch und Karotte zugeben und gut vermengen. Mit der Hand die Kimchi-Paste zwischen die Blätter streichen (dazu evtl. Gummihandschuhe anziehen).

3. Kimchi sofort servieren oder luftdicht verschlossen bis zu 2 Wochen im Kühlschrank aufbewahren.

Frische Perillablätter (oben links); vorbereitetes Kimchi-Gemüse (oben rechts); Kimchi-Paste vermischen (Mitte links); Kimchi-Paste auf die Perillablätter streichen (Mitte rechts); Perilla-Kimchi (unten)

Rettich-Kimchi *(Kkakdugi)*

Ergibt etwa 2,3 Kilogramm

Aus koreanischem Rettich hergestelltes Kimchi ist saftig, scharf, kühl und ein klein wenig süß. Kkakdugi schmeckt frisch zubereitet schon sehr gut, aber mit zunehmender Reife wird es immer leckerer. Der Gärprozess säuert es, intensiviert die Schärfe und macht die Ingwer- und Knoblaucharomen komplexer.

Rettich-Kimchi ist von koreanischen Esstischen nicht wegzudenken. Es gehört einfach zu fleischigen Suppen wie der Rindfleisch-Rettich-Suppe (Seite 105) und bildet zur Sojasprossensuppe (Seite 103) einen pikanten Gegenpart. Wenn es bei mir Sojasprossensuppe gibt, gebe ich etwas Reis in meine Schüssel, löffle Suppe dazu und kröne das Ganze mit Rettich-Kimchi und ein paar Löffeln der Kimchi-Lake.

Der Rettich sollte fest, frisch und nicht angestoßen sein. Seine Haut sollte leicht schimmern und einen schönen Übergang zwischen Grün und Weiß haben. Je mehr Grün, desto süßer ist der Rettich. Wer keinen koreanischen Rettich bekommt, nimmt japanischen Daikon-Rettich.

- 2 kg koreanischer Rettich (Mu) oder Daikon, geschält und in ca. 1 cm große Würfel geschnitten
- 2 EL grobes Salz
- 2 EL Zucker
- 5–6 Knoblauchzehen, fein gehackt
- 1 TL Ingwer, gehackt
- 4 Lauchzwiebeln, gehackt
- 85 g koreanische Chiliflocken (Gochu-Garu)
- 60 ml Fischsauce

1. Den Rettich mit Salz und Zucker in einer großen Schüssel gründlich vermengen und 1 Stunde ziehen lassen.

2. Vom ausgetretenen Rettichsaft 80 Milliliter zurückbehalten, den Rest abgießen. Den Rettich in eine andere Schüssel geben und Knoblauch, Ingwer, Lauchzwiebeln, Chiliflocken, Fischsauce und den zurückbehaltenen Rettichsaft einrühren. Mit beiden Händen gründlich vermengen (evtl. Gummihandschuhe tragen).

3. Die Rettichwürfel in Einmachgläser oder andere luftdichte Gefäße füllen. Mit der Rückseite eines Löffels zusammendrücken, um Luftblasen zu vermeiden. Zugedeckt 1–2 Tage bei Zimmertemperatur gären lassen, bis das Kimchi sauer riecht und möglicherweise Bläschen aufsteigen. Die exakte Dauer des Gärprozesses hängt von der Zimmertemperatur ab.

4. Das fermentierte Kimchi bis zum weiteren Gebrauch im Kühlschrank aufbewahren.

Scharfes Gurken-Kimchi *(Oi-Sobagi)*

Ergibt etwa 1,8 Kilogramm

Oi-Sobagi ist leicht zuzubereiten. Einfach ein paar koreanische Gewürze zusammenmischen und die Gurken damit füllen. Am besten schmeckt dieses Kimchi im Sommer, wenn Gurken Saison haben, aber man kann es auch zu jeder anderen Zeit im Jahr zubereiten. Im Originalrezept verarbeitet man koreanische Gurken, aber diese sind hierzulande unter Umständen schwer aufzutreiben. Ersatzweise kann man Land- oder Salatgurken verwenden. Wer koreanische Gurken oder die herkömmlichen Salatgurken nimmt, sollte sie in 10 Zentimeter lange Stücke schneiden.

Mir schmeckt dieses Kimchi auch frisch zubereitet, daher esse ich immer etwas davon gleich nach dem Einlegen mit Reis. Andere lassen das Kimchi lieber ein bisschen fermentieren, bevor sie es kosten. Das kann man handhaben, wie man möchte. Manche Leute schneiden auch vor dem Servieren die Enden der Gurken ab, sodass sie in mundgerechte Streifen zerfallen. Ich gebe lieber jedem Gast eine ganze, intakte Gurke. Aber Vorsicht: Im Ganzen serviertes Gurken-Kimchi lässt sich kaum auf ästhetische Weise verzehren. Daher immer Servietten bereithalten. Aber im Freundes- und Familienkreis ist das ja kein Problem.

- 1,3 kg Gurken, gewaschen
- 3 EL grobes Salz
- 1 Karotte, geschält und in Stifte geschnitten
- 1 große Zwiebel, in dünne Ringe geschnitten
- 6 Knoblauchzehen, fein gehackt
- 120 g Schnittknoblauch oder 10–12 Lauchzwiebeln, gehackt
- 95 g koreanische Chiliflocken (Gochu-Garu)
- 60 ml Fischsauce
- 4 TL Zucker

1. Jede Gurke bis etwa 1 Zentimeter vor dem Ende längs in Viertel aufspalten, sodass die Viertel noch verbunden sind. Das Salz ins Innere der Gurken streuen und sanft einreiben. Die gesalzenen Gurken in eine Schüssel geben und das restliche Salz darüberstreuen. Die Gurken 20 Minuten ziehen lassen.

2. Die Gurken unter fließendem kalten Wasser abspülen und gut abtropfen lassen.

3. Für die Kimchi-Paste Karotte, Zwiebel, Knoblauch, Schnittknoblauch oder Lauchzwiebeln, Chiliflocken, Fischsauce und Zucker mit 80 Milliliter Wasser in einer kleinen Schüssel vermengen.

4. Die geviertelten Gurken mit der Kimchi-Paste füllen (dazu evtl. Gummihandschuhe anziehen) und auch von außen mit Kimchi-Paste bestreichen. Die Gurken sofort servieren oder in Einmachgläser füllen und gut verschlossen kühl stellen. Zum Fermentieren 1–2 Tage bei Zimmertemperatur stehen lassen, bis das Kimchi säuerlich schmeckt. Im Kühlschrank hält es sich 1 Monat.

Die Gurken werden der Länge nach aufgespalten (oben links) und gesalzen (oben rechts); vorbereitetes Gemüse (Mitte links); das Gemüse mit Chiliflocken mischen (Mitte rechts); Scharfes Gurken-Kimchi (unten)

Saftiges Obst-und-Gemüse-Kimchi *(Nabak-Kimchi)*

Ergibt etwa 4,5 Kilogramm

Bei diesem Kimchi schwimmen Obst- und Gemüsescheiben in einer rosa Lake – das Ganze ist mild und erfrischend. Im Sommer serviere ich dieses Kimchi zusammen mit Reis als kalte Suppe. Die leicht säuerliche Lake und die knackigen Früchte bilden einen schönen Kontrast zu schwererer Kost. Obst- und Gemüse-Kimchi passt gut zu deftigen Speisen wie Reiskuchen pikant (Seite 222), Bulgogi (Seite 233), Puffer und gehaltvollen Nudelgerichten. Auch dieses Kimchi kann man frisch zubereitet essen. Ich mag es lieber etwas vergoren.

- 1 mittelgroßer Chinakohl (ca. 1,3 kg)
- Grobes Salz
- 450 g koreanischer Rettich (Mu) oder Daikon, geschält
- 1 kleine Salatgurke, in dünne Scheiben geschnitten
- 60 g Zwiebel, in dünne Ringe geschnitten
- 2 grüne koreanische Chilischoten (Cheong-Gochu), fein gehackt
- 1 rote koreanische Chilischote (Hong-Gochu), fein gehackt
- 3 Knoblauchzehen, fein gehackt
- 1 EL Ingwer, geschält, in dünne Scheiben geschnitten
- 5 Lauchzwiebeln, in 4 cm lange Stücke geschnitten
- 1 süßer Apfel (z. B. Gala, Fuji, Golden Delicious), geschält, entkernt und in mundgerechte Würfel geschnitten
- 1 Nashi-Birne, geschält, entkernt und in mundgerechte Würfel geschnitten
- 2 EL koreanische Chiliflocken (Gochu-Garu)

1. Den Kohl längs vierteln und den Stängel wegschneiden. Die Viertel quer in 4 Zentimeter breite Streifen schneiden und in eine große Schüssel geben. 700 Milliliter Wasser zugeben und mit 3 Esslöffel Salz bestreuen. Mit der Hand vermengen, um das Salz zu lösen und den Kohl gleichmäßig zu salzen. Den Kohl 30 Minuten ziehen lassen, mit den Händen umschichten und weitere 30 Minuten ziehen lassen. Danach unter fließendem kalten Wasser abspülen, abtropfen lassen und wieder in die Schüssel geben.

2. Den Rettich in mundgerechte Stücke schneiden. In eine Schüssel geben, mit 1 Messerspitze Salz vermengen und etwa 1 Stunde ziehen lassen.

3. Den Rettich zusammen mit dem ausgetretenen Saft zum Kohl geben. Gurke, Zwiebel, Chilischoten, Knoblauch, Ingwer, Lauchzwiebeln, Apfel und Birne zugeben und alles mit den Händen gut vermengen.

4. Für die Lake in eine andere große Schüssel 2,4 Liter Wasser geben und 4 Esslöffel Salz einrühren. Die Chiliflocken in ein Mulltuch einschlagen, das Säckchen in die Lake tauchen und mehrmals ausdrücken, bis sich das Wasser pink verfärbt hat. Das Säckchen herausnehmen und entsorgen.

5. Gemüse und Obst mit der Lake übergießen und mit einem Kochlöffel verrühren. In Einmachgläser füllen. Einen Teil des Obst- und Gemüse-Kimchis sofort servieren oder alles verschließen und 1–2 Tage bei Zimmertemperatur stehen lassen, bis das Kimchi gärt und leicht säuerlich wird. Fermentiertes Kimchi hält sich im Kühlschrank bis zu 1 Monat.

Die Chiliflocken ziehen im Salzwasser (oben links); Obst und Gemüse (oben links}; Saftiges Obst-und-Gemüse-Kimchi (unten)

Saftiges Rettich-Kimchi für Eisnudeln

(Naengmyeonyong-Mu-Mulkimchi)

Ergibt etwa 900 Gramm Kimchi/3 Liter Kimchi-Lake

Eisnudelsuppe ist in Korea beliebt und gehört auch zu meinen Leibspeisen. Es gibt eine scharfe Variante ohne viel Brühe (Seite 70) und eine milde, saftige Variante (Seite 68). Am besten gelingt Eisnudelsuppe mit einer Mischung aus Rettich-Kimchi-Lake und Hühner- oder Rinderbrühe.

Dieses Rezept ist dazu gedacht, möglichst viel Lake für die Eisnudelsuppe zu gewinnen. Deshalb wird mehr Wasser als sonst für das Kimchi verwendet. Man braucht ein paar Minuten Küchenarbeit und muss das Kimchi dann ein paar Tage lang gären lassen – und schon hat man die perfekte Lake: leicht sauer, salzig und herb. Gekühlt ist sie ein hervorragender Durstlöscher.

Wer dieses Kimchi als Beilage zu Reis servieren möchte, löffelt einfach kalte Lake mit ein paar Rettichscheiben in Schüsseln; falls die Scheiben zu groß sind, halbiert man sie. Die Rettichscheiben machen sich auch gut als Zutat für die Eisnudelsuppe.

900 g koreanischer Rettich (Mu) oder Daikon, geschält und sehr dünn geschnitten
Grobes Salz
2 süße Äpfel (z. B. Gala, Fuji, Golden Delicious), entkernt und in dünne Scheiben geschnitten
1 Zwiebel, in dünne Ringe geschnitten
1 TL Mehl
5 Knoblauchzehen, fein gehackt
2 grüne koreanische Chilischoten (Cheong-Gochu), fein gehackt
1 rote koreanische Chilischote (Hong-Gochu), fein gehackt
2 Lauchzwiebeln

1. Den Rettich und 3 Esslöffel Salz in eine Schüssel geben und gründlich vermengen. Den gesalzenen Rettich in ein großes Einmachglas geben und gut verschlossen 24 Stunden bei Zimmertemperatur ziehen lassen. Rettich mehrmals umschichten, um das Salz gleichmäßig zu verteilen.

2. In einen großen Kochtopf Äpfel, Zwiebel und 3 Liter Wasser zugeben und zugedeckt 1 Stunde sanft kochen, bis Äpfel und Zwiebel glasig werden und die Brühe süßlich schmeckt.

3. Das Mehl in einer kleinen Schüssel mit 4 Esslöffel Wasser glatt verrühren und in die köchelnde Brühe einrühren. 2 Esslöffel Salz zugeben und einrühren. Die Brühe vom Herd nehmen und abkühlen lassen.

4. Knoblauch und Chilischoten fest in ein Mulltuch einschlagen. Das Säckchen und die Lauchzwiebeln in das Rettichglas geben. Die abgekühlte Brühe durch ein Sieb in das Glas gießen und das Glas dicht verschließen. Etwa 2 Tage gären lassen, bis die Lake schön säuerlich schmeckt.

5. Das Säckchen und die Lauchzwiebeln aus dem Glas nehmen und entsorgen. Das Kimchi bis zur Zubereitung von Eisnudelsuppe kühl stellen. Es hält sich gut verschlossen bis zu 1 Monat.

Eingelegter Rettich

(Mu-Pickle)

Ergibt etwa 900 Gramm

Süßsauer eingelegter Rettich ist die perfekte Beilage für Korean Fried Chicken (Seite 230) oder Koreanische Teigtaschen (Seite 220). In den meisten koreanischen Grillhähnchenrestaurants gibt es Mu-Pickle als Gratis-Beilage, und Lieferdienste legen der Bestellung oft ein Tütchen davon bei.

Dennoch lohnt es sich, Rettich selbst einzulegen, denn dann hat man immer etwas davon vorrätig. Auch wenn der Rettich frisch zubereitet schon wunderbar schmeckt, wartet man lieber noch 24 Stunden ab, bis die schmackhafte Lake die Rettichstückchen durchzogen hat.

Achtung: Der Rettich sollte möglichst fein gewürfelt sein, dann zieht er schneller durch. Außerdem sieht es appetitlicher aus, wenn die Stückchen klein und gleichförmig sind.

130 g Zucker
150 ml Branntweinessig
2 EL grobes Salz
900 g koreanischer Rettich (Mu) oder Daikon, geschält und in sehr kleine Würfel geschnitten

1. Zucker, Branntweinessig und Salz in einer kleinen Schüssel vermengen. Dann 350 Milliliter Wasser zugeben und verrühren, um Salz und Zucker aufzulösen.

2. Den Rettich in ein großes Einmachglas füllen und die Essiglösung angießen. Vor dem Servieren gut verschlossen mindestens 1 Tag kühl stellen. Hält sich im Kühlschrank bis zu 1 Monat.

Saftiges Rettich-Kimchi für Eisnudeln (links); eingelegter Rettich (rechts)

Banchan (Beilagen)

Erst die Beilagen, Banchan genannt, runden ein koreanisches Essen ab. Reis und Kimchi gehören selbstverständlich zu einer Mahlzeit dazu, Suppe oder Eintopf sind üblich – aber die Banchan verleihen der Mahlzeit ihren Charakter.

Die Kategorie Banchan umfasst Dutzende, wenn nicht Hunderte von Gerichten aus Gemüse, Fleisch, Fisch und Meeresfrüchten, Nüssen, Getreide oder Tofu. Manche Banchan werden heiß, andere kalt serviert. Manche sind scharf, andere herrlich mild, manche werden frisch serviert, andere sind fermentiert.

Jedes Banchan hat seine Farbe, seine besonderen Aromen und Texturen. Die meisten dieser Beilagen kann man im Kühlschrank bereithalten, um auf die Schnelle ein reizvolles Essen auf den Tisch zu zaubern.

Bei besonderen Anlässen zeigen koreanische Köchinnen ihr ganzes Können und ihren Geschmack in der kunstvollen Zusammenstellung verschiedenster Banchan-Gerichte. Welche Banchan-Gerichte man zubereitet, hängt von Lust und Laune, der Jahreszeit und den dazu servierten Speisen ab. Im Spätsommer steht einem der Sinn möglicherweise nach dem schlichten Zusammenspiel von Soja, Sesam und Chiliflocken. Dann wäre Gedämpfte Aubergine (Seite 151) das ideale Gericht. Gesundes Protein kommt mit den gekochten Sojasprossen (Seite 150) dazu, während Trockenfisch in scharfer Sauce (Seite 176) herrliche Aromen und Biss ins Spiel bringt.

Die Kunst besteht darin, eine Auswahl an Banchan zu treffen, die eine möglichst große Vielfalt an Farben, Geschmack und Konsistenz bietet. Konkret heißt das: Lieber keine Spinat-Muschel-Suppe mit Sojapaste (Seite 116) zubereiten, wenn man auch Spinat mit Lauchzwiebeln und Sesam (Seite 147) zubereiten möchte. Zu einer Spinat-Muschel-Suppe passt besser etwas Süßes wie zum Beispiel Süße Schwarzbohnen (Seite 163) oder Grüne Chili mit Sojapaste (Seite 142).

Wer findet, dass es zu viel Arbeit macht, an normalen Werktagen eine Mahlzeit mit mehreren Beilagen vorzubereiten, dem kann ich nur sagen: Alles eine Frage der Organisation! Gut vorbereitet lässt sich ein nahrhaftes koreanisches Abendessen recht schnell zubereiten.

Der Trick ist, auf sogenannte Mitbanchan zu setzen, das ist eine Untergruppe von Beilagen, die man in großen Mengen zubereitet und im Kühlschrank bereithält, um Mahlzeiten zu bereichern. Süße Schwarzbohnen (Seite 163), Rohe Krebse pikant mariniert (Seite 174), Gedünstete Lotuswurzel (Seite 155) oder Gedünstete Klettenwurzel (Seite 161), Schmorfleisch in Sojasauce (Seite 168), Trockenfisch in scharfer Sauce (Seite 176), Getrocknete Sardellen und Nüsse (Seite 167): Diese und andere Gerichte halten sich einige Tage im Kühlschrank und können mit Reis, Kimchi, Suppe oder Eintopf und frisch zubereiteten Banchan serviert werden.

Zuletzt noch ein Wort zu den Portionsangaben: Wie viele Portionen die folgenden Rezepte jeweils ergeben, hängt davon ab, wie viele Beilagen die Mahlzeit insgesamt umfasst. Eine größere Auswahl an Beilagen reicht natürlich auch für mehr Esser. Bei der angegebenen Portionenzahl gehe ich davon aus, dass man wahrscheinlich (zumindest vorerst) nur ein oder zwei Banchan pro Mahlzeit zubereitet.

Grüne Chili mit Sojapaste *(Putgochu-Doenjang-Muchim)*

Ergibt 4 Portionen

Immer, wenn meine Großmutter fermentierte Sojapaste zubereitete, gab sie ein Sträußchen grüne Chilis zur Paste in den Steinguttopf und vergrub ihn. Nach ein paar Monaten Fermentation war die Paste fertig und Großmutter servierte die Chilis als Beilage. Sie waren sauer und supersalzig und schmeckten in kleinen Mengen und mit Reis gegessen köstlich. Es war eines meiner Lieblingsgerichte, doch die Originalmethode ist für moderne Köchinnen nicht wirklich praktikabel.

Zu meiner großen Freude habe ich unlängst bei einer Reise nach Los Angeles eine neue Zubereitungsart der Grünen Chilis mit Sojapaste entdeckt. Da hat sich jemand von den traditionellen eingelegten Chilis inspirieren lassen und eine Variante erfunden, die in nur wenigen Minuten zubereitet ist. Sie ist frischer und weit weniger salzig als das Original, das ich kenne, und schmeckt scharf, nussig und wegen des Honigs sogar ein bisschen süß wie Großmutters Chili. Die kalifornische Rezeptur verlangt lange grüne Chilis, die in den USA eher verfügbar sind als koreanische Chilis. Nach ein paar Küchenexperimenten fand ich den Dreh heraus. So geht es!

3 EL fermentierte Sojapaste (Doenjang)
1 Knoblauchzehe, gehackt
1 Lauchzwiebel, gehackt
1 EL Honig
1 TL geröstete Sesamsamen
4–5 lange, grüne Chilischoten oder 10 grüne koreanische Chilischoten (Cheong-Gochu), in ca. 1 cm dicke Ringe geschnitten

1. Sojapaste, Knoblauch, Lauchzwiebel, Honig und Sesam in einer Schüssel gründlich vermengen.
2. Chilis zugeben und gut verrühren. Sofort servieren, damit die Chilis noch knackig und frisch sind.

Lauchzwiebelsalat *(Pajeori)*

Ergibt 2–3 Portionen

Dieser knackige, einfache Salat hat einen Hauch Schärfe. Er passt zu Bulgogi (Seite 233), Schweinebauch vom Tischgrill (Seite 242) oder L. A.-Rippchen (Seite 236).

7 Lauchzwiebeln
2 EL Sojasauce
1 TL Zucker oder Honig
1 EL Branntweinessig
1 EL koreanische Chiliflocken (Gochu-Garu)
1 EL geröstete Sesamsamen

1. Die Lauchzwiebeln erst in 7–10 Zentimeter lange Stücke teilen, dann längs in dünne Streifen schneiden. Lauchzwiebelstreifen in einer Schüssel mit kaltem Wasser 5 Minuten ziehen lassen.

2. Das Wasser durch ein Sieb abgießen und die Lauchzwiebeln im Sieb unter fließendem kalten Wasser kurz abspülen. Dabei mit der Hand durchmischen, um den Lauchzwiebeln etwas von ihrer Schärfe zu nehmen. Gut abtropfen lassen. Die Lauchzwiebelstreifen auf kleine Schüsseln verteilen.

3. Sojasauce, Zucker oder Honig, Essig, Chiliflocken und Sesam in einer Schüssel gründlich vermengen.

4. Kurz vor dem Servieren das Dressing über die Lauchzwiebeln geben und gut unterrühren.

Lauchzwiebeln in Streifen schneiden (oben links); Lauchzwiebeln wässern (oben Mitte); Sauce anrühren (oben rechts); Lauchzwiebelsalat (unten)

Algensalat *(Miyeok-Muchim)*

Ergibt 4–6 Portionen als Beilage/2–3 Portionen als Hauptgericht

Wenn man ein westliches Essen mit einer koreanischen Vorspeise ergänzen möchte, dann ist dieser saftige, süßsaure und zugleich knoblauchscharfe Salat eine besonders gute Wahl. Wer es gern etwas schärfer mag, gibt 1 Esslöffel koreanische Chilipaste (Gochujang) zusätzlich ins Dressing. Übrigens: Im getrockneten Zustand ist die Wasserpflanze Miyeok (jap. wakame) papierartig und schwarz. Weicht man sie in Wasser ein, wird sie dunkelgrün.

2 Handvoll getrocknete Algen (Miyeok), ca. 30 Min. in kaltem Wasser eingeweicht
3 EL Sojasauce
4 EL Branntwein- oder Apfelessig
1 EL Honig oder Zucker
2 Knoblauchzehen, fein gehackt
2 TL geröstete Sesamsamen

1. Reichlich Wasser in einem großen Topf zum Kochen bringen. Die eingeweichten Algen abtropfen lassen, ins kochende Wasser geben und 30 Sekunden blanchieren. Dabei umrühren, damit sie gleichmäßig gar werden. Algen mit einem Schaumlöffel aus dem Topf nehmen. Unter kaltem fließenden Wasser abspülen, abtropfen lassen und überschüssiges Wasser ausdrücken. Algen in mundgerechte Stücke hacken.

2. Sojasauce, Essig, Honig oder Zucker sowie Knoblauch in eine Schüssel geben und gründlich vermengen. Die Algen zugeben und mit einem Löffel gut verrühren.

3. Den Salat zum Servieren in eine Schüssel geben und mit Sesam bestreuen. Zugedeckt hält sich Algensalat im Kühlschrank bis zu 3 Tage.

Scharfer Gurkensalat *(Oi-Muchim)*

Ergibt 4 Portionen

Gurkensalat einmal anders? Dieser Salat ist frisch, knackig und zugleich scharf. Er wird erst kurz vor dem Servieren angerichtet. Falls man ihn im Voraus zubereiten möchte, bewahrt man Gurke und Sauce voneinander getrennt auf und vermengt sie erst in letzter Minute.

Von diesem Gurkensalat sollte man nur so viel zubereiten, wie man tatsächlich isst, denn er schmeckt frisch am allerbesten.

- 1 Salatgurke oder 2–3 Landgurken (ca. 340 g)
- 2 Knoblauchzehen, fein gehackt
- 1 Lauchzwiebel, gehackt
- 1 große Zwiebel, in dünne Ringe geschnitten
- 2 EL Sojasauce
- 2 TL koreanische Chiliflocken (Gochu-Garu)
- 1 TL Zucker
- 2 TL geröstetes Sesamöl
- 2 TL geröstete Sesamsamen

1. Die Gurke längs halbieren, bei den Landgurken zudem die Kerne ausschaben, dann schräg in dünne Scheiben schneiden.

2. Die Gurkenscheiben in eine Schüssel geben. Alle übrigen Zutaten zugeben und mit einem Kochlöffel oder den Händen gründlich vermengen. Den Salat in eine Servierschüssel geben und sofort servieren.

Kalte Gurkensuppe

(Oi-Naengguk)

Ergibt 4 Portionen

Diese eiskalte Suppe besitzt eine dezente Würze und eignet sich hervorragend, um bei drückender Sommerhitze den Appetit anzuregen. Freunde von mir aus Europa finden, dass dies eine koreanische Version der spanischen Gazpacho sei, dabei enthält die Suppe gar keine Tomaten. Außerdem wird diese kalte Suppe nicht wie Gazpacho ohne alles serviert, sondern mit Reis, um die Salzigkeit auszugleichen.

Wie man Kalte Gurkensuppe zubereitet, habe ich in Korea in der Schule gelernt. Meine Hauswirtschaftslehrerin verriet uns den Trick: Man vermengt erst die Gurken mit dem Würzmittel, bevor das Wasser und die Eiswürfel dazukommen. Sind die Eiswürfel nämlich erst mal drin, ist die Suppe viel schwieriger zu verrühren. Am besten eignen sich kernlose Gurken für dieses Rezept. Man kann auch 2 oder 3 Landgurken nehmen, die man längs halbiert, von den Kernen befreit und dann in dünne Stifte schneidet.

- 1 Salatgurke, geschält und in ca. 7 cm lange, dünne Stifte geschnitten
- 1 Knoblauchzehe, fein gehackt
- 1 große Zwiebel, in dünne Ringe geschnitten
- 1 EL grüne (Cheong-Gochu) oder rote (Hong-Gochu) koreanische Chilischote, gehackt, nach Belieben
- 1 Lauchzwiebel, gehackt
- 1 TL Sojasauce
- 1 ½ TL grobes Salz
- 2 TL Zucker
- 4 TL Branntwein- oder Apfelessig
- 2 Handvoll Eiswürfel
- 1 TL geröstete Sesamsamen
- Tomatenscheiben zum Garnieren, nach Belieben

1. Gurke, Knoblauch, Zwiebel, Chili, Lauchzwiebel, Sojasauce, Salz, Zucker und Essig in eine Schüssel geben und mit einem Kochlöffel gründlich vermengen. Eiswürfel und 240 Milliliter Wasser zugeben und gut verrühren.

2. Die Suppe in eine Servierschüssel geben. Den gerösteten Sesam zwischen Daumen und Zeigefinger zerdrücken und auf die Suppe streuen. Nach Belieben mit Tomate garnieren und sofort servieren.

Maangchi and Friends

Lucca: *Auf dem Markt gab es keine roten Chili, da habe ich eine süße rote Paprika genommen, und das ging auch sehr gut. Noch eine Frage: Oi heißt doch Gurke, oder? Ist das auch ein Eigenname?*

Maangchi: *Manchmal nehme ich für Oi-Naengguk auch rote Paprika. Eine thailändische Freundin von mir heißt Oi. Ich necke sie oft damit: »Na, du Gurke, wo warst du denn?«*

Spinat mit Lauchzwiebeln und Sesam

(Sigeumchi-Namul)

Ergibt 4 Portionen

Spinat ist neben Gekochten Sojasprossen (Seite 150) eine der am häufigsten gegessenen koreanischen Banchan. Blanchierter Spinat ist mild, weich, salzig und hat die leichte Schärfe von Knoblauch. Viele meiner Leserinnen und Leser wollen auf dieses Rezept nicht mehr verzichten!

Neulich hatte eine Frau bei einem Mitbring-Essen mit Leserinnen ein Gericht dabei, das mir unbekannt vorkam. Als ich sie fragte, was das sei, antwortete sie, es sei mein Spinat mit Lauchzwiebeln und Sesam – nur mit Grünkohl. Tolle Idee! Wenn man Grünkohl verwendet, muss man ihn fein hacken, weil er zäher ist als Spinat. Ich habe das Rezept auch mit chinesischem Brokkoli und mit Pak Choi ausprobiert. Beides schmeckt wunderbar.

- 450 g Blattspinat mit großen Blättern, geputzt, ohne den süßen, zarten Wurzelansatz zu entfernen
- 2 Lauchzwiebeln, gehackt
- 3 Knoblauchzehen, fein gehackt
- 1 EL Sojasauce
- 2 TL geröstetes Sesamöl
- 1 TL geröstete Sesamsamen

1. Etwa 2 Liter Wasser in einem Topf zum Kochen bringen. Den Spinat hineingeben und 1 Minute blanchieren, dann in ein Sieb abgießen und unter kaltem Wasser abschrecken, um den Garvorgang zu stoppen. Den Spinat gut abtropfen lassen und überschüssiges Wasser mit den Händen ausdrücken. Spinat in etwa 1 Zentimeter große Stücke zerhacken.

2. Lauchzwiebeln, Knoblauch, Sojasauce, Sesamöl und gerösteten Sesam in einer Schüssel mischen. Den Spinat zugeben und mit der Sauce vermengen. Sofort servieren oder zugedeckt im Kühlschrank aufbewahren (hält sich etwa 2 Tage).

Grünkohlpfanne mit Sojapaste

(Keil-Doenjang-Bokkeum)

Ergibt 4 Portionen

Mit Grünkohl habe ich erst gekocht, nachdem ich nach Amerika gekommen bin. Er war so leicht und billig zu bekommen, dass ich dachte: »Grünkohl koreanisch? Müsste gehen.« Als die ersten Experimente glückten, wurde mir klar, dass Grünkohl auch ein sehr guter Ersatz für hierzulande schwer zu beschaffende koreanische Zutaten ist.

Dieses Rezept wird traditionell mit koreanischem Rettichgrün oder mit Chinakohl zubereitet. Aber so oder so – authentisch oder abgewandelt – ist es erdig, mild und gesund. Es schmeckt immer nach koreanischem Landleben.

450 g Grünkohl, geputzt, die harten Stängel und Strünke entfernt
2 EL Pflanzenöl
2 Zwiebeln, in dünne Ringe geschnitten
3 Knoblauchzehen, fein gehackt
4 EL fermentierte Sojapaste (Doenjang)
1 EL Honig
2 Lauchzwiebeln, gehackt

1. Wasser in einem großen Topf zum Kochen bringen. Den Grünkohl hineingeben und 2–3 Minuten blanchieren, bis er zusammenfällt. Grünkohl in ein Sieb abgießen und unter kaltem Wasser abschrecken, um den Garvorgang zu stoppen. Abtropfen lassen und überschüssiges Wasser ausdrücken. Grünkohl in kleine Stücke hacken.

2. Eine große Pfanne erhitzen und das Pflanzenöl hineingeben. Zwiebeln und Knoblauch zugeben und 1 Minute sautieren. Den Grünkohl zugeben und 3 Minuten unter Rühren braten. Sojapaste und Honig zugeben und 3 Minuten unter Rühren weitergaren, bis der Grünkohl mit Sauce bedeckt und erhitzt ist. Die Lauchzwiebeln zugeben und gründlich unterrühren.

3. Auf einen großen Servierteller geben und sofort servieren. Reste halten sich im Kühlschrank 3 Tage.

Grünkohlpfanne mit Sojapaste (oben); Gekochte Sojasprossen (unten, Seite 150)

Gekochte Sojasprossen *(Kongnamul-Muchim)*

Ergibt 4 Portionen

Weil es kinderleicht ist und lecker schmeckt, ist dieses Gericht wahrscheinlich das beliebteste Banchan überhaupt. Es wird in Korea jeden Tag gegessen, kommt aber auch bei besonderen Anlässen auf den Tisch. Vier Portionen bereite ich erst kurz vor dem Servieren zu. Brauche ich aber für eine große Tischgesellschaft eine ganze Schüssel mit Sojasprossen, koche ich die Sprossen im Voraus, stelle sie kühl und mische kurz vor der Party das Dressing darunter.

Sojasprossen sollte man nicht roh verzehren. Sie riechen unangenehm und schmecken nicht besonders. Durch das Kochen werden sie mild und bekommen ein nussiges Aroma. Zudem sind sie gesund und stecken voll Protein. Ich würze sie mit Salz und Sojasauce. (Abbildung Seite 149)

- 450 g Sojasprossen (Kongnamul)
- Grobes Salz
- 2 Knoblauchzehen, fein gehackt
- 1 Lauchzwiebel, gehackt
- 1 TL koreanische Chiliflocken (Gochu-Garu), nach Belieben
- 1 TL Sojasauce
- 2 TL geröstetes Sesamöl
- 2 TL geröstete Sesamsamen

1. Die Sojasprossen in eine große Schüssel geben, mit Wasser bedecken und vorsichtig mit der Hand umrühren. Welke Sprossen und lose Häutchen herauslesen, dann die Sprossen abgießen. Das Waschen und Auslesen mehrmals wiederholen, bis das Wasser klar bleibt.

2. Die Sprossen in einen großen Kochtopf geben. 240 Milliliter Wasser und 1 Teelöffel Salz zugeben und zugedeckt 10 Minuten kochen lassen. Probieren – falls die Sprossen noch nicht gar sind, weitere 2 Minuten garen. Sprossen abgießen und in einer Schüssel so abkühlen lassen, dass man sie anfassen kann, oder die Sprossen zugedeckt über Nacht in den Kühlschrank stellen.

3. Anschließend 1 Teelöffel Salz, Knoblauch, Lauchzwiebel, Chiliflocken, Sojasauce, Sesamöl und gerösteten Sesam in die Schüssel geben und mit den Händen unterheben. Die Sprossen in eine flache Schüssel geben und servieren. Übrig gebliebene Sprossen halten sich im Kühlschrank luftdicht verpackt bis zu 2 Tage.

Gedämpfte Aubergine *(Gaji-Namul)*

Ergibt 4 Portionen

Gedämpfte Auberginen koche ich schon so lange, dass ich nicht mehr weiß, woher ich das Rezept habe. Die Auberginen schmecken süß, salzig, ein wenig scharf und sind herrlich weich und fleischig. In Korea werden sie gern und viel gegessen. Meine Version ist recht traditionell, nur die Knoblauchmenge habe ich erhöht. Als Kind hörte ich nämlich, wie meine Großmutter meinen Tanten den Tipp gab, dass Auberginen ordentlich Knoblauch vertragen. Das habe ich beherzigt.

Koreanische Auberginen sind dünner als westliche und haben statt des dunklen Violetts einen Lavendelton. Man kann für dieses Rezept ohne Weiteres die hierzulande gängigen Auberginen verwenden, muss diese aber schälen, da ihre Schale zäher ist als die der asiatischen Sorten.

2–3 koreanische oder andere Auberginen, gewaschen, längs halbiert und in ca. 6 cm lange Stücke geschnitten
1 TL Fischsauce oder koreanische Suppen-Sojasauce, am besten hausgemacht (Seite 274)
1 EL Sojasauce
3 Knoblauchzehen, fein gehackt
2 Lauchzwiebeln, gehackt
1 TL koreanische Chiliflocken (Gochu-Garu)
2 TL geröstetes Sesamöl
2 TL geröstete Sesamsamen

1. 500 Milliliter Wasser in einen Topf geben. Einen Dämpfeinsatz oder Dämpfkorb in den Topf setzen und das Wasser zum Kochen bringen. Die Auberginen hineingeben und zugedeckt 5 Minuten dämpfen, bis sie weich sind. Topf vom Herd nehmen, Deckel abnehmen und die Auberginen abkühlen lassen.

2. Sobald die Auberginen kühl genug sind, um sie anzufassen, die einzelnen Stücke mit der Hand längs in schmale Streifen reißen. Auberginenstreifen in eine große Schüssel geben. Mit den restlichen Zutaten gründlich vermengen. Auf einen Servierteller geben und servieren.

Gedünstete Süßkartoffelstängel

(Mallin-Gogumajulgi-Bokkeum)

Ergibt 4 Portionen

Da Süßkartoffeln in Korea im Herbst geerntet werden, bekommt man zu dieser Zeit die frischesten Süßkartoffelstängel. Diese Stängel sind lang, schmal und grün und äußerst saftig und süß. In Korea werden sie zu Suppen, Eintöpfen, Beilagen und sogar zu Kimchi verarbeitet. Ein Teil davon wird auch getrocknet, sodass die Stängel wie harte Schnüre aussehen.

Wie man getrocknete Süßkartoffelstängel zubereitet, habe ich von einer koreanischen Freundin gelernt, die es wiederum von ihrer Schwiegermutter auf dem Land gezeigt bekam. Die Stängel müssen in jedem Fall gründlich eingeweicht werden. Das braucht Zeit. Man sollte damit schon am Vortag beginnen. Erstaunlich ist, wie saftig die Stängel nach dem Einweichen sind. Schweinebauch und Perillasamen verleihen den eingeweichten Stängeln ein intensives Aroma.

- 30 g getrocknete Süßkartoffelstängel (Mallin-Goguma-Julgi)
- 4 EL Perillapulver (Deulkkae-Garu; Seite 32)
- 1 EL Pflanzenöl
- 110 g Schweinebauch, in kleine Würfel geschnitten
- 2 Knoblauchzehen, fein gehackt
- 1 EL Fischsauce oder koreanische Suppen-Sojasauce, am besten hausgemacht (Seite 274)
- 3 Lauchzwiebeln, gehackt
- 1 TL geröstetes Sesamöl

1. Am Vortag die Süßkartoffelstängel mit 2,4 Liter Wasser in einen großen Topf geben und 30 Minuten garen. Den Topf vom Herd nehmen und die Stängel zugedeckt 3 Stunden ziehen lassen.

2. Die Stängel abseihen und gründlich unter fließendem kalten Wasser abspülen. In eine große Schüssel geben, mit kaltem Wasser bedecken und über Nacht bei Zimmertemperatur ziehen lassen.

3. Am nächsten Tag die Stängel probieren: Sie sollten weich sein wie gekochter Spinat. Falls sie noch zu zäh sind, weitere 30 Minuten in frischem Wasser kochen und zugedeckt ziehen lassen, bis sie weich sind. Dann die Stängel abgießen, kurz abkühlen lassen und in 5 Zentimeter lange Stücke schneiden.

5. Das Perillapulver in eine kleine Schüssel geben und 350 Milliliter Wasser einrühren.

6. Einen Topf erhitzen. Pflanzenöl, Schweinebauch und Knoblauch zugeben und 3 Minuten mit einem Kochlöffel rühren, bis das Fleisch nicht mehr rosa ist. Die gegarten Süßkartoffelstängel und die Fischsauce oder Suppen-Sojasauce zugeben. Ein feines Sieb auf den Topf legen und die Perilla-Mischung hindurchsieben. Dabei die zurückgebliebenen groben Schalen entsorgen.

7. Einmal kräftig durchrühren, dann die Stängel 25–30 Minuten köcheln lassen, bis sie ganz zart sind. (Falls sie immer noch zäh sind, etwas Wasser zugeben und weiterkochen, bis sie zart werden.)

8. Lauchzwiebeln und Sesamöl einrühren. Die Stängel mitsamt der milchigen Brühe in eine flache Schüssel geben und servieren.

Die Süßkartoffelstängel werden gekocht (oben links); gekochte Süßkartoffelstängel, Lauchzwiebel, Knoblauch und Schweinebauch (oben rechts); Gedünstete Süßkartoffelstängel (unten)

Gedämpfte Shishitoschoten *(Kkwarigochu-Jjim)*

Ergibt 4 Portionen

Shishitoschoten sind klein und hellgün, zart und süß. In Korea verwenden wir sie im Ganzen. Bedeckt man sie vor dem Dämpfen mit etwas Mehl, bekommen sie zusätzlich Biss. Zum Schluss werden sie noch in Sardellenbrühe geschwenkt, damit sie richtig lecker schmecken. Mit Reis und Suppe serviert ergeben die Schoten eine komplette Mahlzeit. Übrig gebliebene Shishitos nimmt man in Korea gern in der Lunchbox mit zur Arbeit oder genießt sie zu einem kühlen Bier.

230 g Shishitoschoten (Kkwari-Gochu), ohne Stängel
2 EL Mehl
1 TL Pflanzenöl
2 Knoblauchzehen, fein gehackt
2 Zwiebeln, in dünne Ringe geschnitten
5 große getrocknete Sardellen (Mareun-Myeolchi), ohne Kopf und entdarmt
1 EL koreanische Chiliflocken (Gochu-Garu)
2 EL Sojasauce, plus 1 TL mehr
1 TL geröstetes Sesamöl
1 TL geröstete Sesamsamen

1. Die Shishito abspülen und abtropfen lassen. In eine Schüssel geben und in dem Mehl wenden.

2. 250 Milliliter Wasser in einen Topf geben. Einen Dämpfkorb oder Dämpfeinsatz in den Topf setzen und das Wasser zum Kochen bringen. Die Schoten hineingeben und zugedeckt 5 Minuten dämpfen. Den Topf vom Herd nehmen und den Deckel entfernen.

3. Eine große Pfanne erhitzen. Pflanzenöl, Knoblauch, Zwiebeln und Sardellen zugeben und 1 Minute unter Rühren anbraten. Chiliflocken, 2 Esslöffel Sojasauce und 4 Esslöffel Wasser zugeben. Die Hitze reduzieren und einige Minuten unter Rühren köcheln lassen.

4. Die Schoten hineingeben und etwa 2 Minuten einrühren, bis sie glänzend und zart sind. Dann die Pfanne vom Herd nehmen und das Sesamöl und 1 Teelöffel Sojasauce einrühren. Die Schoten in eine Schüssel geben und mit Sesam bestreut servieren.

Shishitoschoten (links); gedämpfte Shishitoschoten in der Pfanne (rechts)

Gedünstete Lotuswurzel (Yeon-Geun-Jorim)

Ergibt 4–6 Portionen

Die filigranen, weißen Wurzeln sind ein Hingucker auf jedem Büffet. Koreaner lieben ihre knackige Konsistenz, die zwischen Rettich und roher Kartoffel liegt. In Sojasauce und Reissirup gedünstet, werden die Scheiben glänzend, klebrig, salzig und süß. Lotuswurzel ist ein beliebtes Extra für die koreanische Lunchbox. Bleibt etwas übrig, bewahrt man es am besten im Kühlschrank auf. So hat man mit Reis und anderen Banchan schnell eine gute Mahlzeit beisammen.

- 450 g Lotuswurzel (Yeon-Geun), geschält, in dünne Scheiben geschnitten und Minuten in kaltem Wasser eingeweicht
- 1 TL Branntweinessig
- 1 EL Pflanzenöl
- 4 EL Sojasauce
- 3 Knoblauchzehen, fein gehackt
- 180 ml brauner Reissirup (Ssal-Yeot)
- 1 EL geröstetes Sesamöl
- 1 TL geröstete Sesamsamen

1. 1 Liter Wasser in einem Topf zum Kochen bringen. Lotuswurzel und Essig zugeben und 5 Minuten ohne Deckel kochen lassen. Lotuswurzel in ein Sieb abgießen und unter kaltem Wasser abschrecken, um den Garprozess zu stoppen. Abtropfen lassen.

2. Das Öl in einem Topf erhitzen. Die Lotusscheiben hineingeben und einige Minuten sautieren, bis sie glasig werden. Sojasauce, Knoblauch und 500 Milliliter Wasser zugeben. Zugedeckt 40 Minuten kochen.

3. Den Deckel abnehmen. Den Reissirup einrühren und zugedeckt weitere 20 Minuten dünsten, bis die Lotuswurzel zart ist, dabei nach Bedarf etwas Wasser zugeben. Den Deckel abnehmen und die Lotuswurzeln unter gelegentlichem Rühren 7–10 Minuten weitergaren, bis das Wasser fast verdampft ist.

4. Den Topf vom Herd nehmen und das Sesamöl einrühren. In eine Schüssel geben und mit Sesam bestreut servieren. Reste halten sich luftdicht verpackt bis zu 1 Woche im Kühlschrank.

Geschälte und in Scheiben geschnittene Lotuswurzel (links); gedünstete Lotuswurzel (rechts)

Farnspitzen mit Knoblauch und Sojasauce

(Gosari-Namul)

Ergibt 4 Portionen

Im koreanischen Gebirge werden im Frühling Farnspitzen gesammelt. Meine Großmutter ging jedes Jahr mit ihren Freundinnen zum Sammeln. Sie trockneten die zarten, noch nicht ausgerollten Blätter sorgfältig in der Sonne. Heute kauft man Farnspitzen im Supermarkt – entweder getrocknet, bereits eingeweicht oder frisch. Auch ich kaufe sie im Supermarkt. Frisch ernten sollte man Farne sowieso nicht, wenn man sich nicht auskennt, denn die meisten Arten sind hochgiftig, und die wenigen genießbaren Farne kann man nur schwer von den giftigen unterscheiden. Am liebsten kaufe ich getrocknete Farnspitzen, da man vakuumverpackte, eingeweichte Farnspitzen innerhalb weniger Tage verbrauchen muss, wenn die Packung mal geöffnet ist.

Dieses Rezept ist eines meiner Lieblings-Gemüsegerichte. Es ist so reichhaltig, dass es in Korea manchmal als »Bergfleisch« bezeichnet wird. Die Farnspitzen schmecken leicht salzig und süß und haben eine fleischige Konsistenz. Farnspitzen müssen lange eingeweicht werden. Damit beginnt man am besten einen Tag vor der geplanten Mahlzeit.

1 EL Pflanzenöl
1 Zwiebel, in dünne Ringe geschnitten
2 Knoblauchzehen, fein gehackt
30 g getrocknete Farnspitzen (Gosari), eingeweicht und zerteilt (siehe unten)
2 EL Sojasauce
2 TL hellbrauner Zucker oder flüssiger Honig
1 TL geröstetes Sesamöl
1 TL geröstete Sesamsamen

1. Eine große Pfanne erhitzen. Öl, Zwiebel und Knoblauch hineingeben und unter Rühren 30 Minuten anbraten, bis der Knoblauch anfängt zu duften. Die eingeweichten Farnspitzen zugeben und 5 Minuten garen. Die Hitze reduzieren, Sojasauce, Zucker oder Honig zugeben und weitere 5 Minuten sanft köcheln lassen, bis die Farnspitzen zart sind.

2. Die Pfanne vom Herd nehmen, Sesamöl und Sesam einrühren. Farnspitzen auf einen Servierteller geben und servieren.

Getrocknete Farnspitzen einweichen: Die Farnspitzen mit reichlich Wasser in einen großen Topf geben und 30 Minuten kochen. Zugedeckt 2–3 Stunden abkühlen lassen. Danach gut abtropfen lassen und in eine Schüssel geben. Mit frischem kalten Wasser bedecken und mindestens 8 Stunden oder über Nacht an einem kühlen Ort ziehen lassen. Dabei das Wasser mehrmals wechseln. Anschließend die Farnspitzen probieren. Falls sie noch zäh sind, erneut in frischem Wasser 30 Minuten garen und dann zugedeckt ziehen lassen, bis sie zart sind. Abtropfen lassen und in mundgerechte Stücke zerteilen.

Getrocknete Farnspitzen kochen (oben); Farnspitzen mit Knoblauch und Sojasauce (unten)

Blattgemüse-Reisröllchen mit Apfelsauce

(Sagwa-Ssamjang-Ssam)

Ergibt 2–3 Portionen

Knackiger Salat, frische Kräuter, fluffiger Reis und eine (von mir erfundene) herzhaft-süße Apfelsauce – das sind die Bausteine für ein Gericht, dass auf traditionelle Ssam-Art gegessen wird: Man löffelt etwas Reis und Sauce auf Salatblätter, wickelt alles zu einem Happen zusammen und schiebt es sich als leckeren Happen in den Mund.

Ssamjang ist eine traditionelle koreanische Dipsauce aus fermentierter Sojapaste, koreanischer Chilipaste und Zucker. Auf meine Version kam ich, als auf dem Markt am Union Square in New York Apfelsaison war. Ich nahm einen Apfel der Sorte »Royal Gala« als natürliches Süßungsmittel für dieses Rezept mit. Der Apfel sorgte für einen knackigen Biss, den traditionelle Ssamjang-Sauce nicht hat. Wichtig ist es, den Apfel in kleine Würfel zu schneiden. Das Gericht sollte zudem schnell gegessen werden, da die Sauce gerinnt, wenn sie zu lange steht.

4 EL fermentierte Sojapaste (Doenjang)
1 EL koreanische rote Chilipaste (Gochujang)
1 kleiner süßer Apfel (z. B. Gala, Fuji, Golden Delicious), geschält, entkernt und in feine Würfel geschnitten
2 Knoblauchzehen, fein gehackt
2 Lauchzwiebeln, gehackt
1 EL geröstetes Sesamöl
1 TL geröstete Sesamsamen
2 Handvoll Blattsalat (grün oder rot), Chicoree- oder Perillablätter (Kkaennip
Speisechrysantheme (Ssuk-Gat) und frischer Koriander, zum Anrichten
4 Portionen Fluffiger weißer Reis (Seite 46)

1. Für die Apfelsauce Soja- und Chilipaste, Apfel, Knoblauch, Lauchzwiebeln und Sesamöl in einer Schüssel gründlich vermengen. In eine Servierschüssel geben und mit Sesam bestreuen.

2. Salatblätter, Speisechrysantheme und Koriander auf einem Servierteller oder einem Körbchen dekorativ anrichten.

Und so isst man Sagwa-Ssamjang-Ssam: Nachdem alles angerichtet ist, zeigt man den Gästen zuerst, wie man das Gericht isst. Man legt sich dazu ein Salatblatt auf die Handfläche, gibt etwas Speisechrysantheme und Koriander sowie Reis darauf und löffelt etwas von dem Apfel-Ssamjang darüber. Dann wickelt man das Salatblatt um den Reis und die Sauce – und genießt den Happen.

Speisechrysanthemen (oben links); Apfelsauce anrühren (oben rechts); fertige Apfelsauce (Mitte links); Es ist angerichtet (Mitte rechts); Blattgemüse-Reisröllchen mit Apfelsauce (unten)

Sautierte Ballonblumenwurzel *(Doraji-Namul-Bokkeum)*

Ergibt 4 Portionen

Ballonblumen wachsen wild auf den Bergen und Feldern Koreas. Heute werden sie auch angebaut. Von ihren Wurzeln, die ein wenig wie Ginsengwurzeln (Seite 27) aussehen und ähnlich bitter schmecken, macht die koreanische Küche ausgiebig Gebrauch. In Scheiben geschnitten und getrocknet werden sie auch als Arznei genutzt, indem man sie aufbrüht und mit Honig trinkt.

Die große Menge an Salz, die in diesem Rezept eingesetzt wird, soll die natürliche Bitterkeit der Ballonblumenwurzel mindern, ebenso wie der Reissirup.

110 g getrocknete Ballonblumenwurzel (Doraji)
Grobes Salz
2 EL Pflanzenöl
1 Zwiebel, in dünne Ringe geschnitten
4 Knoblauchzehen, fein gehackt
1 EL brauner Reissirup (Ssal-Yeot)
2 TL geröstetes Sesamöl
1 TL geröstete Sesamsamen
Chilifäden (Silgochu), nach Belieben

1. Ballonblumenwurzel in einer großen Schüssel mit 3 Liter Wasser 7–8 Stunden einweichen.

2. Die eingeweichte Wurzel abtropfen lassen und in eine Schüssel geben. 2 Esslöffel Salz zugeben und mit den Händen etwa 3 Minuten kräftig vermengen. In ein Sieb geben und überschüssiges Salz unter kaltem Wasser abspülen. Gut abtropfen lassen. (Dadurch wird die Bitterkeit der Wurzel reduziert.)

3. Das Öl in einer großen Pfanne erhitzen. Die Ballonblumenwurzel zugeben und 5 Minuten unter Rühren anbraten. Zwiebel, Knoblauch und 2 Teelöffel Salz zugeben, die Hitze reduzieren und unter Rühren weitere 7 Minuten sanft braten.

4. Die Pfanne vom Herd nehmen, Reissirup und Sesamöl einrühren und alles gut vermengen. Auf einen Servierteller geben, mit Sesam bestreuen und nach Belieben mit Chilifäden garnieren. Warm oder kalt servieren. Reste halten sich luftdicht verschlossen im Kühlschrank bis zu einer Woche.

Maangchi and Friends

Cutemom: *Ich habe frische Ballonblumenwurzel vor dem Würzen mit Salz eingerieben und gründlich abgespült. Es war ausgesprochen lecker, und meine Mom dachte, es wäre junge Ginsengwurzel. Wir haben alles an einem Tag aufgegessen.*

Maangchi: *Ja, schmeckt wie Ginseng! Deine Mom hat völlig recht!*

Gedünstete Klettenwurzel *(Ueong-Jorim)*

Ergibt 4 Portionen

Lust auf leicht süßliche Kräuteraromen? Dann wird die gedünstete Klettenwurzel schmecken. Sieht man die Klettenwurzel zum allerersten Mal, wundert man sich über ihre seltsame Form: Die Wurzel sieht aus wie ein langer, grauer Ast – und nicht wie etwas Essbares. Voll ausgewachsen kann sie über 60 Zentimeter lang werden. Man findet sie in asiatischen Lebensmittelläden, entweder am Stück oder zerkleinert und verpackt.

Gedünstete Klettenwurzel kann man als Beilage servieren oder als Füllung für Reisröllchen (Seite 54) verwenden. In Korea wird dieses Mitbanchan-Gericht gern in großer Menge zubereitet, damit es immer vorrätig ist.

450 g Klettenwurzel (Ueong-Ppuri)
1 TL Branntwein- oder Apfelessig
1 EL Pflanzenöl
2 Knoblauchzehen, fein gehackt
3 EL Sojasauce
1 EL hellbrauner Zucker
5 EL brauner Reissirup (Ssal-Yeot)
1 TL geröstetes Sesamöl
1 TL geröstete Sesamsamen

1. Die Klettenwurzel mit einem Sparschäler oder einem scharfkantigen Löffel schälen. Die Wurzel erst in etwa 5 Zentimeter große Stücke schneiden, dann in streichholzgroße Stifte.

2. In einem mittelgroßen Topf 1,2 Liter Wasser zum Kochen bringen. Klettenwurzel und Essig zugeben und zugedeckt 10 Minuten kochen lassen. Die Wurzel abseihen und unter kaltem Wasser abspülen, bis das Wasser klar ist. Abtropfen und auskühlen lassen.

3. Einen Topf erhitzen. Das Öl hineingeben, dann die Wurzel zugeben und 5 Minuten unter Rühren anbraten, bis die Wurzel schön zart ist. Knoblauch, Sojasauce, Zucker und 240 Milliliter Wasser zugeben. Die Hitze reduzieren und zugedeckt 30 Minuten sanft köcheln lassen.

4. Den Deckel abnehmen und gut durchrühren. Die Hitze etwas erhöhen, den Reissirup zugeben und die Sauce unter gelegentlichem Rühren 10–12 Minuten eindicken, bis die Wurzel dunkelbraun glänzt.

5. Den Topf vom Herd nehmen und das Sesamöl einrühren. Klettenwurzel auf einen Servierteller geben, mit Sesam bestreuen und servieren. Die Reste halten sich luftdicht verschlossen im Kühlschrank etwa 1 Woche und werden kalt serviert.

Dicke Suppe mit Sojapaste *(Gang-Doenjang)*

Ergibt 4 Portionen

Gang-Doenjang wird traditionell im Steintopf auf den Tisch gestellt. Der Eintopf ist mit Kartoffeln eingedickt und mit Zwiebeln ein bisschen gesüßt und schmeckt salzig, erdig und deftig. Ich serviere ihn am liebsten auf typisch koreanische Art – mit gedämpftem Kohl (siehe unten). man schlägt dann etwas Reis und Eintopf in ein Kohlblatt ein und genießt dann den ganzen Happen!

1 TL Pflanzenöl
2 Knoblauchzehen, fein gehackt
90 g mageres Rinderhack
2 Zwiebeln, fein gehackt
1 mittelgroße Kartoffel, geschält und in feine Würfel geschnitten
1 grüne koreanische Chilischote (Cheong-Gochu), fein gehackt
4 EL fermentierte Sojapaste (Doenjang)
4 Portionen Fluffiger weißer Reis (Seite 46)
2–4 Portionen Gedämpfter Weißkohl (Rezept unten)

1. Einen mittelgroßen Kochtopf erhitzen. Öl, Knoblauch und Hackfleisch hineingeben und unter Rühren einige Minuten anbraten, bis das Fleisch nicht mehr rosa ist.

2. Zwiebeln, Kartoffel und Chilischote zugeben und unter Rühren 10 Minuten garen, bis das Gemüse zart wird. Sojapaste und 8 Esslöffel Wasser zugeben und mit einem Kochlöffel einrühren. Die Hitze reduzieren und weitere 10 Minuten sanft köcheln lassen. Das Gemüse sollte durchgegart, aber nicht matschig sein. Gründlich umrühren.

3. Etwas Reis auf ein Kohlblatt geben, mit dem Eintopf krönen, das Blatt einschlagen – und genießen.

Gedämpfter Weißkohl *(Yangbaechu-Jjim)*

2–4 Portionen

Und so bereitet man die Kohlblätter zu, die man zum Einwickeln von Reis und dicker Suppe mit Sojapaste (Rezept oben) oder für Dip aus Sojapaste (Seite 282) verwenden möchte.

1 mittelgroßer Weißkohlkopf (ca. 450 g)

1. Die zähen äußeren Kohlblätter entfernen. Den Kohl durch den Strunk halbieren und bei beiden Hälften den Strunk herausschneiden.

2. Einen Dämpfkorb oder Dämpfeinsatz in einen großen Topf geben und 700 Milliliter Wasser zugeben. Den Kohl unter fließendem kalten Wasser abspülen. Mit der Schnittfläche nach unten in den Dämpfkorb legen und zugedeckt 20 Minuten dämpfen. Die Hitze reduzieren und weitere 10 Minuten dämpfen. Kohl aus dem Dämpfkorb nehmen und auskühlen lassen. Sofort servieren oder bis zu 3 Tage kühl stellen.

Süße Schwarzbohnen *(Geomeunkong-Jorim)*

Ergibt 12 Portionen

Schwarzbohnen sind voller Nährstoffe und Protein, machen aber auf dem Teller optisch nicht viel her. Diese Bohnen dagegen sehen aus wie schwarzglänzende Juwelen. Ich esse sie löffelweise, weil ich zu ungeduldig bin, um sie mit den Essstäbchen aufzupicken.

Da sich die Bohnen gut im Kühlschrank halten, ist es sinnvoll, gleich eine größere Menge zu kochen. Frisch zubereitet kann man sie zu Reis essen – und die Reste kommen dann im Lauf der Woche kalt auf den Tisch – oder in die Lunchbox.

- 230 g getrocknete koreanische Schwarzbohnen (Geomeun-Kong) oder gelbe Sojabohnen
- 4 EL Sojasauce
- 4 Knoblauchzehen, fein gehackt
- 3 EL hellbrauner Zucker
- 4 EL brauner Reissirup (Ssal-Yeot)
- Geröstete Sesamsamen, zum Garnieren

1. Die Bohnen in einer großen Schüssel mit 1,2 Liter Wasser bedecken und 8 Stunden einweichen.

2. Bohnen in ein Sieb abtropfen lassen, unter fließendem kalten Wasser abspülen und erneut abtropfen lassen. Die Bohnen in eine große Pfanne geben, die Sojasauce und 460 Milliliter Wasser zugeben und zugedeckt 30 Minuten kochen. Wenn das Wasser aufschäumt und überkocht: den Deckel abnehmen und gelegentlich umrühren.

3. Knoblauch, Zucker und Reissirup zugeben und gut verrühren. Hitze reduzieren und zugedeckt 30 Minuten sanft köcheln lassen.

4. Den Deckel abnehmen und die Bohnen mit einem Kochlöffel umrühren. Die Hitze erhöhen und die Bohnen unter Rühren etwa 3 Minuten garen, bis sie glänzend, klebrig und ein bisschen runzelig werden. Topf vom Herd nehmen und die Bohnen in eine Servierschüssel geben. Mit geröstetem Sesam bestreuen. Übrig gebliebene Bohnen halten sich luftdicht verschlossen im Kühlschrank bis zu 2 Wochen.

Dicke Suppe mit Sojapaste (links); Süße Schwarzbohnen (rechts)

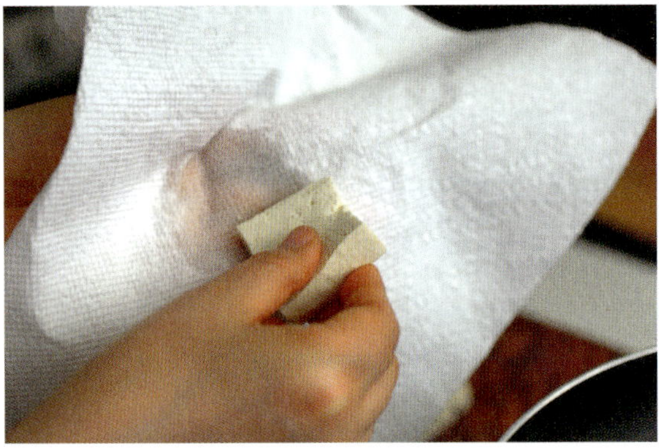

Gebratener Tofu mit scharfer Sauce

(Dububuchim-Yangnyeomjang)

Ergibt 4 Portionen

Diese Beilage kommt in Korea häufig auf den Tisch oder in die Lunchbox. Die Würzsauce, eine Mischung aus Sojasauce, Sesamöl, Lauchzwiebeln, Knoblauch, Zucker und Chiliflocken, wird mit Sesam verfeinert und ist vielseitig verwendbar: Ich benutze sie für Bibimbap (Seite 58), Fischgerichte und vieles mehr. Für dieses Gericht braucht man mittelfesten Tofu. Fester Tofu ist zu trocken, und weicher Tofu zerfällt in der Pfanne.

Für die Sauce
2 EL Sojasauce
2 Lauchzwiebeln, gehackt
1 Knoblauchzehe, fein gehackt
½ TL Zucker
1 TL koreanische Chiliflocken (Gochu-Garu)
1 TL geröstetes Sesamöl
1 TL geröstete Sesamsamen, plus etwas mehr zum Garnieren

Für den Tofu
400 g mittelfester Tofu
2 EL Pflanzenöl

1. Sauce: Sojasauce, Lauchzwiebeln, Knoblauch, Zucker, Chiliflocken und Sesamöl in einer Schüssel vermengen.

2. Tofu: Tofu unter fließendem kalten Wasser abspülen und mit Küchenpapier trocken tupfen. Tofu längs halbieren, dann jede Hälfte quer in 10 Stücke teilen, sodass insgesamt 20 dünne Scheiben entstehen.

3. Eine große Pfanne erhitzen. 1 Esslöffel Öl hineingeben und durch Schwenken in der Pfanne verteilen. Tofu zugeben und 6–7 Minuten anbraten, bis er von unten goldbraun und knusprig ist. Den Tofu mit einem Pfannenwender wenden, dann die restlichen 1 Esslöffel Öl in die Pfanne tropfen lassen und durch Schwenken verteilen. Weitere 6–7 Minuten braten, bis auch die andere Seite goldbraun und knusprig ist.

4. Den gebratenen Tofu auf einen Servierteller geben. Die Würzsauce darauf verteilen, mit geröstetem Sesam garnieren und servieren.

Maangchi and Friends
Yire: *Gibt es irgendein Tofugericht, das nicht gebraten wird?*
Maangchi: *Manchmal blanchiere ich mittelfesten Tofu, schneide ihn in Würfel oder Scheiben und wickle ihn dann in Chinakohl-Kimchi ein (Seite 124). Wie du weißt, hat Tofu selbst so gut wie keinen Eigengeschmack. Deshalb isst man ihn immer mit Sauce oder Kimchi.*

Tofu abtupfen (oben links); Tofu braten (oben rechts); Gebratener Tofu mit scharfer Sauce (unten)

Im Tontopf gedünstetes Rührei

(Ttukbaegi-Gyeran-Jjim)

Ergibt 2–4 Portionen

Es ist ein Erlebnis, wenn in einem koreanischen Restaurant Rührei in einem heißen, dampfenden Steintopf serviert wird. Der Topf kommt brutzelnd auf den Tisch und zieht alle Aufmerksamkeit auf sich. Das Rührei schmeckt luftig, salzig und erhält eine dezente Süße von den Lauchzwiebeln und einen vollen Geschmack von der unwiderstehlich herzhaften Brühe.

Vielen ist gar nicht klar, wie einfach man dieses Gericht zu Hause zubereiten kann. Hat man alle Zutaten vorrätig, dauert die Zubereitung des gedünsteten Rühreis gerade mal 10 Minuten. Für den Fond kann man Hühner- oder Sardellenbrühe nehmen. Falls kein Steinguttopf zur Hand ist, tut es auch ein schwerer Edelstahltopf. Zum Rührei serviert man Reis.

- 3 große Eier, plus 1 großes Eigelb
- 1 TL Fischsauce oder grobes Salz
- 1 Lauchzwiebel, gehackt
- 350 ml salzarme Hühnerbrühe oder Sardellen-Algen-Brühe (Seite 96)
- 1 TL geröstetes Sesamöl

1. Eier und Eigelb mit Fischsauce und Lauchzwiebel in einer Schüssel verquirlen.
2. Die Hühnerbrühe in einen ofenfesten Steinguttopf oder einen Edelstahltopf gießen und zum Kochen bringen. Die Hitze reduzieren und die Eimischung langsam in die Brühe gießen, dabei mit einer Gabel einrühren. Zugedeckt 5–6 Minuten köcheln lassen, bis das Ei gar ist.
3. Das Sesamöl auf das Rührei träufeln. Sofort im Steinguttopf servieren oder in eine Schüssel geben und servieren.

Getrocknete Sardellen und Nüsse

(Janmyeolchi-Ttangkong-Bokkeum)

Ergibt 8–12 Portionen

Aus großen Sardellen bereitet man in Korea köstliche Brühen zu, aus den kleinen Sardellen Snacks und Beilagen. Für diese Beilage röstet man kleine Sardellen in der Pfanne knusprig und reicht sie dann zusammen mit Erdnüssen, Reissirup und Sesamöl als süchtig machende Knabberei. Ich bereite davon immer gleich größere Mengen zu, da sich das herrliche Knabberzeug bis zu 1 Monat im Kühlschrank hält, und ich es gern als Zugabe zu einer Mahlzeit vorrätig habe.

Man kann für dieses Rezept fast jede Art von Nüssen, Kernen oder Mandeln verwenden: Erdnüsse, Walnüsse, Pinienkerne, Mandeln oder Pecannüsse sind alle lecker. Wer keine Nüsse mag, lässt sie einfach weg und hat immer noch einen schmackhaften Snack.

- 110 g kleine getrocknete Sardellen (Mareun-Myeolchi), ohne Kopf und entdarmt
- 4 EL geröstete Erdnüsse (mit oder ohne Salz)
- 2 TL Pflanzenöl
- 1 Knoblauchzehe, fein gehackt
- 1 grüne koreanische Chilischote (Cheong-Gochu), fein gehackt, nach Belieben
- 1–2 EL brauner Reissirup (Ssal-Yeot), Honig oder hellbrauner Zucker
- 1 TL geröstetes Sesamöl
- 1 EL geröstete Sesamsamen

1. Sardellen in einer großen Pfanne 3–4 Minuten rösten, bis sie knusprig und leicht gebräunt sind, dabei mit einem Kochlöffel umrühren. In eine Schüssel geben.

2. Die Erdnüsse in die Pfanne geben und 1 Minute unter Rühren anrösten. Öl, Knoblauch und (nach Belieben) Chilischote zugeben und 1 Minute weiterbraten.

3. Die Pfanne vom Herd nehmen und Reissirup, Sesamöl, Sesam und die gebratenen Sardellen einrühren und von der Restwärme der Pfanne erhitzen lassen.

4. In eine Servierschüssel oder auf einen Teller geben und warm oder zimmerwarm servieren. Reste halten sich luftdicht verschlossen im Kühlschrank bis zu 1 Monat und werden kalt gegessen.

Schmorfleisch in Sojasauce *(Jangjorim)*

Ergibt 8–12 Portionen

Rindfleisch war zu meinen Kinderzeiten unerschwinglich teuer, und Schmorfleisch in Sojasauce war etwas Besonderes. Das ist es für mich immer noch. Das Gericht wird in kleinen Portionen serviert. Um Zeit zu sparen, kocht man die Eier einfach ungepellt zusammen mit dem Fleisch.

Für dieses traditionelle Rindfleischgericht mit Sojasauce, hartgekochten Eiern, Chilischoten und reichlich Knoblauch braucht man mageres Rindfleisch, damit der Sud nicht fettig wird. Flanksteak (auch Bavette genannt) ist schön mager und lässt sich nach dem Garen entlang der Faser zerpflücken. Übrig gebliebenen Sud sollte man nicht wegschütten! Man kann ihn mit warmem Reis mischen – und hat so im Handumdrehen ein schnelles Bibimbap (Seite 58) gezaubert.

Jangjorim ist ein Beispiel für Mitbanchan – Beilagen, die man in Korea in größeren Mengen auf Vorrat zubereitet, damit man sie immer zur Hand hat, wenn es mal Überraschungsgäste gibt.

230 g Flanksteak (Bavette), entlang der Faser in Streifen geschnitten
200 ml Sojasauce
1 Stück (ca. 10 × 15 cm) getrockneter Seetang (Dashima), nach Belieben
20 Knoblauchzehen, geschält
3 große Eier, gewaschen und abgetupft
3 große grüne koreanische Chilischoten (Cheong-Gochu), diagonal in ca. 2,5 cm lange Stücke geschnitten
1 EL hellbrauner Zucker
1 rote koreanische Chilischote (Hong-Gochu), fein gehackt, zum Garnieren, nach Belieben

1. Das Fleisch in einen Topf geben und mit Wasser bedecken. Zugedeckt 10 Minuten pochieren. Abgießen, das Fleisch unter fließendem kalten Wasser abspülen und abtropfen lassen. Den Topf auswaschen.

2. Das Fleisch wieder in den sauberen Topf geben. Sojasauce, nach Belieben Seetang und 460 Milliliter Wasser zugeben. Zum Kochen bringen und zugedeckt etwa 20 Minuten garen.

3. Knoblauch, Eier und grüne Chili zugeben und die Hitze reduzieren. Zugedeckt 5 Minuten sanft köcheln lassen. Den Deckel abnehmen und die Eier behutsam wenden (damit die Eidotter in der Mitte bleiben). Zugedeckt 30–40 Minuten unter gelegentlichem Rühren weiterköcheln lassen.

4. Die Eier herausnehmen und abkühlen lassen. Die Eier schälen und wieder in den Topf geben. Den Zucker zugeben und gut einrühren. Den Topf vom Herd nehmen und etwas abkühlen lassen.

5. Den Tang eventuell herausfischen und nach Belieben als Beilage verwenden (er ist jetzt von Sojasauce durchzogen und kann mit Reis gegessen werden). Das Fleisch herausnehmen, in dünne Streifen zerpflücken und in eine Servierschüssel geben. Die Eier herausnehmen, halbieren und ebenfalls in die Schüssel geben. Knoblauch und grüne Chili mit einem Schaumlöffel herausfischen und zusammen mit etwas von der Schmorflüssigkeit dazugeben. Nach Belieben mit roter Chili garnieren und servieren. Reste halten sich im Kühlschrank luftdicht verschlossen bis zu 1 Woche.

Eier in Sojasauce garen (oben); Schmorfleisch in Sojasauce (unten)

Scharf gebratenes Schweinefleisch

(Dwaejigogi-Bokkeum)

Ergibt 4 Portionen

Meine Gäste sind immer ganz verrückt nach diesem Gericht mit dünnen Schweinefleischstreifen, karamellisierten Zwiebeln und der Schärfe von Chilipaste, Chiliflocken und grünen Chilis. Wer auf die Schnelle etwas Köstliches zuberiten möchte, trifft mit diesem Rezept ins Schwarze.

- 450 g Schweinebauch oder Schweineschulter, ohne Knochen, in Streifen geschnitten
- 4 EL koreanische rote Chilipaste (Gochujang)
- 1 EL koreanische Chiliflocken (Gochu-Garu)
- 1 EL Sojasauce
- 1 EL Zucker oder Honig, plus 1 TL mehr
- 2 Zwiebeln, in dünne Ringe geschnitten
- 3 Knoblauchzehen, fein gehackt
- 1 Stück Ingwer (ca. 2 cm lang), fein gehackt
- 1 Lauchzwiebel, gehackt
- 1 Msp. frisch gemahlener schwarzer Pfeffer
- 1 grüne koreanische Chilischote (Cheong-Gochu), fein gehackt
- 2 TL geröstetes Sesamöl
- 1 TL geröstete Sesamsamen

1. Schweinefleisch, Chilipaste, Chiliflocken, Sojasauce, Zucker oder Honig, Zwiebeln, Knoblauch, Ingwer, Lauchzwiebel, Pfeffer, Chilischote und Sesamöl in eine große Pfanne geben und mit einem Kochlöffel verrühren. Unter Rühren 10–12 Minuten scharf anbraten, bis das Fleisch gar, aber noch saftig ist, und die Zwiebeln karamellisiert sind.

2. Auf einen Servierteller geben, mit Sesam bestreuen und servieren.

Zutaten vor dem Braten (oben); Scharf gebratenes Schweinefleisch (unten)

Tintenfisch süß-sauer-scharf mit Minari

(Ojingeo-Minari-Chomuchim)

Ergibt 4 Portionen

Die koreanische Petersilie (Oenanthe javanica), auch Minari genannt, besitzt knackige Stängel und buschige Blätter und ist hauptsächlich in Asien und Nordamerika heimisch. Ihr erdiger Kräutergeschmack passt hervorragend zu Tintenfisch und zu scharfer Würzpaste.

Minari findet man in koreanischen Lebensmittelgeschäften. Auf keinen Fall sollte man versuchen, Minari wild zu sammeln, denn ohne Fachkenntnis verwechselt man sie schnell mit ihrem Verwandten, dem hochgiftigen Schierling. Ersatzweise verwendet man blanchierte Brunnenkresse oder Gurke (mein Lieblingsersatz): Die Gurke dazu in dünne Scheiben schneiden, mit Salz bestreuen, 10 Minuten ziehen lassen und dann das Wasser ausdrücken. Zum scharfen Tintenfisch trinkt man gern etwas Alkoholisches, beispielsweise Koreanischen Reiswein (seite 272).

4 EL koreanische rote Chilipaste (Gochujang)
1 EL koreanische Chiliflocken (Gochu-Garu)
2 Knoblauchzehen, fein gehackt
1 EL Honig oder Zucker
3 EL Branntwein- oder Apfelessig
1 TL grobes Salz
2 TL geröstetes Sesamöl
230 g Tintenfisch-Tube, frisch oder TK und aufgetaut, gereinigt und in Streifen (ca. 6 × 1 cm) geschnitten
1 Bund koreanische Petersilie (Minari), abgespült, trockengetupft und die Wurzelspitzen entfernt
1 Zwiebel, in dünne Ringe geschnitten
1 Karotte, geschält und in dünne Streifen (ca. 7,5 × 1 × 0,3 cm) geschnitten
1 grüne koreanische Chilischote (Cheong-Gochu), fein gehackt
1 TL geröstete Sesamsamen

1. Für die Würzpaste Chilipaste, Chiliflocken, Knoblauch, Honig oder Zucker, Essig, Salz und Sesamöl in eine Schüssel geben und mit einem Löffel verrühren.

2. Wasser in einem großen Topf zum Kochen bringen. Tintenfisch in ein Sieb oder einen Frittierkorb geben und 30 Sekunden ins kochende Wasser tauchen. Das Sieb herausheben und den Tintenfisch in eine Schüssel geben.

3. Minari ins kochende Wasser geben und 30 Sekunden blanchieren. In ein Sieb geben, abtropfen lassen und unter fließendem kalten Wasser abspülen, um den Garprozess zu stoppen. Erneut abtropfen lassen und überschüssiges Wasser ausdrücken. In mundgerechte Stücke schneiden.

4. Minari, Zwiebel, Karotte und Chili zum Tintenfisch geben. Die Würzpaste zugeben und gut verrühren. Auf einen Servierteller geben, mit Sesam bestreuen und servieren.

Würzpaste (oben links); blanchierter Tintenfisch (oben rechts); blanchierte Minari schneiden (Mitte links); Zutaten vermischen (Mitte rechts); Tintenfisch süß-sauer-scharf mit Minari (unten)

Rohe Krebse pikant mariniert *(Maeun-Gejang)*

Ergibt 8–12 Portionen

In der Hafenstadt Yeosu im Süden Koreas, in der ich bis zum Ende der Grundschulzeit lebte, hatte jede Familie ihre eigene Version dieses Gerichts – Krebse, in allerlei Gewürzen mariniert.

Das Rezept, das ich in diesem Buch vorstellen möchte, ist das Rezept meiner Mutter. Einmal habe ich es für ein befreundetes japanisches Paar zubereitet, die dieses Gericht noch nicht kannten. Der Mann konnte gar nicht genug davon bekommen. Obwohl ihm die Chiliflocken schon den Schweiß auf die Stirn trieben, murmelte er nur »köstlich, köstlich, köstlich« vor sich hin und nahm sich immer wieder etwas von den marinierten Krebsen auf seinen Teller.

In Korea verwendet man hierfür lebende Krebse, denn die schmecken am frischesten und haben die beste Konsistenz. Ich nehme gern Krabben, die kleiner und leichter handhabbar sind als die Riesenviecher, mit denen meine Mutter fertigwerden musste – am liebsten weibliche Blaukrabben, weil deren orangenfarbener Rogen und gelbe Leber (die in Maryland auch »Senf« genannt wird) dem Gericht zusätzlich Farbe, Süße und Fülle geben. Woran aber erkennt man, ob eine Krabbe männlich oder weiblich ist? Ganz einfach: Man dreht sie um und schaut sich das Schwanzstück an: Bei Weibchen ist es rund; bei Männchen ist es schmal und spitz.

Da man hierzulande kaum lebende Blaukrabben bekommt, kann man ersatzweise tiefgekühltes Krabbenfleisch verwenden. So umgeht man auch das Töten der Krabben vor der Zubereitung, was nicht jedermanns Sache ist und nach den Richtlinien der in Deutschland geltenden Tierschutz-Schlachtverordnung geschehen sollte (Krabbe in Rückenlage und mit dem Kopf voran in siedendes Wasser geben).

Wichtig: Die Zubereitung beginnt man schon am Vortag, damit das Krabbenfleisch in der Marinade lang genug durchziehen kann.

- 4–5 TK-Blaukrabben oder andere TK-Krebse, im Kühlschrank aufgetaut, abgespült und trocken getupft
- 4 EL Sojasauce
- 4 EL koreanische Chiliflocken (Gochu-Garu)
- 2 Lauchzwiebeln, gehackt
- 6 Knoblauchzehen, fein gehackt
- 1 TL Ingwer, gehackt
- 1 EL Zucker
- 2 TL geröstetes Sesamöl
- 1 Prise frisch gemahlener schwarzer Pfeffer
- 1 EL geröstete Sesamsamen

So zerlegt man die Krabben/Krebse: Einen Krebs rücklings auf ein Schneidebrett legen und das Schwanzstück entfernen, indem man es hochklappt und abdreht. Den Krebs umdrehen und den oberen Panzer abziehen. Die gefiederten Kiemen mit den Fingern entfernen. Dann mit einer Schere die Fühler, Augen, Mundglieder und die Enden der Hinterbeine (die kein Fleisch enthalten) abschneiden. Den Körper mit einem scharfen Kochmesser in 7 bis 8 Stücke zerteilen. Mit dem Messerrücken die Scherenrückseite aufbrechen, damit die Würzsauce besser einziehen und die Schale beim Essen leichter entfernt werden kann. Die Krebsstücke in eine Schüssel geben. Mit einem Löffel Leber und Rogen aus dem oberen Panzer kratzen und in die Schüssel geben. Mit den restlichen Krebsen ebenso verfahren.

1. Das Krabbenfleisch auslösen und in mundgerechte Stücke zerlegen.

2. Sojasauce, Chiliflocken, Lauchzwiebeln, Knoblauch, Ingwer, Zucker, Sesamöl und Pfeffer in eine große Schüssel geben und gut verrühren.

3. Das Krabbenfleisch zugeben und in der Marinade wenden. Mit geröstetem Sesam bestreuen und luftdicht verschlossen mindestens 12 Stunden kühl stellen, damit die Marinade gut durchziehen kann. (Die Krabben erhalten einen volleren Geschmack, wenn sie länger in der Sauce ziehen.)

3. Das fertige Gericht hält sich 1 Woche. Kalt als Banchan servieren.

Trockenfisch in scharfer Sauce *(Juipo-Muchim)*

Ergibt 8–12 Portionen

Zerpflückter Trockenfisch, gewürzt mit einer süß-scharfen Sauce, ergibt eine leckere Beilage. Der harte Fisch wird zart und nimmt den nussigen Geschmack des Sesamöls an. In diesem Rezept wird Juipo, getrockneter Feilenfisch (Seite 25), verwendet, den man im koreanischen Einzelhandel bekommt. Ersatzweise kann man getrockneten Tintenfisch oder Pollack nehmen.

- 230 g getrockneter Feilenfisch (Juipo)
- 5 EL koreanische rote Chilipaste (Gochujang)
- 2 EL Olivenöl
- 1 EL geröstetes Sesamöl
- 3 Knoblauchzehen, fein gehackt
- 4 EL brauner Reissirup (Ssal-Yeot) oder 2–3 EL Zucker
- 2 TL geröstete Sesamsamen

1. Jedes Stück Trockenfisch von beiden Seiten mit einem feuchten Küchenpapier abtupfen, um Staubreste zu entfernen. Die Stücke mit einer Schere in dünne Streifen (ca. 2,5 × 0,8 cm) schneiden.

2. Eine große Pfanne erhitzen. Den Trockenfisch hineingeben und unter Rühren 2 Minuten braten, bis er angegart ist. Vom Herd nehmen.

3. Chilipaste, Öl, Knoblauch und Reissirup oder Zucker in eine große Schüssel geben und gründlich mit einem Kochlöffel verrühren, bis die Mischung cremig und glatt ist. Trockenfisch zugeben und gut untermischen. (Beim Mischen mit den Händen evtl. Einmalhandschuhe verwenden.) Gerösteten Sesam zugeben und erneut mischen. Anschließend 4–6 Stunden kühl stellen.

4. Den Fisch in eine Servierschüssel geben und servieren. Reste halten sich luftdicht verschlossen im Kühlschrank bis zu 1 Monat und werden kalt gegessen.

Austern in Würzsauce *(Gulmuchim)*

Ergibt 4 Portionen

Am frühen Morgen folgte ich meiner Mutter oft auf den Marktplatz der Hafenstadt Yeosu. Dort war stets eine Schar von Frauen, die jeden Tag von einer nahe gelegenen Insel herüberkamen, um Austern zu verkaufen, die sie am Felsufer gesammelt hatten. Die Frauen hockten hinter Schüsseln voller kleiner, wilder Austern, die sie öffneten und an die Passanten verkauften.

Meine Mom brachte die Austern nach Hause, vermengte sie mit einer schnell angerührten Würzsauce und servierte sie zum Frühstück. Sie schmeckten frisch und intensiv nach Meer.

- 230 g Austern ohne Schale, frisch oder TK und im Kühlschrank aufgetaut
- 2 EL Sojasauce
- 2 EL koreanische Chiliflocken (Gochu-Garu)
- 1 TL Zucker
- 2–3 Lauchzwiebeln, in dünne Scheiben geschnitten
- 3 Knoblauchzehen, fein gehackt
- 1 EL geröstetes Sesamöl
- 1 EL geröstete Sesamsamen

1. Die Austern unter fließendem kalten Wasser abspülen und abtropfen lassen. Große Austern in mundgerechte Stücke schneiden.

2. Austernfleisch in eine Schüssel geben und Sojasauce, Chiliflocken, Zucker, Lauchzwiebeln, Knoblauch, Sesamöl und gerösteten Sesam zugeben. Gut verrühren.

3. In eine Servierschüssel geben und sofort servieren. Am leckersten schmecken die Austern frisch, aber man kann Reste bis zu 3 Tagen im Kühlschrank aufbewahren.

Gedünsteter Strumpfbandfisch *(Galchi-Jorim)*

Ergibt 4 Portionen

Da dieses Fischgericht mit Gemüse und Gewürzen gedünstet wird, schwimmt es in einer herzhaften Brühe. Das Fleisch lässt sich leicht mit einer Gabel von den Gräten lösen. In Korea nennt man das Gericht »Reisdieb« (Bapdoduk), weil es so wunderbar mit Reis schmeckt. Weil der Reis schnell weggegessen war, behauptete man, es hätte jemand den Reis vom Tisch gestohlen.

Der Strumpfbandfisch (Lepidopus caudatus) hat seinen Namen von seiner länglichen Form und heißt deshalb auch »Haarschwanz«. In Korea ist er viel bekannter als im Westen. Ein guter Ersatz für Strumpfbandfisch ist Makrele (Seite 20).

- 8–10 Knoblauchzehen, fein gehackt
- 1 TL Ingwer, gehackt
- 4 EL Sojasauce
- 1 EL koreanische Chiliflocken (Gochu-Garu)
- 1 TL Zucker
- 450 g Strumpfbandfisch (Galchi) oder Makrele, frisch oder TK und im Kühlschrank aufgetaut
- 230 g koreanischer Rettich (Mu) oder Daikon, geschält und in ca. 1 cm dicke Scheiben geschnitten
- 1 Zwiebel, in dünne Ringe geschnitten
- 1 Lauchzwiebel, schräg in Ringe geschnitten
- 1 grüne koreanische Chilischote (Cheong-Gochu), schräg in Ringe geschnitten
- 1 rote koreanische Chilischote (Hong-Gochu), schräg in Ringe geschnitten

1. Für die Würzsauce Knoblauch, Ingwer, Sojasauce, Chiliflocken und Zucker in einer Schüssel vermengen.
2. Bei einem ganzen, frischen Fisch Kopf und Eingeweide entfernen und die Flossen abschneiden (oder den Fischhändler darum bitten). Den Fisch in etwa 8 Zentimeter große Stücke schneiden. (TK-Fisch ist meist bereits zerteilt). Fisch unter fließendem kalten Wasser abspülen und trocken tupfen.
3. Die Rettichscheiben auf dem Boden einer großen Pfanne anrichten. Darauf die Zwiebelscheiben arrangieren. Die Fischstücke darauflegen und die Würzsauce auf den Fisch geben. 350 Milliliter Wasser zugeben und zugedeckt 25 Minuten dünsten.
4. Den Deckel abnehmen und die Hitze erhöhen. Lauchzwiebel und Chilis auf und um den Fisch herum streuen. Ohne Deckel 7–10 Minuten weiterdünsten, damit Flüssigkeit verdampfen kann. Gelegentlich etwas von der Brühe auf den Fisch löffeln, damit er gleichmäßig gewürzt wird.
5. Pfanne vom Herd nehmen und den Fisch servieren.

Vorbereiteter Fisch (oben); Gedünsteter Strumpfbandfisch (unten)

Sautierter Fischkuchen *(Ganjang-Eomuk-Bokkeum)*

Ergibt 4 Portionen

Nach diesem Rezept fragen mich oft Leserinnen und Leser, die das Gericht irgendwann schon einmal in einem koreanischen Restaurant gegessen haben. Sie wissen meist den Namen nicht und beschreiben mir das Gericht so: »Es schmeckt irgendwie nach Fisch und leicht süßlich, von der Konsistenz her etwas zäh, schmeckt salzig und ist bräunlich.« Die Sache ist ganz einfach: Es handelt sich hier um Fischkuchen aus dem koreanischen Lebensmittelgeschäft, mit Sojasauce und Reissirup sautiert. Koreaner packen sich gern Fischkuchen (Eomuk) in ihre Lunchbox, da er bis zum Mittag nicht durchweicht. Mit Chilipaste statt Sojasauce erhält man einen scharfen, apetitlich roten Fischkuchen.

Beim Einkauf von Fischkuchen – der aus Pollack (Seite 26), Tintenfisch oder aus Krabben besteht – stellt man schnell fest, dass der Preis ganz davon abhängt, wie viel echter Fisch darin enthalten ist. Billiger Fischkuchen enthält mehr Stärke. Teurere Sorten sind also ihr Geld wert!

- 230 g Fischkuchen (Eomuk; Seite 23), abgespült und trocken getupft
- 2 TL Pflanzenöl
- 2 Zwiebeln, in dünne Ringe geschnitten
- 1 Knoblauchzehe, fein gehackt
- ½ Karotte, geschält und in streichholzgroße Stifte geschnitten
- 1 grüne koreanische Chilischote (Cheong-Gochu), fein geschnitten
- 1 EL Sojasauce
- 1 EL brauner Reissirup (Ssal-Yeot; Seite 21)
- 1 TL geröstetes Sesamöl
- 1 TL geröstete Sesamsamen

1. Den Fischkuchen in dünne Streifen schneiden.

2. Eine große Pfanne erhitzen und das Öl hineingeben. Die Fischkuchenstücke zugeben und 2–3 Minuten goldbraun und knusprig braten. Zwiebeln, Knoblauch, Karotte und Chilischote zugeben und 2 Minuten sautieren, bis die Zwiebeln glasig werden.

3. Die Pfanne vom Herd nehmen und Sojasauce und Reissirup einrühren. Pfanne wieder auf den Herd stellen und unter Rühren etwa 1 Minute weiterbraten, bis die Fischkuchen anfangen zu glänzen.

4. Die Pfanne vom Herd nehmen und Sesamöl und gerösteten Sesam einrühren. Auf einen Servierteller geben und servieren. Reste halten sich im Kühlschrank bis zu 3 Tage und werden kalt gegessen.

Fischkuchen direkt aus der Packung (oben links); Fischkuchenstreifen werden in der Pfanne gebraten (oben rechts); Sautierter Fischkuchen (unten)

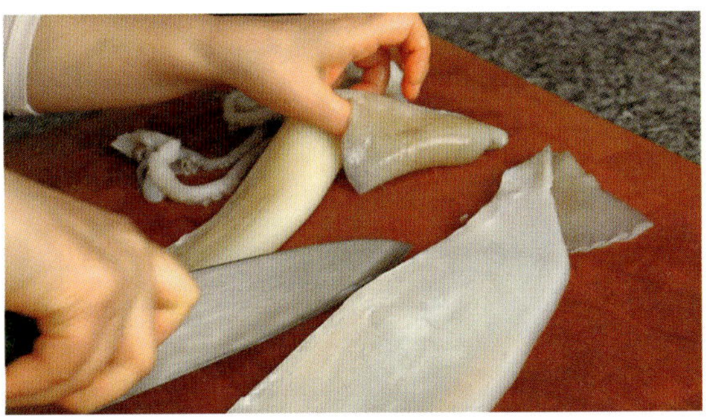

Sautierter Tintenfisch *(Ojingeo-Bokkeum)*

Ergibt 4 Portionen

Dieser mit reichlich Lauchzwiebeln sautierte Tintenfisch schmeckt herrlich scharf. Aber es ist nicht nur die Schärfe allein, die das Gericht so schmackhaft macht. Zwiebeln und Tintenfischfleisch liefern Süße und Biss und kontrastieren so mit der feurigen Sauce. Für den Sautierten Tintenfisch braucht man keine weiteren Beilagen – mit Reis serviert ergibt er ein komplettes Mahl mit einer breiten Palette an herrlichen Aromen und Texturen.

Da frischer Tintenfisch nicht immer leicht aufzutreiben ist, kaufe ich manchmal tiefgefrorenen. Die Qualität stimmt, da der frische Tintenfisch noch auf dem Fangschiff schockgefrostet wird. Man muss nur aufpassen, dass man ihn nicht zu lange kocht, sonst wird er zäh wie Gummi.

- 6 Knoblauchzehen, fein gehackt
- 1 Stück Ingwer (ca. 1 cm), fein gehackt
- 3 EL Sojasauce
- 2 TL Zucker
- 2 EL koreanische Chiliflocken (Gochu-Garu)
- 1 TL Kartoffel- oder Maisstärke
- 1 EL Pflanzenöl
- 1 Karotte, in Streifen (3 × 1 cm) geschnitten
- 1 große Zwiebel, in Ringe geschnitten
- 12 Lauchzwiebeln, schräg in ca. 7 cm große Stücke geschnitten
- 450 g Tintenfischkörper, frisch oder TK und aufgetaut; gründlich abgespült, gehäutet und in dünne Streifen (ca. 7 × 1 cm) geschnitten
- 1 grüne koreanische Chilischote (Cheong-Gochu), ohne Stängel und schräg in dünne Scheiben geschnitten

1. Für die Würzsauce Knoblauch, Ingwer, Sojasauce, Zucker und Chiliflocken in einer Schüssel vermengen. In einer weiteren Schüssel die Stärke mit 4 Esslöffel Wasser vermischen.

2. Eine große, beschichtete Pfanne erhitzen. Öl, Karotte und Zwiebel hineingeben und etwa 1 Minute unter Rühren anbraten. Lauchzwiebeln zugeben und 5–7 Minuten sautieren, bis sie zusammenfallen und zart werden.

3. Tintenfisch und Würzsauce zugeben und unter Rühren 2–3 Minuten garen, bis der Tintenfisch glasig wird. Die angerührte Stärke zugeben und 30 Sekunden einrühren, bis die Sauce dick wird.

4. Auf einen Servierteller geben und sofort servieren.

Ganzer Tintenfisch (oben links); Tentakeln und Innereien werden entfernt (oben rechts); Körper und Tentakeln ohne Kopf, Schnabel, Innereien und Knorpel (2. Reihe links); die Haut von der Tintenfisch-Tube abziehen (2. Reihe rechts); Tintenfisch zerteilen (3. Reihe links); Tintenfisch zerkleinern (3. Reihe rechts); Sautierter Tintenfisch (unten).

Gebackene Meerbrasse mit scharfer Sauce

(Pogi-Yangnyeom-Gui)

Ergibt 4 Portionen

Ein im Ganzen gebackener und mit scharfer Würzsauce bedeckter Fisch ist etwas Besonderes. Und die Salatgarnitur ist nicht nur Deko: Sie fängt den aus dem Fisch austretenden Saft und die Sauce auf, sodass noch ein köstlicher Blattsalat übrig bleibt, sobald der Fisch aufgegessen ist. Um die Schärfe etwas zu mildern, sollte man unbedingt Reis dazu reichen.

Wenn ich große, frische Meerbrassen auf dem Fischmarkt von Chinatown finde, kaufe ich meistens gleich drei oder vier davon, bestreue sie mit etwas Salz und friere sie ein. Wer nicht gern Fische putzt, bittet den Fischhändler darum.

- 1 Meerbrasse (ca. 700 g), ausgenommen und geschuppt, abgewaschen und mit Küchenpapier trocken getupft
- 1 TL grobes Salz
- 1 EL Pflanzenöl
- Salatblätter zum Anrichten, nach Belieben
- Scharfe Soja-Würzsauce (Seite 282)
- 1 Lauchzwiebel, gehackt
- 1 Zwiebel, in dünne Ringe geschnitten
- 1 TL geröstete Sesamsamen

1. Den Fisch auf beiden Seiten mit einem scharfen Messerchen drei- bis viermal diagonal einritzen und rundum gleichmäßig mit Salz bestreuen. Fisch in einen Gefrierbeutel geben und etwa 30 Minuten tiefkühlen. (Der Fisch hält sich tiefgekühlt etwa 3 Monate und sollte vor der weiteren Zubereitung über Nacht im Kühlschrank auftauen.

2. Ein Gitterrost auf die mittlere Schiene des Backofens schieben und den Ofen auf 190 °C vorheizen. Den Fisch aus dem Gefrierbeutel nehmen, mit dem Öl einpinseln. Auf den Grillrost legen und im heißen Ofen 30 Minuten backen. Dann den Fisch mit einem Pfannenwender umdrehen und weitere 30 Minuten backen, bis der Fisch beim Einschneiden mit dem Messer innen nicht mehr glasig ist.

3. Anschließend den Backofengrill einschalten und den Fisch 5 Minuten knusprig und goldbraun grillen.

4. Eine große Servierplatte mit dem Blattsalat auslegen und den Fisch darauf betten. Die Sauce über den Fisch gießen, mit Lauchzwiebel, Zwiebel und Sesam bestreuen und heiß servieren.

Gebackene Meerbrasse (oben); die scharfe Würzsauce auf der Meerbrasse verteilen (unten)

Paste aus fermentierten Sardinen

(Jeong-Eo-Ri-Jeotgal-Muchim)

Ergibt 6–8 Portionen

Liebhaber von stark riechendem Käse sollten dieses Gericht unbedingt probieren. Und wer die Paste aus fermentierten Sardinen mag, darf als Hardcore-Fan der koreanischen Küche gelten.

Wenn man sich die Zeit genommen hat, um fermentierte Sardinen selbst herzustellen, hat man bereits die Hauptzutat für diese Beilage parat. Aber man kann dafür auch salzig fermentierte Sardellen aus dem koreanischen Lebensmittelladen verwenden.

3–4 große fermentierte Sardinen (Seite 276), oder 5–6 fermentierte Sardellen
1 Knoblauchzehe, fein gehackt
1 Lauchzwiebel, in sehr dünne Ringe geschnitten
1 grüne koreanische Chilischote (Cheong-Gochu), fein gehackt
1 TL koreanische Chiliflocken (Gochu-Garu)
1 Msp. Zucker
1 TL Sesamöl
1 EL geröstete Sesamsamen

1. Die fermentierten Sardinen mit den Fingern auf die Arbeitsfläche pressen und das Fleisch von Kopf und Gräten abziehen. Kopf und Gräten entsorgen oder ins Glas mit dem restlichen fermentierenden Fisch zurückgeben.

2. Die Fischfilets oder die ganzen fermentierten Sardellen mit einem Kochmesser zerhacken. Fisch, Knoblauch, Lauchzwiebel, Chilischote, Chiliflocken, Zucker, Sesamöl und gerösteten Sesam in eine Schüssel geben und zu einer Paste vermengen. Die Paste am besten frisch servieren. Reste halten sich im Kühlschrank bis zu 2 Wochen.

Sautierte Zucchini mit Krabben

(Hobak-Saeu-Bokkeum)

Ergibt 4 Portionen

Dieses Gericht aus zarten grünen Zucchini und rosa Krabben passt zu Bulgogi (Seite 233), Schweinebauch vom Tischgrill (Seite 242) oder L. A.-Rippchen (Seite 236) und Reis. Traditionell wird es mit salzig eingelegten Krabben gewürzt, die dem Gericht eine herzhafte Dimension verleihen. Fermentierte Krabben gibt es in koreanischen oder asiatischen Läden, aber man kann stattdessen auch einfach Fischsauce (Seite 29) nehmen.

450 g Zucchini oder koreanische Zucchini (wird auch als »Avocado-Zucchini« verkauft), in mundgerechte Stücke geschnitten
1 TL grobes Salz
1 EL Pflanzenöl
2 Zwiebeln, in dünne Ringe geschnitten
2 Knoblauchzehen, fein gehackt
110 g große Garnelen, ohne Schale, ohne Kopf, entdarmt und in Längsrichtung halbiert
1 EL gesalzene Garnelen (Saeujeot) oder Fischsauce
1 rote koreanische Chilischote (Hong-Gochu), fein gehackt
1 TL geröstetes Sesamöl

1. Zucchinistücke und Salz in einer Schüssel vermengen und 5–10 Minuten ziehen lassen. Zucchini unter fließendem Wasser abspülen und mit Küchenpapier trocken tupfen.

2. Eine große Pfanne erhitzen. Öl, Zwiebeln und Knoblauch zugeben und 1 Minute sautieren. Die Hitze reduzieren. Zucchini, große und gesalzene Garnelen zugeben und unter Rühren 5–7 Minuten garen, bis die Zucchini glasig und die Garnelen rosa werden. Die Chilischote einrühren.

3. Die Pfanne vom Herd nehmen und das Sesamöl unterrühren. Auf einen Servierteller geben und servieren. Reste halten sich im Kühlschrank bis zu 3 Tage und werden kalt gegessen.

Sautierte Zucchini mit Krabben

Puffer

Koreanische Puffer (Jeon) sind herzhaft, würzig – und schmecken immer. Jeon haben mit den bei uns bekannten Pfannkuchen aus dünnem, in der Pfanne gebratenem Teig, nicht viel zu tun. Koreanische Jeon bestehen aus Gemüse, Fisch, Fleisch oder Hülsenfrüchten, die man in Mehl oder Teig taucht und dann herausbackt. Die Basis können Süßkartoffel- oder Zucchinischeiben sein, gewürztes Hackfleisch oder gefüllte Chilischoten. In größeren Puffern werden auch Zutaten wie Kimchi, Meeresfrüchte oder Lauchzwiebeln in einen Teig gehüllt.

Koreanische Puffer serviert man in der Regel als Beilage, Imbiss oder Knabberei zu alkoholischen Getränken. Ohne Pollackpuffer (Seite 202) steigt keine Party. Größere Küchlein teilt man sich im Familien- oder Freundeskreis, indem man sie auf einem Servierteller mitten auf den Tisch stellt, sodass jeder sich mit seinen Essstäbchen kleine Happen davon abpflücken kann. Besonders gern isst man die Puffer zusammen mit Reiswein.

Für alle Arten von Jeon gilt mein Ratschlag: beim Braten etwas Geduld haben! Die meisten Puffer-Rezepte gelingen bei mittlerer Hitze. Das Innere sollte durchgegart sein, bevor das Äußere dunkel wird. Durch mehrmaliges Wenden werden die Puffer gleichmäßig gar.

Streetfood: Koreanische Jeon werden frisch herausgebacken.

Kimchipuffer *(Kimchi-Jeon)*

Ergibt 2–4 Portionen

Kimchi-Jeon schmecken scharf, süßlich, sauer und herzhaft. Die Puffer gehören zu den vielen koreanischen Gerichten, die fix zubereitet sind, wenn man Chinakohl-Kimchi im Haus hat.

Da Kimchipuffer recht salzig sind, serviert man sie meist mit Reis. Aber auch für sich genommen sind sie ein wunderbarer Snack und in einer koreanischen Lunchbox immer gern gesehen. Wenn sich überraschend Gäste ankündigen und man ihnen nicht nur Getränke anbieten möchte, sind ein paar kleine Kimchipuffer die ideale Lösung. *(Abbildung Seite 194)*

230 g Chinakohl-Kimchi (Seite 124), in kleine Stücke gehackt, plus 2 EL Kimchi-Lake
3 Lauchzwiebeln, fein gehackt
1 TL weißer oder hellbrauner Zucker
8 EL Mehl
4 EL Pflanzenöl

1. Für den Teig Kimchi, Kimchi-Lake, Lauchzwiebeln, Zucker, Mehl und 8 Esslöffel Wasser in eine Schüssel geben und mit einem Köchlöffel gründlich verrühren.

2. Eine große beschichtete Pfanne erhitzen. 2 Esslöffel Öl hineingeben und durch Schwenken in der Pfanne verteilen. Den Teig in die Pfanne geben und mit dem Löffelrücken oder einem dünnen Teigschaber gleichmäßig auf dem Pfannenboden verteilen. Den Teig 3–5 Minuten braten, bis die Unterseite goldbraun und knusprig ist.

3. Den Puffer vorsichtig wenden. Die restlichen 2 Esslöffel Öl am Rand der Pfanne verteilen, dann den Puffer mit dem Teigschaber anheben, damit das Öl unter den Puffer fließen kann. Die Pfanne leicht kippen, um das Öl gleichmäßig zu verteilen. Puffer 3–5 Minuten braten, bis die Unterseite goldbraun und knusprig ist. Erneut wenden und 1 Minute weiterbraten.

4. Den Puffer auf eine große Servierplatte gleiten lassen und sofort servieren.

Maangchi and Friends

Mark: *Was ist eigentlich Kimchi-Lake? Ist es die Flüssigkeit, in der Kimchi entsteht, oder was anderes?*
Maangchi: *Wenn du Kimchi ansetzt, hast du erst mal nicht besonders viel Flüssigkeit. Aber nach 1 oder 2 Tagen tritt der Saft aus dem Kohl oder dem Rettich aus und vermischt sich mit der Kimchi-Paste. Das ist die Kimchi-Lake.*

Koreanische Kartoffelpuffer *(Gamja-Jeon)*

Ergibt 2 Portionen/etwa 10 Puffer

Wer diese Pfannkuchen nicht selbst gemacht hat, wird kaum glauben können, dass sie aus Kartoffeln bestehen. Das Innere ist seidig weich, hat aber dennoch Biss wie ein Reiskuchen. Und bei richtiger Zubereitung schmeckt die knusprige Außenseite wie ein perfekt frittierter Kartoffelchip.

Gamja-Jeon ist eine Spezialität der Provinz Gangwon, die für ihre Kartoffeln berühmt ist. Da es dort bergig ist, lässt sich Reis nur schwer anbauen, Kartoffeln aber gedeihen gut. Das traditionelle Rezept verlangt nach geriebenen Kartoffeln, aber das ergibt grobe Reibekuchen, die immer ein bisschen grau sind. Ich mag es lieber fein, weich und weiß und benutze deshalb statt der Reibe meine Küchenmaschine, um den Teig herzustellen. Wenn ich dann zügig arbeite, haben die Kartoffeln gar keine Zeit, um zu oxidieren. Etwas Salz im Teig hält ihn ebenfalls weiß.

Dieses Rezept ist genau das richtige für alle, die angeblich keine Zeit zum Kochen haben oder angeblich gar nicht kochen können. *(Abbildung Seite 195)*

Für die Pfannkuchen
450 g mehligkochende Kartoffeln, geschält
½ TL grobes Salz
2 Lauchzwiebeln, gehackt
Pflanzenöl, zum Braten

Für den Dip
2 EL Sojasauce
1 EL Branntweinessig
1 TL gerösteter Sesam

1. Pfannkuchen: Die Kartoffeln in kleine Stücke schneiden. Mit Salz und 4 Esslöffel Wasser in eine Küchenmaschine geben und pürieren.

2. Das Kartoffelpüree in ein feines Sieb geben und auf eine Schüssel stellen. Sanft mit einem Löffel durch das Sieb drücken. Etwa 1 Minute stehen lassen, damit der Stärkesaft in die Schüssel rinnen kann.

3. Das abgetropfte Püree in eine andere Schüssel geben und warten, bis sich die Stärke in der ausgetretenen Flüssigkeit abgesetzt hat. Die Flüssigkeit abgießen und die Stärke ins Püree geben. Die Lauchzwiebeln zugeben und unterrühren.

4. Eine große, beschichtete Pfanne erhitzen. Ein paar Tropfen Öl in die Pfanne geben. Dann 1 Esslöffel Kartoffelteig in die Pfanne tropfen lassen und mit dem Löffelrücken oder einem Teigschaber zu einer 5 Zentimeter breiten Scheibe formen. Auf diese Weise mehrere Puffer in die Pfanne setzen. Puffer etwa 2 Minuten braten, bis die Unterseite leicht gebräunt ist, dann wenden und 1–2 Minuten goldbraun und knusprig braten. Etwas mehr Öl zugeben, falls nötig. Die Puffer auf einen Servierteller geben und den restlichen Teig ebenso verbacken.

5. Dip: Während die Puffer in der Pfanne braten, die Zutaten für den Dip in einer Schüssel vermengen, in Schälchen geben und zu den heißen Puffern servieren.

Oben: Getrocknete Mungbohnen und Klebreis (oben links); eingeweichte Bohnen und Reis (oben rechts); Mungbohnenpuffer in der Pfanne (unten)

Linke Seite: Kimchipuffer (oben); Koreanische Kartoffelpuffer (unten)

Mungbohnenpuffer *(Bindaetteok)*

Ergibt 4–6 Portionen

So ein Puffer mit Fleisch und Gemüse ist eine Mahlzeit für sich. Der Teig besteht aus Mungbohnen und Klebreis, die über Nacht eingeweicht werden, und bildet den perfekten Background für die Aromen und Texturen von Schweinefleisch, Kimchi, Farnspitzen, Sprossen und anderen Zutaten.

Die Mungbohnenpuffer sollten möglichst kross gebacken werden, sodass es schön knuspert, wenn man hineinbeißt. Das Innere aber muss saftig sein, und das Fleisch sowie das Gemüse sollten noch etwas Biss haben und unterscheidbar sein. Zu den Puffern reiche ich einen einfachen Dip aus Sojasauce und Essig.

Ich bereite Mungbohnenpuffer immer in größeren Mengen zu und friere die restlichen Puffer ein, indem ich sie einzeln in Frischhaltefolie wickle und dann zusammen in einen Gefrierbeutel stecke. Wenn ich Appetit auf diese Puffer habe, taue ich sie einfach im Kühlschrank auf und brate sie in ein paar Tropfen Öl in der Pfanne, bis sie gut durchgewärmt und knusprig sind.

Mungbohnen, Klebreis und Farnspitzen müssen eingeweicht werden, also fängt man mit der Zubereitung der Puffer schon am Vortag an.

250 g getrocknete Mungbohnen (Geopi-Nokdu)
4 EL Klebreis (Chap-Ssal)

Für die Puffer
110 g Schweinehack
180 ml gut fermentiertes, saures Chinakohl-Kimchi (Seite 124), grob gehackt
110 g Farnspitzen (Gosari), frisch oder eingeweicht und gekocht (Seite 156), in ca. 4 cm große Stücke geschnitten
170 g Mungbohnensprossen, abgespült und abgetropft
1 großes Ei
4 Lauchzwiebeln, gehackt
2 Knoblauchzehen, fein gehackt
2 TL grobes Salz
¼ TL frisch gemahlener schwarzer Pfeffer
2 TL geröstetes Sesamöl
Pflanzenöl, zum Braten
Chili-Fäden (Silgochu) zum Garnieren, nach Belieben

Für den Dip
2 EL Sojasauce
1 EL Branntweinessig

1. Bohnen und Reis in eine große Schüssel geben, mit kaltem Wasser bedecken, umrühren und abgießen. Erneut 8 Zentimeter hoch mit Wasser bedecken und über Nacht quellen lassen. Abgießen.

2. Puffer: Eingeweichte Bohnen und Reis mit 180 Milliliter Wasser in einen Mixer geben und 1–2 Minuten glatt und cremig mixen. In eine große Schüssel geben. Hackfleisch, Kimchi, Farnspitzen, Sprossen, Ei, Lauchzwiebeln, Knoblauch, Salz, Pfeffer und Sesamöl zugeben und gut verrühren.

3. Eine große Pfanne erhitzen. 1 Esslöffel Öl in die Pfanne geben und durch Schwenken in der Pfanne verteilen. Etwa ein Sechstel der Teigmasse in die Pfanne geben und mit einem Löffelrücken zu einer etwa 15 Zentimeter breiten Scheibe formen. 2–3 Minuten braten, bis die Unterseite goldbraun wird. Den Puffer wenden und bei Bedarf Öl zufügen, dann weitere 2 Minuten braten, bis auch die andere Seite goldbraun wird. Wenden und die erste Seite weitere 2 Minuten knusprig braten. Auf einen großen Teller geben. Mit dem restlichen Teig weitere Puffer braten.

4. Dip: Sojasauce und Essig in einer kleinen Schüssel vermengen.

5. Jeden Puffer nach Belieben mit Chili-Fäden verzieren. Sofort servieren und dazu den Dip reichen.

Dieses Rezept hat mir eine Freundin aus Korea beigebracht, die wiederum erlernte es von ihrer nordkoreanischen Schwiegermutter. Als Schwiegertochter hatte sie nach koreanischem Brauch viele Pflichten. Dazu gehörte auch die Zubereitung von Opfergaben für die toten Ahnen im Rahmen der familiären Gedenkriten (Jesa). Diese Riten sind ein zentraler Brauch in den Familien und werden jedes Jahr abgehalten, wenn sich der Todestag des zu ehrenden Verwandten jährt. Ist der Ahnenritus vorbei, werden die für die Zeremonie zubereiteten Speisen gemeinsam gegessen.

Das Familienoberhaupt bat immer darum, dass auch Mungbohnenpuffer (Bindatteok) geopfert werden sollen – und eines Tages brachte mir meine Freundin einen Rest davon zu essen mit. Es waren mit Abstand die besten Mungbohnenpuffer, die ich je gegessen hatte. Sie musste versprechen, mir bei nächster Gelegenheit zu zeigen, wie sie zubereitet werden.

Bald darauf lud sie mich ein. Sie hatte alle Zutaten vorbereitet, und ich erfuhr das Geheimnis der köstlichen Puffer: üppige Mengen an Kimchi und Mungbohnensprossen.

Mungbohnenteig (links); Gemüse und Rindfleisch (rechts)

Die Meeresfrüchte-Lauchzwiebel-Puffer in der Pfanne (oben); Meeresfrüchte-Lauchzwiebel-Puffer (unten)

Meeresfrüchte-Lauchzwiebel-Puffer

(Haemul-Pajeon)

Ergibt 2–3 Portionen

Etwas anders als die luftig-bröseligen chinesischen Lauchzwiebel-Puffer, entstehen diese Puffer aus einem reichhaltigen, hellen Teig und sind daher innen weich und von außen knusprig. Die eingebackenen Lauchzwiebeln geben ihnen eine frische Süße. Sie sind als schnelle Mahlzeit oder Imbiss beliebt oder werden als Beilage zu Reiswein (Seite 272) gegessen. Fast immer stehen sie in der Mitte des Tischs, damit sich alle mit den Essstäbchen davon Stücke abpflücken können, um sie in einen herzhaften Essig-Sojasaucen-Dip zu tauchen. Tintenfisch und Garnelen sind eher milde Meeresfrüchte. Wer es intensiver mag, nimmt Austern.

Für den Dip

2 EL Sojasauce
1 EL Branntweinessig

Für den Puffer

100 g Mehl
1 großes Ei
1 TL grobes Salz
8 Lauchzwiebeln, in ca. 5 cm große Stücke geschnitten
4 EL Pflanzenöl
60 g Tintenfischkörper, frisch oder TK und aufgetaut; gründlich abgespült und in kleine Stücke geschnitten
60 g Garnelen, ohne Schale, entdarmt und in kleine Stücke gehackt

1. Dip: Sojasauce und Essig in einer kleinen Schüssel vermengen.

2. Puffer: Für den Teig Mehl, Ei, Salz und 180 Milliliter Wasser in eine Schüssel geben und gut verrühren. Lauchzwiebeln zugeben und gut verrühren.

3. Eine große Pfanne erhitzen. Wenn die Pfanne heiß ist, die Hitze reduzieren. 2 Esslöffel Öl hineingeben und durch Schwenken in der Pfanne verteilen. Den Teig in die Pfanne geben und mit einem Löffelrücken oder einem Teigschaber auf dem Pfannenboden verteilen. Tintenfisch und Garnelen in der Pfanne verteilen und in den Teig drücken, dabei die Ränder des Puffers mit dem Teigschaber ausformen. 5–6 Minuten braten, bis die Unterseite goldbraun und knusprig ist, dabei den Puffer mit dem Teigschaber vom Pfannenboden lockern.

4. Den Puffer mit einem Pfannenwender umdrehen. Die restlichen 2 Esslöffel Öl am Rand der Pfanne verteilen, dann den Puffer etwas anheben, damit das Öl darunterfließen kann. Die Pfanne rütteln, um das Öl gleichmäßig zu verteilen. 5–6 Minuten braten, bis die Unterseite goldbraun und knusprig ist. Erneut wenden und weitere 2 Minuten braten.

5. Auf eine große Servierplatte gleiten lassen und sofort mit dem Dip servieren.

Zucchinipuffer *(Hobak-Jeon)*

Ergibt 4 Portionen

Diese in Teig ausgebackenen Zucchinischeiben sind außen knusprig und innen saftig. Sie passen perfekt zu Cremiger Pinienkernsauce (Seite 285) und sind eine gute Wahl, wenn man schnell etwas auf den Tisch bringen muss. Die Puffer kann man zu Reis essen oder pur als Zwischenmahlzeit. Während die Puffer in der Pfanne brutzeln, mixe ich die Pinienkernsauce. Wem dies zu viel Aufwand ist, mischt einfach 2 Esslöffel Sojasauce mit 1 Esslöffel Essig in einer Schüssel zusammen. Ob mit oder ohne Sauce – auf keinen Fall sollten die Zucchini zu lange gebraten werden, sonst verlieren sie ihr Aroma. Auberginen-Puffer bereitet man auf die gleiche Weise zu.

1 großer Zucchino, in dünne Scheiben geschnitten
Grobes Salz
4 EL Mehl
2 große Eier
ca. 3 EL Pflanzenöl
Cremige Pinienkernsauce (Seite 285)

1. Zucchinischeiben auf einem Schneidebrett auslegen und gleichmäßig mit etwas Salz bestreuen. Zucchini 5–7 Minuten ziehen lassen, um der Zucchini Wasser zu entziehen und sie zarter zu machen.

2. Die Zucchinischeiben mit Küchenpapier abtupfen und in eine Schüssel geben. Das Mehl zugeben und die Scheiben darin wenden. Die Eier mit etwas Salz in einer Schüssel verquirlen.

4. Eine große Pfanne 2 Minuten erhitzen. Die Hitze reduzieren. 1 Esslöffel Öl hineingeben und die Pfanne schwenken, um das Öl zu verteilen. Die Zucchinischeiben eine nach der anderen erst in das verquirlte Ei tauchen und mit ausreichend Abstand in die heiße Pfanne legen. 3–5 Minuten braten, dabei mehrmals wenden, bis sie leicht gebräunt und knusprig sind. Auf diese Weise alle Zucchinischeiben braten. Nach Bedarf mehr Öl zugeben. Die Puffer auf einen Servierteller legen und mit Pinienkernsauce servieren.

Zucchinipuffer (links); Fleisch-Tofu-Frikadellen (rechts)

Fleisch-Tofu-Frikadellen *(Wanja-Jeon)*

Ergibt 3–4 Portionen

Wanja-Jeon sind koreanische Frikadellen, die man als Beilage zu Reis und Suppe serviert oder für die Lunchbox zubereitet. Dass die Küchlein so herrlich saftig werden, liegt am Tofu. Wer mag, kann statt Rinderhack Halb-und-halb-Hack aus Rind und Schwein nehmen. Der Eimantel gibt den Frikadellen ihre appetitlich goldene Farbe. Meine westlichen Freunde mögen dieses Rezept besonders gern, denn Fleischbällchen mag wahrscheinlich jeder, der nicht Vegetarier ist.

Für den Dip
2 EL Sojasauce
1 EL Branntweinessig

Für die Frikadellen
4 EL mittelfester Tofu
230 g mageres Rinderhack
Grobes Salz
¼ TL frisch gemahlener schwarzer Pfeffer
1 Knoblauchzehe, fein gehackt
2 EL gehackte Zwiebel
1 TL geröstetes Sesamöl
2 EL Mehl
1 großes Ei
1 großes Eigelb
2–3 EL Pflanzenöl

1. Dip: Sojasauce und Essig in einer kleinen Schüssel vermengen.

2. Frikadellen: Den Tofu in Küchenpapier einschlagen und überschüssiges Wasser ausdrücken.

3. Tofu, Hackfleisch, 1 Teelöffel Salz, Pfeffer, Knoblauch, Zwiebel und Sesamöl in eine große Schüssel geben und gründlich mit den Händen vermengen. Hackfleischmischung in 12 gleich große Portionen teilen. Jede davon zwischen den Handflächen zu einer Kugel formen und dannzu einem Küchlein plattdrücken.

4. Das Mehl in eine flache Schüssel geben. Die Fleischküchlein nacheinander darin wenden und auf einen Teller legen.

5. Ei und Eigelb mit etwas Salz in einer Schüssel verquirlen. Eine große, beschichtete Pfanne erhitzen. 1 Esslöffel Öl hineingeben. Die bemehlten Küchlein eines nach dem anderen ins verquirlte Ei tauchen und mit ausreichend Abstand in die heiße Pfanne legen. Etwa 2 Minuten braten, bis die Unterseite leicht gebräunt ist. Wenden und weitere 2 Minuten braten, bis die andere Seite leicht gebräunt ist. Nach Bedarf zum Braten der restlichen Frikadellen etwas mehr Öl zugeben. Die Frikadellen auf einer Servierplatte anrichten.

6. Die Frikadellen servieren und den Dip dazu reichen.

Pollackpuffer *(Dongtae-Jeon)*

Ergibt 4 Portionen

Diese köstlichen Fischpuffer bestehen aus mildem Pollackfilet, das in einem leichten, dezent salzigen Teig gebraten wird. Wichtig: Die Puffer dürfen nicht zu dunkel werden. Sie sollten außen appetitlich goldbraun sein, und innen schön saftig bleiben.

Pollack (Seite 26) wird im koreanischen Einzelhandel meist tiefgekühlt verkauft und lässt sich am besten und saubersten schneiden, wenn er halb aufgetaut ist. Wer frisches Fischfilet verwendet, sollte es vor dem Schneiden 1 Stunde ins Tiefkühlfach legen, damit es fester wird. Statt Pollack kann man auch andere weißfleischige Fische wie Barsch, Kabeljau oder Flunder nehmen.

Für den Dip
2 EL Sojasauce
1 EL Apfelessig oder Branntweinessig
1 TL geröstete Sesamsamen

Für die Puffer
230 g Pollackfilet, TK und halb aufgetaut (siehe oben)
1 Knoblauchzehe, fein gehackt
½ TL grobes Salz
½ TL frisch gemahlener schwarzer oder weißer Pfeffer
5 EL Mehl
1 großes Ei
2 große Eigelbe
1–2 EL Pflanzenöl

1. Dip: Sojasauce und Essig in einer Schüssel vermengen und gerösteten Sesam einstreuen.

2. Puffer: Den Fisch in Stücke (ca. 5 × 6 cm) schneiden. In eine Schüssel geben und mit Knoblauch, Salz und Pfeffer vermengen.

3. Das Mehl in eine flache Schüssel geben. Die Fischstücke einzeln darin wenden.

4. Ei und Eigelbe mit einer Prise Salz in einer Schüssel verquirlen.

5. Eine große Pfanne erhitzen. Das Öl hineingeben und die Hitze reduzieren. Die Fischstücke nacheinander ins verquirlte Ei tauchen und mit ausreichend Abstand in die heiße Pfanne legen. 2–3 Minuten braten, dabei einmal wenden, bis die Stücke rundum leicht gebräunt und knusprig sind.

6. Die Puffer auf eine Platte legen und heiß mit dem Dip servieren.

In Korea wird unter anderem an diesem Rezept das Können einer Hausfrau gemessen. Bei großen Feiern verabreden sich die Frauen der Nachbarschaft zum Kochen. In der Regel ist dann eine von ihnen besonders gut im Puffer-Braten: Sie brät ihre Puffer immer hübsch goldfarben und nie braun. »Wow«, heißt es dann, »die hat's drauf!« Ich erinnere mich daran, dass meine Großmutter Dongtae-Jeon häufig zusammen mit ihren Freundinnen für Hochzeiten zubereitete.

Da die Puffer als Leckerbissen für besondere Gelegenheiten gelten, staunten meine koreanischen Kolleginnen in Toronto immer, wenn ich welche in meiner Lunchbox hatte. Dabei sind diese Puffer so einfach zuzubereiten! Und da ich sie sehr gern mag, bereite ich sie mir auch recht häufig zu.

Chilischotenpuffer *(Gochu-Jeon)*

Ergibt 4 Portionen

Mit würzigem Rindfleisch und Tofu sind diese gebratenen Chilischoten gefüllt. Sie sind nicht nur die perfekte Beilage, sondern funktionieren auch als Zwischenmahlzeit oder Fingerfood.

Koreanische Chilischoten (Seite 29) haben unterschiedliche Schärfegrade. In Lebensmittelgeschäften wird ihre Schärfe oft angegeben, sodass man weiß, auf was man sich einlässt. Falls etwas von der Füllmasse übrig bleibt, kann man daraus Fleischbällchen formen, die man in Mehl und Ei wendet und dann in der Pfanne brät.

Für den Dip

1 EL Sojasauce
1½ TL Apfel- oder Branntweinessig
1 TL geröstete Sesamsamen

Für die Puffer

60 g mittelfester Tofu
110 g Rinderlende, fein gehackt, oder Rinderhack
1 Knoblauchzehe, fein gehackt
1 kleine Zwiebel, fein gehackt
1 Lauchzwiebel, fein gehackt
2 TL Sojasauce
1 TL geröstetes Sesamöl
1 Prise frisch gemahlener schwarzer Pfeffer
½ TL Zucker
5 EL Mehl
15–20 koreanische Chilischoten, rot (Hong-Gochu) und grün (Cheong-Gochu), gemischt
1 großes Ei
1 Prise grobes Salz
2–3 EL Pflanzenöl

1. Dip: Sojasauce und Essig in einer Schüssel vermengen und gerösteten Sesam einstreuen.

2. Puffer: Den Tofu in Küchenpapier einschlagen und überschüssiges Wasser ausdrücken.

3. Tofu, Rindfleisch, Knoblauch, Zwiebel, Lauchzwiebel, Sojasauce, Sesamöl, Pfeffer und Zucker in eine Schüssel geben und mit den Händen oder einem Kochlöffel gründlich vermengen.

4. Das Mehl in eine flache Schüssel geben. Die Schoten längs halbieren, dabei die Stängel dranlassen. Die Samen mit einem kleinen Löffel entfernen. Dann die Schotenhälften einzeln im Mehl wenden, sodass sie von innen und außen bedeckt sind. Jede halbe Schote mit der Fleischmasse füllen. Anschließend noch einmal in Mehl wenden.

5. Ei und Salz in einer flachen Schüssel verquirlen.

6. Eine große, beschichtete Pfanne erhitzen. 1 Esslöffel Öl hineingeben und durch Schwenken in der Pfanne verteilen. Die Schoten nacheinander im Ei wenden und mit der Füllung nach unten und ausreichend Abstand in die heiße Pfanne legen. 2–3 Minuten braten, bis die Unterseite gebräunt ist. Dann wenden und 2–3 Minuten braten. Falls die Chilis zu schnell braun werden, die Hitze reduzieren. Zum Braten der restlichen Schoten nach Bedarf mehr Öl zugeben. Chilis auf eine Platte legen.

7. Die Chilischoten heiß servieren und den Dip dazu reichen.

Chilischoten entkernen (oben links); gefüllte Chilis (oben rechts); Chilischotenpuffer (unten)

Gebratene Perillataschen *(Kkaennip-Jeon)*

Ergibt 4 Portionen

Perillablätter (Seite 32) haben einen charakteristischen minzigen Kräutergeschmack, der sehr gut zu Fleisch passt. Bei diesem Rezept wird eine herzhafte Füllung aus Rinderhack, Tofu, Zwiebel, Sojasauce und Knoblauch in die Blätter eingeschlagen, in einen leichten Eierteig getaucht und gebraten. In Korea gibt es Perillataschen zu Feiern und besonderen Anlässen – und zwar nicht nur, weil sie lecker sind, sondern auch, weil die grünen Täschchen hübsch aussehen. Man kann sie als Snack oder Fingerfood servieren oder mit Reis zu einer ganzen Mahlzeit machen.

Bei diesem Rezept kommt die gleiche Fleischfüllung zum Einsatz wie bei den Chilischotenpuffern (Seite 204), also kann man gleich die doppelte Menge Füllung für beide Puffervariationen zubereiten. Falls etwas von der Füllmasse übrig bleibt, formt man daraus Fleischbällchen , wendet sie in Mehl und Ei und brät sie in einer beschichteten Pfanne mit etwas Pflanzenöl.

Perillablätter gibt es in koreanischen Lebensmittelgeschäften, und man kann sie auch zu Hause ziehen. Wer Koreaner als Nachbarn hat, bei dem wächst womöglich nebenan schon Perilla.

Für den Dip

1 EL Sojasauce
1½ TL Apfel- oder Branntweinessig
1 TL geröstete Sesamsamen

Für die Füllung

110 g Rinderlende, fein gehackt, oder Rinderhack
1 Knoblauchzehe, fein gehackt
1 kleine Zwiebel, fein gehackt
1 Lauchzwiebel, fein gehackt
60 g mittelfester Tofu, abgetropft und abgetupft
2 TL Sojasauce
1 TL geröstetes Sesamöl
1 Prise frisch gemahlener schwarzer Pfeffer
½ TL Zucker
3 EL Mehl
1 großes Ei
1 Prise grobes Salz
20 Perillablätter (Kkaennip), abgespült
Pflanzenöl, zum Braten

1. Dip: Sojasauce und Essig in einer kleinen Schüssel vermengen und gerösteten Sesam einstreuen.

2. Füllung: Tofu in Küchenpapier einschlagen und überschüssiges Wasser ausdrücken.

3. Rinderhack, Knoblauch, Zwiebel, Lauchzwiebel, Tofu, Sojasauce, Sesamöl, Pfeffer und Zucker in eine Schüssel geben und gründlich vermengen.

4. Das Mehl in eine flache Schüssel geben. Ei und Salz in einer zweiten flachen Schüssel verquirlen.

5. Beide Seiten eines Perillablatts dünn mit Mehl bestäuben und 1–2 Esslöffel der Füllung auf einer Hälfte des Blattes verteilen. Die andere Hälfte darüberlegen und festdrücken. Das zugeklappte Blatt erneut bemehlen. Mit den restlichen Blättern und der Füllung ebenso verfahren und die Perillataschen auf einen Teller legen.

6. Eine große, beschichtete Pfanne erhitzen. 1 Esslöffel Öl hineingeben und durch Schwenken in der Pfanne verteilen. Die Taschen nacheinander ins verquirlte Ei tauchen und mit ausreichend Abstand in die Pfanne legen. Etwa 2 Minuten braten, bis die Unterseite leicht knusprig und angebräunt ist. Wenden und die andere Seite 2 Minuten leicht knusprig und goldbraun braten. Die Taschen auf einer Platte anrichten. Perillataschen mit Dip servieren.

Perillablätter (oben links); Blätter füllen (oben rechts); Perillataschen in der Pfanne (unten)

Zwischen-mahlzeiten

Überall in Korea bieten Händler auf den Straßen leckere Speisen an. Da es in Korea von Streetfood-Ständen nur so wimmelt, sieht man auch in koreanischen Fernsehserien häufig Szenen, in denen junge Leute diverse Leckerbissen verspeisen. Und da manche dieser Serien im Internet abrufbar sind, kommt ein steter Strom von Westlern auf meine Website, um Rezepte und Informationen zu den im Film gesehenen Speisen zu suchen. Oft werde ich gefragt: »Was für einen Reiskuchen essen die da in der Serie?

Auch wenn man weit weg von Seoul lebt und die dortige Streetfoodkultur nicht selbst erlebt, kann man in der eigenen Küche authentische koreanische Snacks genießen ... Da gibt es so viel Köstliches zu entdecken, beispielsweise Hotteok, Süße Puffer mit Sirupfüllung (Seite 216) oder cremig-knusprige Kartoffelkroketten (Seite 214). Oder wie wäre es mal mit Koreanischen Teigtaschen (Seite 220)? Die Teigtaschen kann man gut im Voraus zubereiten und tiefgefroren für Überraschungsgäste oder für den kleinen Hunger Zwischendurch parat halten. So hat man immer einen leckeren Happen zu einem Cocktail oder Bier.

Imbissstand auf einem Markt in Korea.

Knusprige Algenchips *(Dashima-Bugak)*

Ergibt 10–12 Portionen

Bei Knabberzeug denkt man nicht zuerst an Wasserpflanzen. Diese Seetangchips aber müssten eigentlich weltberühmt sein, denn die sind knusprig und schmecken herrlich nach Meer.

Das Rezept beschreibt eine altbewährte Methode zur Haltbarmachung von Algenblättern (Seetang), Perillablättern und Chilischoten. Die herkömmliche Methode ist zeit- und arbeitsaufwendig: Der Tang wird mit einer dicken Schicht Klebreisbrei bestrichen und tagelang in Wind und Sonne luftgetrocknet. In meiner New Yorker Küche muss ich Wind und Sonne weglassen. Dort wird das Ganze im Dörrautomat in ein paar Stunden frittierfertig. Wer keinen Dörrautomat hat, kann den Tang notfalls auch im Backofen trocknen.

Beim Frittieren bläht sich der Klebreisbrei dann auf und umhüllt den Tang wie Schaum. Beim Reinbeißen knuspert diese zähe Schicht, und der Tang setzt seinen betörenden Duft nach Meer frei. Der Kniff bei der Zubereitung der Chips ist folgender: Der Tang darf weder zu lang frittiert werden, sonst wird er bitter, noch zu kurz, sonst werden die Chips zu zäh und lassen sich schwer kauen. Nach den ersten frittierten Stücken aber hat man den Dreh meist raus. Am besten bereitet man gleich mehr von diesen Chips zu, denn sie sind schneller weg, als man schauen kann!

60 g getrockneter Seetang (Dashima; Seite 26), am besten zwei breite Streifen
4 EL Klebreismehl (Chap-Ssal-Garu)
1 EL geröstete Sesamsamen

Zum Frittieren
500 ml Maiskeimöl
weißer oder brauner Zucker, zum Bestreuen

1. Den Seetang von beiden Seiten mit einem feuchten Handtuch oder mit Küchenpapier abwischen, um Staub zu entfernen, dann mit einer Schere in Stücke (ca. 10 × 15 cm) schneiden.

2. Das Reismehl mit 240 Milliliter Wasser in einen Topf geben, mit einem Kochlöffel gründlich verrühren, aufkochen und unter Rühren kochen, bis die Mischung nach 3 Minuten dick, milchig und klebrig wird. Noch 2 Minuten weiterkochen, bis die Mischung wieder flüssiger und glasiger wird und zu blubbern anfängt. Vom Herd nehmen und etwas abkühlen lassen.

3. Seetangstücke auf ein Schneidebrett legen und die Oberseiten mit dem abgekühlten Reisbrei bestreichen. Sobald alle Stücke bestrichen sind, erneut bestreichen. Mit geröstetem Sesam bestreuen.

4. Die beschichteten Stücke auf die Roste eines Dörrautomaten legen. Darauf achten, dass sie sich nicht berühren und zusammenkleben. Bei 60 °C (Gemüsemodus) 6 Stunden trocknen, bis sie mürbe sind. (Jetzt kann man den getrockneten Tang auch in Gefriertüten packen und bis zu 3 Monate einfrieren.).

5. Frittieren: Das Öl in einer großen, tiefen Pfanne auf 165 °C erhitzen. Die Hitze reduzieren und 2–3 Tangstreifen auf einmal mit der beschichteten Seite nach unten in das heiße Öl geben. Die Stücke mit einem Kochlöffel oder Pfannenwender flach drücken. Der getrocknete Klebreisbrei pufft dabei auf. Den Tang nach 30 Sekunden mit einer Grillzange in der Pfanne wenden und erneut flach drücken. Gegebenenfalls die Hitze reduzieren, damit der Tang nicht zu schnell braun wird. (Vorsicht: Zu lang frittiert wird der Tang bitter. Ist er allerdings noch nicht knusprig, muss er noch kurz im Öl bleiben.

6. Die fertigen Chips zum Abtropfen auf ein mit Küchenpapier ausgelegtes Backblech legen und mit Zucker bestreuen. Mit den restlichen Seetangstücken ebenso verfahren. Abkühlen lassen und servieren. Zum Aufbewahren steckt man die Chips in einen Gefrierbeutel oder einen luftdichten Behälter und friert sie ein. Sie halten sich bis zu 1 Monat. Vor dem Essen müssen sie nicht aufgetaut werden.

Reisbrei (oben links); die mit Reisbrei bestrichenen Seetangblätter werden mit geröstetem Sesam bestreut (oben rechts); Knusprige Algenchips (unten)

Kartoffelkroketten *(Gamja-Croquettes)*

Ergibt 4 Portionen

In Korea liebt man Kroketten aus den gleichen Gründen wie im Westen: Außen sind sie knusprig, innen cremig. Richtig frittierte Kroketten bleiben stundenlang knusprig. Beim Frittieren muss man allerdings aufpassen, dass das Öl nicht zu heiß ist, sonst platzen die Kroketten oder werden zu dunkel. Ist das Öl jedoch nicht heiß genug, werden die Kroketten matschig.

Für den Dip
2 EL Sojasauce
1 EL Branntwein- oder Apfelessig
1 EL gehackte Lauchzwiebel
½ TL geröstete Sesamsamen

Für die Kroketten
500 ml Pflanzenöl, plus 1 TL mehr
80 g sehr mageres Rinderhack
Grobes Salz
¼ grüne Paprika, fein gehackt
½ Karotte, fein gehackt
1 kleine Zwiebel, fein gehackt
450 g mehligkochende Kartoffeln, geschält
4 EL Mehl
1 großes Ei
250 g koreanisches Paniermehl (Ppang-Garu; Seite 29) oder japanisches Panko

1. Dip: Sojasauce, Essig, Lauchwiebel und gerösteten Sesam in einer kleinen Schüssel vermengen.

2. Kroketten: 1 Teelöffel Öl in einer kleinen Pfanne erhitzen. Hackfleisch und 1 Prise Salz zugeben und unter Rühren etwa 1 Minute braten. Paprika, Karotte und Zwiebel zugeben und 1 Minute weiterbraten, dann vom Herd nehmen.

3. Die Kartoffeln in etwa 1 Zentimeter dicke Scheiben schneiden und in eine große, schwere Pfanne geben. 240 Milliliter Wasser und 1 Teelöffel Salz zugeben und die Kartoffeln zugedeckt 20 Minuten dünsten, bis sie weich sind, und das Wasser fast verdunstet ist.

4. Die Kartoffeln abgießen, in eine Schüssel geben und zerstampfen. Gebratenes Fleisch und Gemüse zugeben und gründlich untermengen. Die Mischung in 16 gleich große Portionen teilen. Jede Teigportion zu einer Kugel formen und plattdrücken, sodass Küchlein mit etwa 5 Zentimeter Durchmesser entstehen.

Das erste Mal habe ich Kartoffelkroketten in meiner Schulzeit gegessen. Damals bat mich meine Hauswirtschaftslehrerin, sie auf den Markt zu begleiten, um Zutaten für die Unterrichtsstunde einzukaufen. Da eine solche Aufgabe der besten Schülerin vorbehalten war, fühlte ich mich sehr geehrt. Die Lehrerin nahm mich an der Hand, und wir gingen zum Markt, wo wir Kartoffeln, Zwiebeln und Rindfleisch kauften. An diesem Tag kochten wir im Unterricht Kroketten, was allen Spaß machte.

5. Das Mehl in eine flache Schüssel geben. Das Ei in einer zweiten flachen Schüssel verquirlen. In eine dritte flache Schüssel das Paniermehl geben. Die Kroketten erst in Mehl wenden, dann ins Ei tauchen und anschließend im Paniermehl wenden. Auf eine Platte oder ein Backblech legen.

6. Das Frittieröl in einer großen, tiefen Pfanne auf 165 °C erhitzen.

7. Die Kroketten in mehreren Partien ins Fett geben und 10 Minuten goldbraun und knusprig frittieren. Dabei gegebenenfalls die Temperatur anpassen: Hitze reduzieren, falls die Kroketten zu schnell braun werden oder platzen. Die Kroketten kurz auf einem mit Küchenpapier ausgelegten Teller abtropfen lassen. Heiß servieren und den Dip dazu reichen.

Rohe Kroketten (oben links); panierte Kroketten (oben rechts); die Kroketten werden in der Pfanne frittiert (unten links); servierfertige Kartoffelkroketten (unten rechts)

Süße Puffer mit Sirupfüllung *(Hotteok)*

Ergibt 4–8 Portionen/8–10 Stück

Vor allem im Winter, wenn es richtig kalt ist, kaufen sich viele Koreaner gern diesen süßen Snack beim Straßenimbiss. Der Hotteok-Verkäufer formt den Teig, presst ihn auf den Grill und brät ihn. Das dauert wirklich nicht lange, aber die Vorfreude darauf, in der Kälte einen heißen Pfannkuchen zu verzehren, lässt die Wartezeit endlos erscheinen. Und hält man den Pfannkuchen endlich in der Hand, muss man auch noch warten, bis der heiße Zucker abkühlt, sonst verbrennt man sich die Zunge.

Am heimischen Herd kann man etwas weniger Öl als der Straßenverkäufer verwenden und sich dafür mehr nussige Füllung gönnen. Wichtig ist in jedem Fall, dass man die Küchlein heiß und frisch isst, denn beim Abkühlen werden sie zäh und schwer.

Zugegeben: Als ich dieses Rezept auf meine Internet-Seite gestellt hatte, war ich schon ein wenig überrascht, wie schnell es populär wurde. Wie schön, dass manche Leserinnen kreativ mit den Rezeptangaben umgingen und die Pfannküchlein beispielsweise mit Nuss-Nugat-Creme füllten oder sogar Zucker, Zimt und Nüsse wegließen und eine herzhafte Füllung mit Käse oder Fleisch erfanden. *(Abbildungen Seite 218)*

Für den Teig
2 EL weißer oder hellbrauner Zucker
2 TL Trockenhefe
½ TL grobes Salz
1 EL Pflanzenöl
250 g Mehl, plus 3 EL zum Bemehlen

Für die Füllung
160 g hellbrauner Zucker
1 EL Zimt
2 EL gehackte Walnüsse oder ungesalzene Erdnüsse

Pflanzenöl, zum Braten

1. Teig: 240 Milliliter Wasser, Zucker, Hefe, Salz und Öl in eine Schüssel geben und gut verrühren, um die Hefe aufzulösen. Das Mehl gründlich einrühren und den Teig 2 Minuten in der Schüssel kneten, bis er glatt ist. Mit Frischhaltefolie zudecken und den Teig 1–1,5 Stunden bei Zimmertemperatur gehen lassen, bis er sein Volumen verdoppelt hat.

2. Füllung: Zucker, Zimt und Nüsse in einer kleinen Schüssel vermengen.

3. Den Teig noch einmal 5 Minuten in der Schüssel kräftig durchkneten, um ihn elastischer zu machen. Wieder in die Schüssel geben, zudecken und weitere 30 Minuten gehen lassen.

4. Puffer: Den Teig erneut 5 Minuten in der Schüssel durchkneten. Ein großes Schneidebrett mit Mehl bestäuben. Den Teig auf das Brett geben und zu einer Kugel formen. Mit bemehlten Händen (der Teig klebt!) den Teig in 8–10 gleiche Portionen teilen und jede Portion zu einer Kugel formen. Die Teigkugeln mit Frischhaltefolie bedecken, damit sie nicht austrocknen.

5. Eine große, beschichtete Pfanne erhitzen. Etwa 1 Esslöffel Pflanzenöl zugeben und durch Schwenken in der Pfanne verteilen. Mit bemehlten Händen eine Teigkugel plattdrücken und etwa 2 Esslöffel Füllung mittig darauflegen. Den Rand zusammenfalten und durch Zusammendrücken verschließen.

6. Den gefüllten Teig mit dem Verschluss nach unten in die heiße Pfanne legen. Die nächste Teigkugel füllen, verschließen und in die Pfanne legen. Sobald die Unterseite der Teigpäckchen nach etwa 2 Minuten goldbraun wird, die Hotteok mit einem Pfannenwender umdrehen und ein wenig zusammendrücken, sodass eine dünne Scheibe mit etwa 10 Zentimeter Durchmesser entsteht. Noch 1 Minute weiterbraten und dann erneut wenden. Noch einmal mit dem Pfannenwender zusammendrücken. Die Pfanne zudecken, die Hitze stark reduzieren und 2–3 Minuten sanft weiterbraten, bis die Hotteok aufgehen und die Zuckerfüllung schmilzt – der braune Sirup scheint dann durch den Teig hindurch.

7. Den ersten Hotteok auf einen Teller legen und servieren. Nach etwa 30 Sekunden auch den zweiten auf einem Teller servieren. Die restlichen Teigkugeln ebenso braten und bei Bedarf mehr Öl zugeben.

Maangchi and Friends

ChaMee: *Ich war den Tränen nahe, als ich dieses Rezept fand! Ich weiß noch, wie ich mit meiner Zwillingsschwester und meiner Mutter in Seoul über den Markt gegangen bin und so ein Pfannküchlein gegessen habe. Nachdem ich in die USA adoptiert wurde, habe ich die Leckereien, die unsere Mutter uns als Kinder immer gekauft hat, niemals vergessen. Der Geschmack und der Duft wecken uralte Erinnerungen bei mir.*

Maangchi: *ChaMee, deine Geschichte rührt mich so sehr, dass ich auch fast weinen muss! Deine Mum wäre sicher stolz, wenn sie wüsste, dass du dir jetzt selbst Hotteok machst und an sie denkst.*

Sprout: *Als ich Hotteok zum ersten Mal zubereitet habe, nahm ich nur die halbe Zutatenmenge und ganz fein gemahlenes Weizenmehl. (Ich hab meinem Mann nicht gesagt, dass es Weißmehl ist. Pssst, er weiß es immer noch nicht!) Gefüllt hab ich die Puffer mit einer Mischung aus Erdnusssplittern, schwarzem Sesam und Zucker. Nach dem Essen sagte mein Mann: »C'est pas mal« (gar nicht schlecht) – aus dem Munde eines Gourmets ein echt großes Kompliment!*

Maangchi: *C'est pas mal. Prima!*

Oben: Zubereitung von koreanischen Teigtaschen (Seite 220). Füllung (oben links); Teigtaschen füllen (oben rechts); Teigtaschen verschließen (Mitte links); Teigtaschen vor dem Braten (Mitte rechts); Koreanische Teigtaschen (unten)

Linke Seite: Zuckerfüllung für die Puffer (oben); Süße Pfannküchlein mit Sirupfüllung (unten)

Koreanische Teigtaschen *(Gunmandu)*

Ergibt etwa 50 Teigtaschen

Wenn ich mit amerikanischen Bekannten koreanisch essen gehe, kann ich darauf wetten, dass sie als Vorspeise gebratene Teigtaschen bestellen. Die Füllung dieser Teigtaschen ist wirklich sehr schmackhaft: Schweinehack, gemischt mit Mungbohnensprossen, Zucchini, Schnittknoblauch, Zwiebel und Tofu, gewürzt mit Sesamöl und einem Hauch Ingwer.

In koreanischen Geschäften kann man allerlei fertige Teigtaschen kaufen – aber selbst gemacht schmecken sie natürlich immer besser. Wer den Teig aus Zeitgründen nicht selbst zubereiten möchte, kauft einfach für ein paar Euro ein Päckchen leere Teigtaschen und füllt sie frisch. Dann kann man mit der Füllung auch großzügiger sein. In einem Päckchen sind meist 50 Teigtaschen. So viel? Ja! Hat man die Täschchen nämlich erst einmal alle zubereitet, kann man einen Teil davon einfrieren – und bei Bedarf schnell braten oder dämpfen.

Zum Dämpfen der Teigtaschen bringt man etwas Wasser in einem Topf zum Kochen und stellt einen Dämpfkorb oder Dämpfeinsatz darauf. Darin dämpft man die Teigtaschen zugedeckt etwa 10 Minuten, bis sie gar sind. Außerdem kann man sie als Suppeneinlage verwenden. Dazu einfach in die köchelnde Brühe geben und 10 Minuten garen. (Abbildungen Seite 219)

Für den Dip
2 EL Sojasauce
1 EL Branntweinessig
1 TL Zucker
1 grüne koreanische Chilischote (Cheong-Gochu), entkernt und fein gehackt
1 Zwiebel, fein gehackt

Für die Füllung
230 g Schweine-, Rinderhack oder gemischtes Hackfleisch
1 TL geschälter, fein gehackter Ingwer
4 Knoblauchzehen, fein gehackt
1 EL Sojasauce
frisch gemahlener schwarzer Pfeffer
geröstetes Sesamöl
400 g Mungbohnensprossen, gewaschen und gut abgtropft
1 kleine Zucchini, in streichholzgroße Stifte geschnitten
Grobes Salz
100 g Schnittknoblauch oder Lauchzwiebeln, gehackt
Pflanzenöl, zum Braten
230 g mittelfester Tofu
100 g fein gehackte Zwiebel

Für die Teigtaschen
2 EL Mehl
1 Pck. (50 Stück) Mandu-Teigtaschen (Mandu-Pi; Seite 31)
Pflanzenöl, zum Braten

1. Dip: Sojasauce, Essig, Zucker, Chilischote und Zwiebel in einer kleinen Schüssel vermengen.

2. Füllung: Hackfleisch, Ingwer, Knoblauch, Sojasauce, 1 Prise Pfeffer und 1 Esslöffel Sesamöl in einer Schüssel vermengen. Zugedeckt kühl stellen.

3. Die Bohnensprossen in einen Topf geben, 120 Milliliter Wasser zugeben und zugedeckt etwa 5 Minuten kochen. Abgießen.

4. Währenddessen die Zucchini in einer Schüssel mit 1 Messerspitze Salz vermengen und etwa 5 Minuten ziehen lassen. Dann das überschüssige Wasser mit den Händen ausdrücken oder mit Küchenpapier abtupfen.

5. Schnittknoblauch oder Lauchzwiebel in einer kleinen Schüssel mit 1 Teelöffel Pflanzenöl vermengen.

6. Den Tofu in Küchenpapier einschlagen und überschüssiges Wasser ausdrücken.

7. Eine große Pfanne erhitzen und 1 Teelöffel Öl hineingeben. Die Zucchini zugeben und unter Rühren 1 Minute anbraten. In eine große Schüssel geben und die Pfanne vom Herd nehmen.

8. Zwiebel in einer Schüssel mit 1 Messerspitze Salz vermengen. Etwa 5 Minuten ziehen lassen, dann überschüssiges Wasser mit den Händen ausdrücken oder mit Küchenpapier abtupfen.

9. Die Pfanne, in der die Zucchini gebraten wurden (Abwasch unnötig!) erhitzen und 1 Teelöffel Pflanzenöl hineingeben. Zwiebel hineingeben und 2–3 Minuten glasig braten. In die Schüssel zur Zucchini geben.

10. Fleischmischung, Sprossen, Schnittknoblauch und Tofu dazugeben. Salz, Pfeffer und 2 Teelöffel Sesamöl zugeben und gut vermengen.

11. Teigtaschen: Eine kleine Schüssel mit Wasser bereitstellen. Das Mehl auf ein großes Schneidebrett oder Backblech streuen. Eine Teigtaschenhülle aus der Packung nehmen und auf die Arbeitsfläche legen. Den Zeigefinger ins Wasser tauchen und die Ränder der Teigtasche befeuchten, damit sie klebrig werden. 1 gehäuften Esslöffel von der Füllung mittig auf die Teigtasche legen, die Hülle darüber zusammenfalten und die Ränder zusammenpressen, um sie zu verschließen. Die Teigtasche auf das bemehlte Schneidebrett legen. Mit den restlichen Teigtaschen ebenso verfahren.

12. Eine große Pfanne erhitzen. 2–3 Esslöffel Pflanzenöl hineingeben. So viele Teigtaschen in die Pfanne setzen, dass sie noch Abstand haben, und 2–3 Minuten braten, bis die Unterseite goldbraun und knusprig ist. Die Hitze reduzieren und ein paar Minuten weiterbraten, dabei mehrmals wenden, bis die Teigtaschen gleichmäßig gebräunt sind und die Füllung durchgegart ist. Fertige Taschen auf eine Platte legen. Mit den restlichen Teigtaschen ebenso verfahren, bei Bedarf mehr Öl zugeben.

13. Die Teigtaschen heiß servieren und dazu den Dip reichen.

Teigtaschen einfrieren: Man legt die Teigtaschen auf ein mit Frischhaltefolie ausgelegtes Blech und friert sie mindestens 5 Stunden oder über Nacht ein. Anschließend steckt man sie zum längeren Tiefkühlen in Gefrierbeutel. Zum Auftauen die Teigtaschen einfach nebeneinander auf einen Teller legen und vor dem Dämpfen oder Braten ein paar Stunden in den Kühlschrank stellen.

Reiskuchen pikant *(Tteokbokki)*

Ergibt 2–3 Portionen

Dieser beliebte Imbiss besteht aus Reiskuchen, der in scharfer Sauce mit Chilipaste und Sardellenbrühe geköchelt wird. Die Sauce wird dadurch cremig, und der Reiskuchen bekommt eine angenehme Konsistenz. Fischkuchen ist kein Muss in diesem Gericht, aber er macht die Brühe noch etwas herzhafter und die Textur noch interessanter.

Reiskuchen gibt es im Kühl- oder Tiefkühlregal von koreanischen Lebensmittelläden. TK-Reiskuchen taut man bei Zimmertemperatur auf, weicht sie 30 Minuten in kaltem Wasser ein und lässt sie danach gut abtropfen. Ohne Einweichen bleiben die Kuchen hart, egal, wie lange sie gekocht werden. Frisch zubereitete Reiskuchen müssen dagegen gar nicht eingeweicht werden.

Fehlt die Zeit, um eine Sardellenbrühe zu machen, nimmt man salzarme Hühnerbrühe.

5 EL koreanische Chilipaste (Gochujang)
1 EL koreanische Chiliflocken (Gochu-Garu)
1 EL Zucker
7 große getrocknete Sardellen (Mareun-Myeolchi), ohne Kopf und entdarmt
1 großes Blatt (15 × 20 cm) getrockneter Seetang (Dashima), nach Belieben
450 g Reiskuchen in Rollenform (Tteokguk-Yong-Tteok), frisch oder TK, eingeweicht und abgetropft (siehe oben)
3 Lauchzwiebeln, in ca. 7 cm lange Stücke geschnitten
170 g Fischkuchen (Eomuk; Seite 23), mundgerecht zerteilt, nach Belieben
2 große hartgekochte Eier, geschält, nach Belieben

1. Chilipaste, Chiliflocken und Zucker in einer kleinen Schüssel vermengen.

2. 1 Liter Wasser in eine große Pfanne gießen und getrocknete Sardellen und nach Belieben Seetang zugeben. Etwa 15 Minuten bis auf etwa 600 Milliliter einkochen. Die Brühe durch ein Sieb in eine Schüssel gießen, den Siebinhalt entsorgen.

3. Die Brühe wieder in die Pfanne gießen und erneut erhitzen. Die Chilipastenmischung mit den eingeweichten Reiskuchen, Lauchzwiebeln und nach Belieben Fischkuchen und Eier zugeben. Unter gelegentlichem Rühren etwa 12 Minuten kochen, bis die Brühe eindickt und die Reiskuchen zart, aber noch bissfest sind.

4. Die Reiskuchen auf einen Teller geben und heiß servieren.

Maangchi and Friends

Hannah: *Als Veganerin lasse ich die Fischkuchen lieber weg. Kann ich irgendwas anstelle der getrockneten Sardellen verwenden?*

Maangchi: *Ja! Nimm getrocknete Shiitake-Pilze und koche sie zusammen mit dem Seetang.*

Reiskuchen in Rollenform (oben); Reiskuchen pikant (unten)

Pul biber und Flüssigrauch (oben links); das Fleisch wird mit der Würzpaste vermengt (oben rechts); mariniertes Fleisch (Mitte links); Fleisch im Dörrautomat (Mitte rechts); Beef Jerky (unten)

Beef Jerky *(Yukpo)*

Ergibt etwa 40 Stück

Trockenfleisch gilt in Korea als etwas ganz Feines. Es wird oft vor einer Hochzeit von der Mutter der Braut an die Familie des Bräutigams verschenkt. Und es ist ein extravagantes Geschenk, denn Rindfleisch war früher sehr, sehr teuer (selbst heute kostet Rindfleisch in Korea drei- bis fünfmal so viel wie in den USA), und es in der Sonne zu trocknen, erfordert viel Zeit und Sorgfalt.

Die Sonnentrocknung mag vielleicht traditionell sein, ist aber äußerst aufwendig. Daher meine große Freude, als ich bei meinem ersten Besuch in den USA eine Fernsehwerbung für einen elektrischen Dörrautomaten sah. Der TV-Verkäufer führte vor, wie man mit diesem Gerät ziemlich schnell Beef Jerky herstellt. Ich kaufte mir den Apparat und begann zu experimentieren. Nach ein paar Fehlversuchen kam ich auf ein brauchbares Rezept, aber irgendwas fehlte noch. Na klar, es war das Rauchige, also gab ich der Würzmischung noch etwas Flüssigrauch hinzu. Das ist nicht authentisch koreanisch, aber jetzt ist das Rezept perfekt.

1,5 kg magerer Rinderbraten (z. B. Flanksteak), von sichtbarem Fett befreit
120 ml Sojasauce
4 EL Zucker
1 EL Honig
9 Knoblauchzehen, fein gehackt
2 TL Flüssigrauch (Liquid Smoke)
2 EL geröstete Sesamsamen
2 EL Pul biber (hier ausnahmsweise keine koreanischen Chiliflocken verwenden!)
1 TL frisch gemahlener schwarzer Pfeffer

1. Das Rindfleisch entlang der Faser in Stücke (ca. 12 × 6 cm) schneiden.

2. Alle anderen Zutaten in einer großen Schüssel vermengen. Das Fleisch zugeben und untermischen. Zugedeckt mindestens 30 Minuten oder über Nacht im Kühlschrank ziehen lassen.

3. Die Fleischstücke auf die Roste eines Dörrautomaten legen und die Temperatur auf Trockenfleisch (70 °C) einstellen. Etwa 8 Stunden nach Gebrauchsanleitung trocknen, dabei nach etwa 4 Stunden einmal wenden. Ausreichend getrocknete Streifen entfernen.

4. Sofort servieren oder luftdicht verschlossen bis zu 1 Woche bei Zimmertemperatur aufbewahren. Man kann das Fleisch auch luftdicht verschlossen tiefkühlen (hält sich bis zu 3 Monate). Vor dem Essen 5–10 Minuten bei Zimmertemperatur auftauen.

Feiertagsspeisen und Partysnacks

Wir Koreaner sind ein sehr geselliges Völkchen und feiern liebend gern. Wir nutzen wirklich jede Gelegenheit, um uns mit Freunden und Familie, mit Bekannten und Verwandten zu treffen – an allen Feiertagen und Geburtstagen, aber auch an Samstagabenden oder anlässlich kleiner Triumphe wie einer bestandenen Prüfung oder dem ersten Monatslohn eines neuen Jobs wird gefeiert. In Korea gibt es kein Fest ohne ein Festessen. An der Südküste, meiner Heimat, bedeutet ein Festessen selbstverständlich immer Fisch wie zum Beispiel Fermentierter Rochen (Seite 257).

Zu förmlichen Anlässen bevorzugen viele Koreaner auch Feineres wie die Platte der neun Köstlichkeiten (Seite 255), bei der die Köchin ihre ganze Kunstfertigkeit im Anrichten der Speisen und Ausbalancieren der Farben und Aromen demonstrieren kann.

Viele Koreaner versammeln sich zum Feiern am allerliebsten um einen brutzelnden Tischgrill – ein Brauch, der auch international immer mehr Verbreitung findet. Kein Wunder, denn die koreanische Art, das Fleisch mitten auf dem Tisch zu grillen, ist wunderbar kommunikativ.

Die meisten Gerichte in diesem Kapitel sind kräftig gewürzt, aber es gibt auch subtile, feinere Speisen. Sie alle werden in eine Mahlzeit mit Reis, Suppe und Beilagen eingebunden. Und alle haben eines gemeinsam: Feierlaune!

Platte der neun Köstlichkeiten (Seite 255)

Korean Fried Chicken *(Yangnyeom-Tongdak)*

Ergibt 10–12 Portionen als Beilage oder 4 Portionen als Hauptgericht

Als ich begann, Rezepte auf YouTube zu veröffentlichen, gehörte zu den häufigsten Rezeptwünschen meiner Leserinnen und Leser KFC, auch bekannt als Korean Fried Chicken. Dieses Geflügelgericht mit einer süß-sauer-scharfen Sauce ist relativ neu in der koreanischen Küche. Es ist eher ein Imbissgericht zum Mitnehmen, das selten zu Hause zubereitet wird. Deshalb mussten meine Leserinnen auch warten, bis ich genügend in den Imbissstuben von Gwangju zugeguckt und mein Rezept perfektioniert hatte. Zunächst versuchte ich, ohne Sirup und Ketchup auszukommen und stattdessen nahrhaftere, weniger zuckerhaltige Zutaten zu verwenden. Aber mit den Ergebnissen war ich nie zufrieden. Damit KFC authentisch schmeckt, braucht man einfach Reissirup und Ketchup. Und noch etwas ist unerlässlich: das zweimalige Frittieren. Dadurch bleibt die Panade stundenlang schön knusprig, und das Fleisch schön saftig. Wenn ich meinen Kindern dieses Gericht koche und zu hören bekomme: »Mom, das schmeckt ja genauso wie vom Imbiss«, dann weiß ich, dass das Rezept stimmt.

Man kann auch ein ganzes Hähnchen nehmen. Dann zerteilt man Brust und Schenkel am besten mit einem Hackebeil in mundgerechte Stücke.

Für das Huhn

900 g Hähnchenflügel ohne Spitzen und zweigeteilt, oder Stücke vom Huhn, kalt abgespült und trocken getupft
8 EL Kartoffel- oder Maisstärke
5 EL Mehl
½ TL grobes Salz
½ TL frisch gemahlener schwarzer Pfeffer
½ TL Natron
1 großes Ei, leicht verquirlt
Maisöl, zum Frittieren

Für die Sauce

2 TL Maisöl
3 Knoblauchzehen, fein gehackt
5 EL Ketchup
5 EL brauner Reissirup (Ssal-Yeot), Mais- oder Ahornsirup oder Zucker
4 EL koreanische rote Chilipaste (Gochujang)
2 TL Branntwein- oder Apfelessig
1 EL geröstete Sesamsamen

1. Huhn: Hähnchenfleisch, Stärke, Mehl, Salz, Pfeffer, Natron und Ei in eine große Schüssel geben und mit einem Kochlöffel oder der Hand gründlich vermengen, bis das Fleisch rundum bedeckt ist.

2. Zum Frittieren etwa 10 Zentimeter Öl in einem tiefen Topf bis auf 180 °C erhitzen. (Falls kein Thermometer zur Hand ist, funktioniert folgender Trick: ein Stück Fleisch testweise ins Öl halten. Wenn es brutzelt, ist es heiß genug.) Hähnchenstücke nacheinander ins Öl geben, aber nicht zu viele Stücke in den Topf geben. Die Stücke mehrmals im Öl wenden und 10–12 Minuten frittieren, bis sie knusprig sind. In ein Sieb geben und gut abtropfen lassen, dann in eine große Schüssel geben. Das Öl gegebenenfalls wieder auf 180 °C erhitzen und eine zweite Portion frittieren. (Mit der Zeit nimmt die Knusprigkeit ab.)

3. Sauce: Während des Frittierens eine große, schwere Pfanne erhitzen. Maisöl und Knoblauch hineingeben und 30 Sekunden unter Rühren anbraten. Ketchup, Sirup, Chilipaste und Essig zugeben. Die Hitze reduzieren. Unter Rühren etwa 7 Minuten köcheln lassen, bis die Sauce glänzt und Blasen wirft.

4. Die Hähnchenstücke nun zum zweiten Mal,gegebenenfalls in mehreren Portionen 10–12 Minuten im heißen Öl frittieren, dabei mehrmals wenden, bis sie goldbraun und knusprig sind. In ein Sieb geben, abtropfen lassen und dann in die Pfanne geben. Mit der Sauce vermengen.

5. Die Hähnchenstücke auf einem Servierteller anrichten, mit Sesam bestreuen und servieren.

In Korea gibt es so gut wie an jeder Ecke einen Hähnchenimbiss. Jeder brüstet sich mit seinen Geheimrezepten für Teigmantel und Sauce, aber eigentlich schmeckt es überall recht ähnlich. Mir gefallen die wunderlichen Namen mancher Imbisse besonders, zum Beispiel Ahju-Keo Chicken (»Sehr großes Chicken«), Jangmonim Chicken (»Schwiegermutters Chicken«), Lee Seobang Chicken (»Schwiegersohn Lee's Chicken«) oder Jangmonimjip Chicken (»Chicken wie bei Schwiegermutter«).

Die Dominanz der Schwiegermütter in den Imbissnamen erinnert an den alten Brauch, dass Frauen ihren Schwiegersöhnen mit einem Hähnchengericht die Ehre erwiesen. Kam einst der Schwiegersohn aufs Land, um die Familie seiner Frau zu besuchen, schlachtete man als Zeichen der Wertschätzung immer das beste Huhn und servierte es zum Abendessen, meist als Suppe.

Bulgogi

Ergibt 4 Portionen

Um Bulgogi, das klassische koreanische Grillfleisch, zuzubereiten, mariniert man Rinderfiletstreifen und grillt sie auf dem Herd, auf dem Tischgrill oder unter freiem Himmel. Als Geheimzutat in der Marinade, die das Fleisch schön zart macht, dient asiatische Birne. Sie ist rund wie ein Apfel, hat aber eine gelbbraune Schale. In reifem Zustand schmecken asiatische Birnen süß.

Wichtig ist es, das Fleisch quer zur Faser zu schneiden, damit es nicht zäh wird. Im koreanischen Lebensmittelhandel gibt es fertig geschnittenes Bulgogi, aber ich suche mir mein Fleisch lieber aus und schneide es selbst. Vor dem Schneiden stecke ich es bis zu 1 Stunde ins Tiefkühlfach – halb gefrorenes Fleisch ist leichter dünn zu schneiden.

Bulgogi wird auf traditionelle Ssam-Art gegessen: Man legt sich ein Stück Fleisch auf ein Salatblatt, gibt einen Klecks Sojapastensauce darauf, wickelt das Blatt drumherum, sodass ein Päckchen entsteht, und schiebt es sich als köstlichen Happen in den Mund. Dazu serviert man Reis und Beilagen nach Wahl.

4 große Knoblauchzehen
½ Nashi-Birne oder 1 kleine Bosc-Birne, geschält, entkernt und grob gehackt
1 mittelgroße Zwiebel, gehackt
1 Stück Ingwer (ca. 2 cm), geschält und fein gehackt
450 g Rinderfilet oder Kronfleisch (Skirt Steak), quer zur Faser, in dünne Streifen geschnitten
1 Lauchzwiebel, gehackt
2 EL Sojasauce
1 EL geröstetes Sesamöl
1 EL hellbrauner Zucker oder Honig
½ TL frisch gemahlener schwarzer Pfeffer
1 Msp. geröstete Sesamsamen
Salatblätter, zum Anrichten
Dip aus Sojapaste (Seite 282)

1. Für die Marinade Knoblauch, Birne, Zwiebel und Ingwer in einem Mixer cremig pürieren.

2. Das Fleisch in eine große Schüssel geben und mit der Marinade begießen. Lauchzwiebel, Sojasauce, Sesamöl, Zucker oder Honig und Pfeffer zugeben und gut unterrühren. Mit Frischhaltefolie abdecken und mindestens 30 Minuten oder besser mehrere Stunden kühl stellen.

3. Eine große gusseiserne Pfanne oder Grillpfanne erhitzen bzw. einen Holzkohlengrill anfachen oder einen Gasgrill anheizen.

4. Das Fleisch braten und dabei gelegentlich wenden: In 2 Minuten wird es »medium«, in etwa 3 Minuten ist es gar. Mit dem Sesam bestreuen und mit Salatblättern und Dipsauce servieren.

Birnenmarinade (oben links); mariniertes Fleisch (oben rechts); Bulgogi (unten)

Birne schälen (oben links); Birne in dünne Stifte schneiden (oben rechts); Knoblauch und Sesam gründlich vermengen (Mitte links); Fleisch in die Sauce geben (Mitte rechts); Würziges rohes Rindfleisch (unten)

Würziges rohes Rindfleisch *(Yukhoe)*

Ergibt 4 Portionen

Als ich zum allerersten Mal Yukhoe probierte, war ich Studentin in Seoul. Ich ging mit meinen Kommilitoninnen in eine Studentenkneipe, die für ihren Reiswein und ihr rohes Fleisch bekannt war. Das Gericht war mehr als großzügig mit Knoblauch gewürzt, während die Birnenscheiben für Süße sorgten. Kaum war ich zu Hause, versuchte ich es nachzukochen. Seither gehört Yukhoe zu meinen Paradegerichten.

Später, als ich dann Familie hatte, rief mich meine Metzgerin immer an, wenn sie hochwertiges Rindfleisch bekam. Sie wusste, dass ich ihr die besten Stücke abkaufen würde, um Yukhoe zu machen, denn es gelingt am besten mit dem magersten, frischesten Fleisch. Viele Koreaner krönen das Ganze noch mit einem rohen Ei, aber ich finde, dass das nur von der kühlen Schärfe des rohen Fleischs ablenkt. Wer es noch schärfer mag, nimmt für das Dressing nur 1 Teelöffel Sojasauce und dafür 2 Esslöffel Chilipaste.

230 g Flanksteak, ca. 1 Std. tiefgefroren
1 TL Zucker
1 Nashi-Birne oder 2 Bosc-Birnen
6 Knoblauchzehen, fein gehackt
1 EL Sojasauce
1 EL Honig
2 EL geröstetes Sesamöl
1 Msp. frisch gemahlener schwarzer Pfeffer
2 TL geröstete Sesamsamen
1 EL Pinienkerne

1. Das Steak aus dem Tiefkühlfach nehmen und in dünne Stifte schneiden. Mit Frischhaltefolie abdecken und kühl stellen.

2. Den Zucker mit 470 Milliliter kaltem Wasser in eine Schüssel geben und vermengen, bis der Zucker gelöst ist.

3. Birne schälen, entkernen und in gleichmäßig dünne Stifte schneiden. Die Birnenstifte in das Zuckerwasser geben, damit sie sich nicht verfärben.

4. Knoblauch, Sojasauce, Honig, Sesamöl und Pfeffer in einer Schüssel vermengen. Das Fleisch zugeben und mit einem Löffel unterrühren.

5. Birne abtropfen lassen und mit Küchenpapier trocken tupfen. Auf einer Servierplatte anrichten und das Fleisch darauf häufen. Mit Sesam und Pinienkernen bestreuen. Sofort servieren.

Maangchi and Friends

Soko2: *Hält sich denn das Fleisch? Kann man etwas davon für später aufbewahren, oder verdirbt es? Bei mir auf dem Markt sind kleine Mengen Flanksteak ganz schwer zu bekommen.*

Maangchi: *Auf jeden Fall solltest du es lieber frisch essen, nachdem du es mit der Sauce vermischt hast. Aber wenn was übrig bleibt, bewahre es im Kühlschrank auf und brate es später in der Pfanne.*

L. A.–Rippchen *(L. A. Galbi)*

Ergibt 3–4 Portionen

In Amerika gelten Rippchen als typisch koreanisches Grillgericht, weil es in koreanischen Restaurants so oft auf den Tisch kommt. Rippchen auf L. A.-Art werden nicht aus normalen Short Ribs zubereitet, sondern aus sehr dünnen, quer zum Knochen geschnittenen Stücken mit drei bis vier sichtbaren Rippenabschnitten. Weil sie dünn und flach sind, nehmen die Rippchen die Marinade schnell auf und werden auf dem Grill in wenigen Minuten gar. Das macht sie zum idealen Begleiter bei Grillfesten und Picknicks. Es heißt, koreanische Einwanderer hätten diese Schnittweise auf mexikanischen Märkten in Südkalifornien entdeckt und sich mit ihrer koreanischen Marinade zu eigen gemacht. Anderen Berichten zufolge stammt das Gericht von koreanischen Einwanderern auf Hawaii, wo es Maui-Rippchen genannt wurde. Wer weiß das schon?

Die Birne spielt in der Marinade eine Doppelrolle: Wir Koreaner lieben die leichte Süße und Fruchtigkeit, die sie dem Fleisch verleiht. Außerdem enthält sie Enzyme, die Kollagen in der Muskelfaser abbauen, was die Rippchen noch zarter macht.

900 g L. A.-Rippchen (siehe oben)
6 Knoblauchzehen
1 Stück Ingwer (ca. 1 cm), geschält und fein gehackt
½ mittelgroße Zwiebel
1 mittelgroße Nashi-Birne oder 2 kleine Bosc-Birnen, geschält, entkernt und grob geschnitten
4 EL Sojasauce
2 EL Honig
½ TL frisch gemahlener schwarzer Pfeffer
2 TL geröstetes Sesamöl
Salatblätter, zum Anrichten
Dip aus Sojapaste (Seite 282)
Gurken- und Karottensticks, zum Anrichten

1. Die Rippchen unter fließendem kalten Wasser abspülen, um Blut und Knochensplitter zu entfernen. Abtropfen lassen und mit Küchenpapier trocken tupfen.

2. Für die Marinade Knoblauch, Ingwer, Zwiebel, Birne, Sojasauce und Honig in einem Mixer glatt und cremig pürieren. In eine große Schüssel geben.

3. Die Rippchen zugeben und gut vermengen. Pfeffer und Sesamöl zugeben. Gut vermengen. Mit Frischhaltefolie abdecken und mindestens 30 Minuten oder auch über Nacht kühl stellen.

4. Einen Holzkohlengrill anfachen oder einen Gasgrill anheizen. Die Rippchen 5 Minuten gar grillen, dabei mehrmals wenden. (Die Rippchen können auch in einer großen gusseisernen Grillpfanne oder im Ofen gar gegrillt werden, dabei aber mehrmals wenden.)

5. Ein Fleischstück in ein Salatblatt wickeln, ein Löffelchen Dip aus Sojapaste oben draufgeben. Fertig! Zwischen zwei Bissen isst man ein paar Gurken- oder Karottensticks.

L.A.-Rippchen

Seite 238: Mungbohnengelee (Mitte links); Mungbohnengelee in Scheiben (Mitte rechts); Mungbohnengelee (unten links); Bohnengelee mit Gemüse und Rinderbrust (unten rechts)

Bohnengelee mit Gemüse und Rinderbrust

(Tangpyeongchae)

Ergibt 6 Portionen

Wer schon in einem koreanischen Restaurant gegessen hat, kennt als Vorspeise vielleicht diese glibbrigen Würfelchen in scharfer Sauce. Kühles Mungbohnengelee gilt als appetitanregend. Das Gelee lässt sich vielfältig einsetzen, unter anderem in diesem traditionellen Rezept für eine leichte Mahlzeit. Es ist eine Reminiszenz an die Küche des koreanischen Königshofs, wo dezenter gewürzt und aufwendiger garniert wurde als heute. König Yeongjo und dessen Grundsatz Tangpyeong, dem der Regent im 18. Jahrhundert folgte, war Namensgeber für dieses Gericht. Der König ernannte Beamte, die ganz unterschiedliche politische Ansichten besaßen. Die vielen unterschiedlichen Zutaten in diesem Gericht sollen diese Meinungsvielfalt symbolisieren und zeigen, wie verschiedene Texturen und Aromen miteinander harmonisieren können.

Falls man keine koreanische Petersilie (Minari) bekommt, nimmt man einfach entsprechend mehr Gurke. Und wer es einfacher mag, schneidet den Mungbohnengelee in mundgerechte Stücke, vermischt sie mit Scharfer Soja-Würzsauce (Seite 282) und Gemüseresten aus dem Kühlschrank – und fertig ist das kalorienarme Mittagessen. (Abbildungen Seite 237)

8 EL Mungbohnenstärke (Cheongpomuk-Garu)
Grobes Salz
110 g Rinderbrust, entlang der Faser in ca. 12 cm lange, dünne Streifen geschnitten
1 TL Sojasauce
½ TL Zucker
1 Knoblauchzehe, gehackt
1 TL geröstetes Sesamöl
1 Prise frisch gemahlener schwarzer Pfeffer
250 g Mungbohnensprossen, gewaschen und abgetropft
100 g koreanische Petersilie (Minari), ersatzweise etwas mehr Gurke
2 große Eigelbe
½ TL Pflanzenöl
½ Salatgurke, in ca. 12 cm lange, dünne Streifen geschnitten
1 mittelgroße Paprika, entkernt und in dünne Stifte geschnitten
½ Nori- (Gim), geröstet und zerbröselt (Seite 25)
Senf-Knoblauch-Sauce (Seite 285)

1. Die Mungbohnenstärke mit 700 Milliliter Wasser und 1 Messerspitze Salz in einem Topf gut verrühren. Zum Kochen bringen und unter ständigem Rühren 10 Minuten garen, bis die Mischung glasig wird.

2. Die heiße Stärkemischung in einen rechteckigen, luftdichten Behälter geben und 1 Stunde bei Zimmertemperatur abkühlen lassen, dann zugedeckt 4–5 Stunden kühl stellen, bis sie geliert ist (durch Antippen überprüfen).

3. Das Mungbohnengelee aus dem Behälter stürzen und in etwa 7 Zentimeter lange Stifte schneiden. Kühl stellen, solange die anderen Zutaten verarbeitet werden.

4. Rinderbrust, Sojasauce, Zucker, Knoblauch, die Hälfte Sesamöl und Pfeffer in einer Schüssel vermengen. Eine große Pfanne erhitzen. Die Fleischmischung zugeben und 3–5 Minuten sautieren, bis das Fleisch nicht mehr rosa und die Flüssigkeit verdampft ist. Auf einem großen Teller anrichten.

5. Die Mungbohnensprossen mit 60 Milliliter Wasser und 1 Prise Salz in einen kleinen Topf geben und 5 Minuten garen. Abgießen und neben das Fleisch auf den Teller geben.

6. Einen Topf mit Wasser zum Kochen bringen. Koreanische Petersilie hineingeben und etwa 1 Minute blanchieren. In ein Sieb geben und unter kaltem Wasser abspülen. Erneut abtropfen lassen und das überschüssige Wasser mit den Händen ausdrücken.

7. Die koreanische Petersilie in 7–10 Zentimeter lange Streifen schneiden. In einer Schüssel mit 1 Messerspitze Salz und dem restlichen Sesamöl vermengen. Neben das Fleisch auf den Teller geben.

8. Die Eigelbe mit 1 Prise Salz leicht verquirlen. Eine große, beschichtete Pfanne erhitzen. Das Öl hineingeben und durch Schwenken in der Pfanne verteilen, dann die Pfanne vom Herd nehmen und mit Küchenpapier auswischen, sodass sie dünn mit Öl beschichtet ist. Eigelbe hineingeben und die Pfanne so schwenken, dass sich eine dünne Schicht bildet. Ohne Hitze 1 Minute warten, bis die Eigelbe gestockt sind. Falls sie nicht stocken: Hitze reduzieren und Eigelbe braten, ohne sie zu bräunen. Mit einem Pfannenwender oder Teigschaber wenden und auf der Restwärme der Pfanne noch ein paar Minuten garen lassen. Eigelbe auf ein Schneidebrett gleiten und abkühlen lassen. Anschließend in dünne Streifen schneiden. Auf den Teller zu den anderen Zutaten geben.

9. Bohnengelee, Gurke und Paprika auf dem Teller mit dem Fleisch anrichten. So entsteht ein farbenfrohes Arrangement von Speisen. Mit den Algenblatt-Bröseln bestreuen. Vor den Gästen mit der Senf-Knoblauch-Sauce beträufeln. Die Speisen auf dem Teller vermengen und servieren.

Mungbohnengelee aufbewahren: Im Kühlschrank hält sich das Bohnengelee zugedeckt bis zu 1 Woche. Bei einer Kühldauer von mehr als 1 Tag wird das Gelee jedoch milchig und zieht sich unter Umständen etwas zusammen. Glasigkeit und Biss lassen sich aber rasch wiederherstellen, wenn man das Bohnengelee kurz in sehr heißem Wasser einweicht.

Glasnudelpfanne mit Gemüse und Rinderbrust *(Japchae)*

Ergibt 6–8 Portionen

Dieses Gericht aus transparenten Süßkartoffelnudeln, die ein wenig Glasnudeln ähneln, sautiertem Gemüse und Rindfleisch ist mehr als die Summe seiner Teile. Das Zusammenspiel von weichen Nudeln, knackig-zartem Gemüse, deftigem Rindfleisch und herzhaften Pilzen ist der Grund dafür, dass man immer willkommen ist, wenn man dieses Gericht mitbringt. Es lässt sich wunderbar in großer Runde teilen und ist ein Muss bei besonderen Anlässen.

- 3 getrocknete Shiitake-Pilze, 3–4 Std. in Wasser eingeweicht, abgetropft und die Stängel entfernt
- 230 g Rinderbrust, in ca. 5 cm lange Streifen geschnitten
- Sojasauce
- 4 Knoblauchzehen, fein gehackt
- 2 EL geröstetes Sesamöl, plus 1 TL mehr
- 230 g Nudeln aus Süßkartoffelstärke (Dangmyeon)
- 230 g Spinat, gewaschen und trocken getupft
- Grobes Salz
- Pflanzenöl
- 1 große Karotte, geschält und in ca. 5 cm lange Stifte geschnitten
- 1 mittelgroße Zwiebel, in Ringe geschnitten
- 280 g kleine weiße Champignons, in dünne Scheiben geschnitten
- 3 Lauchzwiebeln, in ca. 6 cm lange Stücke geschnitten
- 3 EL hellbrauner Zucker
- 1 EL geröstete Sesamsamen
- 1 TL frisch gemahlener schwarzer Pfeffer
- Koreanische Ei-Garnitur (Seite 283), nach Belieben

1. Die Shiitake-Pilze in dünne Scheiben schneiden und in eine Schüssel geben. Das Fleisch, 2 Teelöffel Sojasauce, ein Viertel des Knoblauchs und 1 Teelöffel Sesamöl zugeben und gut vermengen.

2. Einen großen Topf Wasser zum Kochen bringen. Die Nudeln hineingeben und mit einem Kochlöffel umrühren, damit sie nicht verkleben. Zugedeckt 7–8 Minuten kochen lassen, bis die Nudeln zart, aber noch bissfest sind. (Wenn sie noch hart sind weiter 1–2 Minuten kochen.)

3. Die Hitze abschalten. Die Nudeln mit einer Zange zum Abtropfen in ein Sieb geben und dann in eine große, flache Schüssel geben. Die Nudeln in der Schüssel ein paarmal mit einer Schere zerschneiden. Mit 1 Teelöffel Sojasauce und 1 Teelöffel Sesamöl vermengen.

4. Das Nudelkochwasser erneut zum Kochen bringen. Den Spinat in den Topf geben und 30 Sekunden blanchieren. Spinat in einem Sieb abtropfen lassen und unter fließendem kalten Wasser abspülen. Gut abtropfen lassen und überschüssiges Wasser ausdrücken.

5. Den Spinat in eine Schüssel geben und mit 1 Messerspitze Salz und 1 Teelöffel Sesamöl vermengen. In die Schüssel zu den Nudeln geben.

6. Eine große Pfanne erhitzen. 1 Esslöffel Pflanzenöl und Karotte hineingeben und 2 Minuten sautieren, dann zu den Nudeln geben. Noch 1 Teelöffel Öl in die Pfanne geben, dann Zwiebel mit 1 Messerspitze Salz zugeben und 3 Minuten unter Rühren braten, bis sie glasig ist. Zu den Nudeln geben.

7. 2 Teelöffel Öl in die Pfanne geben. Champignons und Lauchzwiebeln mit 1 Messerspitze Salz zugeben und 4–5 Minuten sautieren, bis die Lauchzwiebeln weich und die Champignons zart werden. Zu den Nudeln geben.

8. Noch 1 Teelöffel Pflanzenöl in die Pfanne geben, dann das marinierte Fleisch und die Shiitake-Pilze zugeben und 4 Minuten unter Rühren braten, bis das Fleisch nicht mehr rosa ist. Zu den Nudeln geben.

9. Den restlichen Knoblauch, 1 Esslöffel Sesamöl, 4 Esslöffel Sojasauce, Zucker, Sesam und Pfeffer zu den Nudeln geben. Gut vermengen und auf eine Servierplatte geben. Nach Belieben mit Koreanischer Ei-Garnitur (Seite 283) garnieren und servieren.

Schweinebauch vom Tischgrill *(Samgyeopsal-Gui)*

Ergibt 3–4 Portionen

Eine koreanische Grillparty beginnt damit, dass ein eiserner oder steinerner Grill mitten auf den Tisch gestellt wird. Drumherum stehen Teller mit Schweinebauch, grünen Chilis, Zwiebeln, Knoblauch, Pilzen, Karotten, Gurken und frisch gehackte Lauchzwiebel. Das Grillgut wird vor den Augen der Gäste auf dem Tischgrill gegart. Jeder Gast sucht sich einen Happen aus und wickelt ihn mit Sauce und Lauchzwiebeln in ein Salatblatt – ein Beispiel dafür, dass Kochen und Essen in Korea etwas Geselliges ist und die beste Idee für ein Familientreffen. Zum Schweinebauch wird Soju serviert, ein Schnaps aus Süßkartoffelstärke.

Für dieses Gericht gibt es Tischgrills, spezielle Grillpfannen und tragbare Gaskocher, nachzuschlagen bei den koreanischen Küchengeräten auf Seite 38. Diese relativ preisgünstigen Geräte findet man in der Küchenabteilung von koreanischen Geschäften oder Asialäden.

Statt Schweinebauch kann man auch Schweineschulter, Schweinefilet oder Rinderfilet verwenden, aber am leckersten ist es, wenn das Fleisch etwas Fett hat. Das meiste Fett schmilzt beim Grillen ab, durchzieht aber vorher das Fleisch mit seinem vollen Aroma.

- 2 grüne koreanische Chilischoten (Cheong-Gochu), in dünne Scheiben geschnitten
- 7 große Knoblauchzehen, fein geschnitten
- 7–8 kleine weiße Champignons, in dünne Scheiben geschnitten
- 1 Zwiebel, in dünne Ringe geschnitten
- 1 kleine Gurke, in lange Stücke (ca. 7 × 0,5 cm) geschnitten
- 1 Karotte, geschält und in lange Stücke (ca. 7 × 0,5 cm) geschnitten
- 1 Kopf Blattsalat, zerpflückt, gewaschen und abgetropft
- Dip aus Sojapaste (Seite 282)
- Lauchzwiebelsalat (Seite 143)
- 700 g Schweinebauch, in dünne Scheiben geschnitten
- 1 TL geröstetes Sesamöl

1. Eine Grillpfanne auf einen mitten auf dem Tisch platzierten Gaskocher stellen (siehe oben).

2. Chili und Knoblauch auf einen Teller geben, Champignons und Zwiebel auf einen weiteren Teller geben, Gurke und Karotte auf einen dritten. Salatblätter auf einen weiteren Teller geben. Alles zusammen mit dem Dip aus Sojapaste und dem Lauchzwiebelsalat auf den Tisch stellen. Schweinebauch auf einer Platte anrichten. Den Grill erhitzen und die Pfanne mit Sesamöl einpinseln.

3. Einige Stücke Schweinebauch, Chili, Knoblauch, Champignons und Zwiebeln in die Pfanne legen und grillen, bis das Fleisch an der Unterseite knusprig ist. Fleisch wenden und grillen, bis es rundum knusprig ist. Knoblauch, Chili, Zwiebeln und Pilze ebenfalls wenden. Ist der Grill zu heiß, die Hitze reduzieren. Gegrilltes Fleisch und Gemüse auf einem Teller anrichten und den Grill mit weiterem Grillgut bestücken.

5. Die Gäste stellen sich nun ihr eigenes Päckchen zusammen, indem sie etwas Dip aus Sojapaste und Lauchzwiebelsalat sowie gegrilltes Fleisch und Gemüse in ein Salatblatt wickeln und den Happen verspeisen. Karotte und Gurke sind zum Dippen gedacht.

Grillpfanne und Grillgut auf dem Tisch (oben); Schweinebauch, Zwiebel und Champignons auf dem Grill (unten links); Schweinebauch vom Tischgrill mit Dipsauce, Lauchzwiebelsalat, Chilis, Knoblauch, Zwiebeln und Champignons auf einem Salatblatt (unten rechts)n

Knuspriges Schweinefleisch mit süß-saurer Sauce *(Tangsuyuk)*

Ergibt 4–6 Portionen

Dieses Gericht bestellen Koreaner gern in chinesischen Restaurants, aber es ist mit den Jahren so abgewandelt worden, dass Restaurantgäste in China es wahrscheinlich nicht wiedererkennen. In meiner Kindheit gab es dieses Gericht zu besonderen Anlässen. ich mochte besonders, wie sich Champignons und Karotte, Essig und Zucker, Apfel und Ananas in der Sauce mischten.

Von einer Freundin lernte ich dann, wie man das Schweinefleisch in einen leichten, superknusprigen Teigmantel hüllt. Sie vermengte Kartoffelstärke in einer kleinen Schüssel mit Wasser und ließ die Stärke auf dem Boden absetzen. Dann goss sie das Wasser ab, mischte ein Eiweiß unter die Stärke, um sie aufzulockern, und bedeckte das Fleisch mit dieser Mixtur. Doch der beste Teigmantel der Welt wird nicht knusprig, wenn man ihn nur einmal frittiert. Wie bei den frittierten Hähnchenflügeln ist zweifaches Frittieren unerlässlich.

Dies ist kein schwieriges Rezept, aber Timing ist alles. Zuerst bereitet man die Sauce zu, damit sie bereitsteht, wenn das Fleisch fertig ist. Nach dem zweiten Frittiervorgang erhitzt man sie dann schnell noch einmal. Man serviert dann das Ganze, sobald das Fleisch mit der Sauce in Berührung gekommen ist, damit es noch schön knusprig ist. (Abbildung Seite 246)

450 g Schweineschulter ohne Knochen, in dünne Streifen (ca. 4 × 1 × 0,5 cm) geschnitten
1 Stück (ca. 2 cm) Ingwer, fein gehackt
Grobes Salz
¼ TL frisch gemahlener schwarzer Pfeffer
2 getrocknete Mu-Err- oder Shiitake-Pilze
2 EL Kartoffelstärke
1 großes Eiweiß
1 TL Pflanzenöl
2 Zwiebeln, fein gehackt
1 mittelgroße Karotte, geschält und in ca. 1 cm dicke Scheiben geschnitten
4 EL hellbrauner Zucker
Sojasauce
3 EL Branntwein- oder Apfelessig
1 roter Apfel, entkernt und längs in dünne Scheiben geschnitten
3 Ananasringe aus der Dose, halbiert
Maisöl, zum Frittieren
½ Salatgurke, in Scheiben geschnitten
1 TL geröstetes Sesamöl

1. Fleisch, Ingwer, 1 Messerspitze Salz sowie den Pfeffer in eine Schüssel geben. Gründlich vermengen und zugedeckt kühl stellen, bis die weiteren Zutaten zubereitet sind.

2. Die Pilze in einer kleinen Schüssel mit kaltem Wasser bedecken. Mu-Err-Pilze 1,5 Stunden, Shiitake-PIlze 3–4 Stunden einweichen.

3. Währenddessen 130 Gramm Kartoffelstärke mit 700 Milliliter Wasser in eine Schüssel geben. Gut verrühren, dann 1,5 Stunden warten, bis sich die Stärke am Boden abgesetzt hat.

4. Die Pilze in ein Sieb abgießen und die zähen Stiele entfernen und entsorgen. Die Pilze in mundgerechte Stücke schneiden und trocken tupfen.

5. 2 Esslöffel Kartoffelstärke mit 2 Esslöffel Wasser in einer kleinen Schüssel vermengen.

6. Das Wasser aus der großen Schüssel mit Stärke abgießen, sodass nur der dicke Bodensatz aus Stärke übrig bleibt. Das Eiweiß zugeben und mit der Stärke glatt verrühren.

7. Das Pflanzenöl in einem großen Topf erhitzen. Zwiebeln und Pilze zugeben und etwa 1 Minute unter Rühren anbraten. Die Karotte zugeben und etwa 1 Minute unter Rühren anbraten. Anschließend 700 Milliliter Wasser, den Zucker, 1 Teelöffel Salz, ½ Teelöffel Sojasauce und 2 Esslöffel Essig zugeben und zum Kochen bringen. Die Hitze reduzieren und Apfel und Ananas zugeben.

8. Die Stärke in der kleinen Schüssel aufrühren und dann in die Sauce einrühren. Unter Rühren 2–3 Minuten kochen lassen, bis die Sauce eindickt und glänzend wird. Den Topf vom Herd nehmen.

9. Das eingelegte Fleisch aus dem Kühlschrank nehmen und mit der Stärke vermengen.

10. In einer Schüssel 4 Esslöffel Sojasauce und 1 Esslöffel Essig zu einer Dipsauce vermengen.

11. Etwa 10 Zentimeter Maisöl in einem tiefen Topf auf 165 °C erhitzen. Die Hitze etwas reduzieren. Das Fleisch gründlich mit dem Stärketeig vermengen, bis jedes Stück ummantelt ist. Die Fleischstücke in mehreren Portionen vorsichtig ins Öl gleiten lassen. Dort puffen sie auf und kommen an die Oberfläche. Mehrmals umrühren, bis die Stücke nach 5–7 Minuten leicht anebräunt und knusprig werden. Mit einem Schaumlöffel in ein Sieb geben und über einer Schüssel abtropfen lassen.

12. Das Fleisch erneut in mehreren Portionen 3–4 Minuten frittieren, bis es ganz knusprig und goldbraun ist. In ein Sieb geben und abtropfen lassen, dann auf einer Platte anrichten.

13. Die Apfel-Ananas-Sauce aufwärmen. Sobald sie heiß ist, Gurke und Sesamöl einrühren und kurz verrühren. Die Sauce über das Fleisch gießen und sofort servieren. Die Soja-Essig-Sauce als Dip reichen.

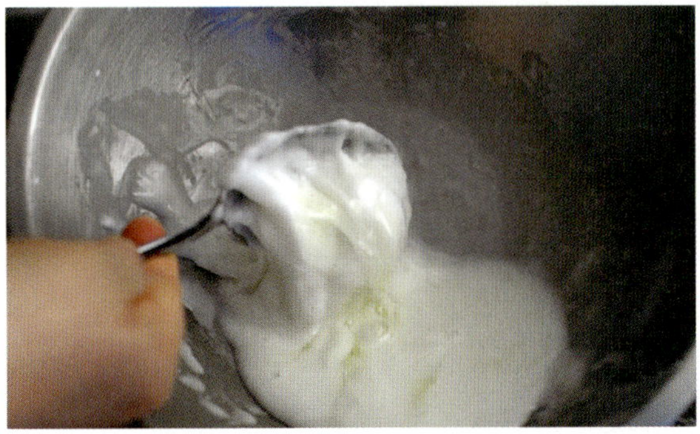

Oben: Schweinefleischstreifen (oben links); Mischung aus Kartoffelstärke und Eiweiß (oben rechts); Fleischstreifen in Stärketeig (Mitte links); Fleisch frittieren (Mitte rechts); Knuspriges Schweinefleisch mit süß-saurer Sauce (unten, Seite 244)

Rechte Seite: Chinakohl zuschneiden (oben); Wraps mit Schweinefleisch und Austernsalat (unten, Seite 248)

Wraps mit Schweinefleisch und Austernsalat *(Bo-Ssam)*

Ergibt 8–10 Portionen

Bo-Ssam ist eines der beliebtesten koreanischen Wrap-Gerichte und besteht aus geschmortem Schweinefleisch, gekrönt mit scharfem Austern-Rettich-Salat, und das alles in ein eingelegtes Salatblatt gewickelt. Meine Geheimzutat mag etwas sonderbar sein: löslicher Kaffee mit Haselnussaroma! Die Idee stammt nicht von mir – ich habe sie von einer Koreanerin, die ich auf einem Kochtreff in Missouri kennenlernte. Ihr Bo-Ssam hatte etwas Unwiderstehliches, das ich nicht einordnen konnte. Ich musste es einfach herausfinden. Die Zutat ist nicht sehr traditionell, aber verleiht dem Fleisch Duft, Aroma und Färbung. (Abbildung Seite 247)

Für den Chinakohl

4 EL Zucker
1 EL grobes Salz
4 EL Branntweinessig
450 g Chinakohlblätter, gewaschen und abgetropft

Für das Fleisch

1,3 kg Schweinebauch oder Schweineschulter ohne Knochen
1 große Zwiebel, geviertelt
12 Knoblauchzehen
1 Stück Imgwer (ca. 4 cm), in Scheiben geschnitten
2 EL fermentierte Sojapaste (Doenjang)
1 EL hellbrauner Zucker
1 EL lösliches Kaffeepulver mit Haselnussaroma

Für den Austern-Rettich-Salat

450 g koreanischen Rettich (Mu) oder Daikon, geschält und in dünne Stifte geschnitten
2 TL grobes Salz
2 EL Fischsauce
2 TL Zucker
3 Knoblauchzehen, fein gehackt
4 EL koreanische Chiliflocken (Gochu-Garu)
230 g Austern ohne Schale, frisch oder TK und im Kühlschrank aufgetaut
1 EL geröstete Sesamsamen

Für die Garnelensauce

1 EL gesalzene Garnelen (Saeujeot)
1 Lauchzwiebel, gehackt
1 Knoblauchzehe, gehackt
1 TL koreanische Chiliflocken (Gochu-Garu)
1 TL Zucker

1. Chinakohl: Zucker, Salz, Essig und 180 Milliliter Wasser in eine Schüssel geben und umrühren, bis Zucker und Salz aufgelöst sind. Kohlblätter hineingeben und gut verrühren. 1–2 Stunden ziehen lassen, dabei alle 15 Minuten wenden, bis die Blätter weich und welk sind.

2. Chinakohl abtropfen lassen und überschüssiges Wasser ausdrücken. Bis zum Gebrauch kühl stellen. (Die Blätter halten sich gekühlt bis zu 2 Tage.)

3. Schweinefleisch: Das Fleisch in einen großen Topf geben. Zwiebel, Knoblauch, Ingwer, Sojapaste, Zucker und Kaffeepulver und 240 Milliliter Wasser zugeben und zugedeckt 1 Stunde kochen. Die Hitze reduzieren und 15 Minuten sanft weiterköcheln lassen, oder so lange, bis das Fleisch zart und durchgegart ist. Fleisch aus der Brühe nehmen und abkühlen lassen.

4. Austern-Rettich-Salat: Währenddessen Rettich und Salz in einer Schüssel vermengen. Etwa 10 Minuten ziehen lassen, dann abspülen und überschüssiges Wasser ausdrücken. Den Rettich in eine Schüssel geben, Fischsauce, Zucker, Knoblauch und Chiliflocken zugeben und gut vermengen. Die Austern zugeben und unterrühren. Mit Sesam bestreuen.

5. Garnelensauce: Garnelen, Lauchzwiebel, Knoblauch, Chiliflocken und Zucker in eine Schüssel geben. Gut verrühren. 2 Esslöffel Wasser zugeben und erneut umrühren.

6. Anrichten: Schweinefleisch in dünne Scheiben schneiden und auf einer großen Servierplatte aufhäufen. Eingelegten Kohl und Austern-Rettich-Salat daneben platzieren. Die Garnelensauce in einer kleinen Schüssel dazu reichen. Die Gäste legen sich nun ein Stück Fleisch mitten auf ein Kohlblatt, krönen es mit Austern-Rettich-Salat und Garnelensauce und rollen das Ganze zusammen.

Ssam

Das koreanische Wort Ssam bedeutet »eingewickelt« und bezeichnet eine kulinarische Technik, bei der kleine Speisemengen in eine essbare Hülle gewickelt werden, sodass ein einziger, köstlicher Happen entsteht. Die Zutaten für die Wraps stehen samt Füllung auf dem Tisch bereit, und jeder Bissen wird spontan von den Essenden zusammengestellt.

Die bekannteste Form von Ssam besteht aus Grillfleisch, das in rohes Blattgemüse gewickelt wird. Das ist das Einzigartige an koreanischen Grillgerichten: Jeder Bissen Fleisch wird mit ein bisschen frischem Gemüse kombiniert. Man legt sich dazu ein Salatblatt auf die Handfläche, vielleicht auch ein Perillablatt. Dann platziert man ein saftiges Stück gegrilltes Rindfleisch darauf, dazu ein Scheibchen Knoblauch, einen dünnen Chili-Ring und einen Klecks Dip aus Sojapaste (Seite 282). Oft gebe ich noch ein Blättchen Basilikum oder Petersilie oder ein anderes Kraut dazu. Dann faltet man das Ganze zusammen und schiebt es sich komplett in den Mund.

Wer die klassischen koreanischen Grill-Wraps probieren will, macht Schweinebauch vom Tischgrill (Seite 242), L. A.-Rippchen (Seite 236) oder Bulgogi (Seite 233).

Nicht nur Gegrilltes lässt sich auf Ssam-Art genießen. In diesem Buch stelle ich noch einige weitere Wrap-Varianten vor: Schweinefleisch-Wraps gehen immer, aber manchmal muss ein Klassiker der feinen Hofküche her: die Platte der neun Köstlichkeiten (Seite 255). Wer es heiß und deftig mag, packt Dicke Suppe mit Sojapaste (Seite 162) in Gedämpften Weißkohl (Seite 162), wohingegen bei Appetit auf etwas Leichtes, Schnelles die Blattgemüse-Reisröllchen mit Apfelsauce (Seite 158) genau das Richtige sind.

Yangjangpi-Nudeln mit Schweinefilet, Meeresfrüchten und Gemüse *(Yangjangpi-Japchae)*

Ergibt 8 Portionen

Dieses köstliche Gericht aus Nudeln mit Schweinefleisch in scharfer Senf-Knoblauch-Sauce, umgeben von allerlei Leckereien, ist leicht zuzubereiten. Man braucht allerdings etwas Zeit – hauptsächlich zum Gemüseschneiden. Aber dann hat man etwas im Topf, mit dem man Partygäste beeindruckt. Nachdem die Gäste die Platte mit den Leckereien bewundert haben, wird alles mit Sauce begossen, vermischt und portioniert.

Yangjangpi-Nudeln sind eine besondere Nudelsorte aus Mungbohnenstärke, die in Blattform hergestellt wird. Beim Kochen werden sie glasig und glänzend und bekommen eine leicht zähe, gallertartige Textur. Nach dem Kochen werden sie zerpflückt, damit sie leichter zu essen sind.

Am besten stellt man ein Backblech bereit, auf dem man die vorbereiteten Zutaten aufhäuft. Außer den Nudeln kann man alles schon im Voraus zubereiten und kühl stellen.

140 g Schweinefilet, in dünne Streifen (ca. 7,5 cm) geschnitten
1 Knoblauchzehe, fein gehackt
1 Stück Ingwer (ca. 2 cm), fein gehackt
2 TL Sojasauce
1 Prise frisch gemahlener schwarzer Pfeffer
1 EL Speisestärke
8 große Garnelen mit Schale
230 g Tintenfischtuben, frisch oder TK und aufgetaut; gründlich abgespült
3–4 Blätter Yangjangpi-Nudeln (Seite 33)
1 TL grobes Salz
2 TL Zucker
2 EL Branntweinessig
1 EL geröstetes Sesamöl
Pflanzenöl, zum Braten
7 kleine weiße Champignons, in dünne Scheiben geschnitten
1 Zwiebel, in dünne Ringe geschnitten
2 TL Austernsauce
1 Salatgurke, in hauchdünne ca. 7,5 cm lange Stifte geschnitten
1 rote Paprika, entkernt und in dünne Stifte geschnitten
1 gelbe Paprika, entkernt und in dünne Stifte geschnitten
Koreanische Ei-Garnitur (Seite 283), dünn geschnitten
1 TL geröstete Sesamsamen
Senf-Knoblauch-Sauce (Seite 285)

1. Fleisch, Knoblauch, Ingwer, 1 Teelöffel Sojasauce und Pfeffer in eine Schüssel geben und verrühren, Stärke zugeben und unterrühren. Zugedeckt kühl stellen, bis die restlichen Zutaten zubereitet sind.

2. Einen großen Topf Wasser zum Kochen bringen und die Garnelen darin etwa 5 Minuten garen, bis sie rosa und nicht mehr glasig sind. Die Garnelen mit einem Schaumlöffel herausheben und leicht abkühlen lassen. Das Wasser im Topf belassen. Garnelen aus der Schale pulen und von der Rückseite her längs halbieren. Mit den Fingern den Darm entfernen. Garnelenstücke In eine Schüssel geben.

3. Tintenfischtuben aufschneiden, sodass sie flach auf dem Schneidebrett liegen. Mit einem scharfen Messer diagonale Rillen einritzen. Tintenfisch drehen und erneut einritzen, sodass ein Karomuster entsteht. Tintenfischfleisch in dünne Streifen (ca. 6 × 1 cm) schneiden.

4. Das Wasser im Topf erneut aufkochen und den Tintenfisch ein paar Minuten gerade so weit kochen, dass er nicht mehr glasig ist. Mit dem Schaumlöffel herausheben und in eine Schüssel geben. Das Wasser weiterkochen lassen.

5. Nun die Nudeln in das kochende Wasser geben und mit einem Kochlöffel umrühren, damit sie nicht verkleben. Zugedeckt etwa 5 Minuten kochen lassen, bis sie weich und glasig sind. In ein Sieb abgießen. Gut abtropfen und etwas abkühlen lassen.

6. Die Nudeln in mundgerechte Streifen zerpflücken und in eine Schüssel geben. 1 Teelöffel Sojasauce, Salz, Zucker, Essig und Sesamöl unterrühren.

7. 1 Esslöffel Pflanzenöl in einer großen Pfanne erhitzen. Die Pilze zugeben und unter Rühren ein paar Minuten braten, bis sie zart sind. In eine Schüssel geben.

8. 2 Teelöffel Pflanzenöl in der Pfanne erhitzen. Fleisch und Zwiebel zugeben und unter Rühren etwa 5 Minuten braten, bis das Fleisch gar ist. Die Austernsauce zugeben und unter Rühren 2 Minuten weiterbraten. Die Pfanne vom Herd nehmen.

9. Garnelen, Tintenfisch, Gurke, Pilze, Paprika und Ei-Garnitur auf einer großen Platte anrichten und dabei die Mitte freilassen. Dort die Nudeln aufhäufen und mit dem Fleisch krönen. Mit Sesam bestreuen.

10. Die Platte sofort auftragen. Vor den Augen der Gäste mit der Senf-Knoblauch-Sauce begießen und alle Speisen mit einer Grillzange oder einem großen Löffel vermengen, dann portionieren und servieren. Dazu sollte für jeden Gast ein kleiner Teller gedeckt sein.

Gekochte Yangjangpi-Nudeln (links); Yangjangpi-Nudeln mit Schweinefilet, Meeresfrüchten und Gemüse (rechts)

Kalter Quallensalat *(Haepari-Naengchae)*

Ergibt 6 Portionen

Diese kalte, süßsaure und knoblauchhaltige Delikatesse ist die koreanische Variante eines chinesischen Gerichts. Ich bereite immer dann einen Quallensalat zu, wenn es etwas zu feiern gibt. Der Salat gehört zu den beliebtesten Speisen auf koreanischen Büffets.

Gesalzene und in Stücke zerteilte Quallen sind leicht zuzubereiten: einweichen, blanchieren und erneut einweichen, damit sie schön aufquellen und überschüssiges Salz ausgespült wird.

In chinesischen Geschäften bekommt man auch ganze gesalzene Quallen. Sie sehen aus wie gefaltete Blätter aus dünnem, hellbraunem Papier. Diese Sorte Quallen muss länger eingeweicht werden, ist aber preisgünstiger und schmeckt zubereitet knuspriger als die vorverarbeitete Sorte. Nach dem Abspülen, Einweichen und Blanchieren lässt man die Quallen mehrere Stunden oder einen Tag in kaltem Wasser ziehen, wobei das Wasser mehrmals gewechselt wird. Sind die Quallen weich und nicht mehr salzig, werden sie in Stifte geschnitten – und sind einsatzbereit.

- 1 kg zerkleinerte gesalzene Quallen (Haepari; Seite 26)
- 1 TL grobes Salz
- 1 EL Branntwein- oder Apfelessig
- 2 EL Zucker
- Pflanzenöl, zum Braten
- 140 g Surimi-Sticks (Ge-Massal)
- 1 große Nashi-Birne oder 2 Bosc-Birnen
- 1 Salatgurke, in ca. 7,5 cm lange Stifte geschnitten
- Koreanische Ei-Garnitur (Seite 283)
- Senf-Knoblauch-Sauce (Seite 285)
- Pinienkerne zum Garnieren, nach Belieben

1. Quallenstreifen unter kaltem Wasser abspülen, um überschüssiges Salz zu entfernen. Etwa 1 Stunde in einer großen Schüssel mit Wasser einweichen. Danach in ein Sieb abgießen und gut abtropfen lassen.

2. 1,7 Liter Wasser in einem großen Topf zum Kochen bringen. Das kochende Wasser vom Herd nehmen und 240 Milliliter kaltes Wasser zugeben, um die Wassertemperatur etwas zu senken. Quallenstreifen hineingeben und 10 Sekunden umrühren. In das Sieb abgießen und abtropfen lassen. Danach 1 Stunde in einer Schüssel mit frischem kalten Wasser quellen lassen.

3. Quallenstreifen erneut abgießen und abtropfen lassen. Das überschüssige Wasser mit den Händen ausdrücken. In eine saubere Schüssel geben, Salz, Essig und 1 Esslöffel Zucker zugeben und gründlich vermengen. Zugedeckt kühl stellen.

4. Eine große Pfanne erhitzen. Ein paar Tropfen Pflanzenöl hineingeben, dann die Surimi-Sticks zugeben und 1 Minute braten, dabei einmal wenden. (Zum Durcherhitzen kann man das Surimi auch 1 Minute auf hoher Stufe in die Mikrowelle geben oder ein paar Minuten dämpfen.) Etwas abkühlen lassen, dann die Sticks in dünne Streifen zerpflücken.

5. Den restlichen Zucker in 700 Milliliter Wasser lösen. Birne schälen, entkernen, in Stifte schneiden und sofort in das Zuckerwasser geben, damit sie nicht braun wird. Abtropfen lassen.

6. Surimi, Birne, Gurke und Ei-Garnitur auf einer großen Platte anrichten und dabei die Mitte freilassen. Quallenstreifen in der Tellermitte aufhäufen. Die Senf-Knoblauch-Sauce kurz vor dem Servieren über den Salat gießen. Nach Belieben mit Pinienkernen bestreuen und servieren.

Schnelle Varianten:

Ist Qualle nicht aufzutreiben (oder nicht erwünscht), kann man auch gedämpfte und gepulte Garnelen verwenden – die passen wunderbar zu Surimi, Gurke, Birne und der Senf-Knoblauch-Sauce. Eine vegetarische Variante entsteht, wenn man Qualle und Surimi weglässt und stattdessen in Stifte geschnittene Karotte und etwas mehr Gurke und Birne zugibt.

Quallenstreifen einweichen (oben links); koreanische Ei-Garnitur zubereiten (oben links; Seite 283); Kalter Quallensalat (unten)

Crêpe-Teig (oben links); Crêpes braten (oben rechts); fertige Crêpes (Mitte links); gefüllter Crêpe (Mitte rechts); Platte der neun Köstlichkeiten (unten)

Platte der neun Köstlichkeiten *(Gujeolpan)*

Ergibt 6 Portionen

Auf der Platte der neun Köstlichkeiten liegen mundgerechte, Miljeonbyung genannte Crêpes, umgeben von allerlei Füllungen und begleitet von einer scharfen Senfsauce. Traditionell hat die Platte, auf der das Gericht serviert wird, die Form eines Achtecks mit neun Fächern. In der Mitte werden die Crêpes gestapelt, drumherum liegen die Füllungen bereit. Die wörtliche Übersetzung von Gujeolpan lautet demnach auch »neungeteilter Teller«. Wer keinen solchen besitzt, nimmt einfach eine große Servierplatte.

Bei diesem Gericht kommt es vor allem auf das kunstvolle und ausbalancierte Arrangement der einzelnen Speisen in Bezug auf die Fünf Elemente (Seite 16) an. Auch die zugeordneten Farben Schwarz, Rot, Blau-grün, Weiß und Gelb sind vertreten. Traditionell wird Schwarz dabei von einer dunklen Flechtenart (Seogi; jap iwatake) vertreten, die jedoch außerhalb Asiens nur schwer zu finden ist. Ich nehme stattdessen mehr Gurke, denn deren Knackigkeit bietet einen schönen Kontrast zur festeren Konsistenz von Shiitake-Pilzen, Garnelen und Rindfleisch.

- 4 getrocknete Shiitake-Pilze, ca. 3 Std. in warmem Wasser eingeweicht
- 4 TL Sojasauce
- 1 EL Honig
- 2 TL geröstetes Sesamöl
- Frisch gemahlener schwarzer Pfeffer
- 110 g Rinderbrust, in ca. 6 cm lange Streifen geschnitten
- 1 Knoblauchzehe, fein gehackt
- 1 Karotte, geschält und in ca. 6 cm lange Stifte geschnitten
- Grobes Salz
- 1 große Salatgurke, in ca. 6 cm lange Stifte geschnitten
- 110 g große Garnelen, ohne Schale und entdarmt
- Pflanzenöl
- 60 g Mehl
- 1 EL gehackte Pinienkerne, plus 5 ganze
- Koreanische Ei-Garnitur (Seite 283), in dünne Streifen geschnitten
- Senf-Knoblauch-Sauce (Seite 285)
- Holzspießchen, zum Aufspießen der Garnelen

1. Die Pilze abtropfen lassen und überschüssiges Wasser ausdrücken. Stiele abschneiden (evtl. für einen späteren Gebrauch, z. B. für Brühe, aufheben) und Pilze in dünne Scheiben schneiden. In einer Schüssel mit 2 Teelöffel Sojasauce, Honig, 1 Teelöffel Sesamöl und 1 Prise Pfeffer vermengen.

2. Das Fleisch in einer Schüssel mit Knoblauch, den restlichen 2 Teelöffel Sojasauce, 1 Teelöffel Sesamöl und 1 Prise Pfeffer vermengen.

3. Karotte in einer Schüssel mit 1 Prise Salz vermengen und 5 Minuten ziehen lassen, dann mit Küchenpapier trocken tupfen und bereitstellen.

4. Inzwischen die Gurkenstifte in einer anderen Schüssel mit 1 Prise Salz vermengen und 5 Minuten ziehen lassen, dann sanft ausdrücken, um überschüssiges Wasser zu entfernen.

5. Die Garnelen der Länge nach auf die Zahnstocher spießen (so krümmen sich die Garnelen beim Kochen nicht zusammen).

6. Eine große Pfanne erhitzen und ½ Teelöffel Pflanzenöl und Karotte zugeben und unter Rühren 30 Sekunden anbraten. Auf eine große Platte geben.

7. Anschließend die Gurke mit ½ Teelöffel Öl in die Pfanne geben und unter Rühren 20 Sekunden anbraten. Danach auf die Servierplatte geben.

8. Nun die Garnelenspieße mit 1 Teelöffel Öl in die Pfanne geben und 1 Minute anbraten, bis sie von unten rosa sind. Wenden und 1 Minute von der anderen Seite braten. Die Hitze reduzieren und 1 Minute weiterbraten, bis die Garnelen durchgegart, aber nicht angebräunt sind. Auf die Platte legen.

9. Das marinierte Fleisch in die Pfanne geben und unter Rühren 3–4 Minuten braten, bis die Flüssigkeit fast verdampft und das Fleisch gar ist. Auf die Platte geben. Die Platte mit Frischhaltefolie abdecken, damit die Speisen nicht austrocknen.

10. Das Mehl, 1 Messerspitze Salz und 180 Milliliter Wasser in eine Schüssel geben und gründlich verrühren. Den Teig durch ein Sieb in eine andere Schüssel füllen und eventuelle Klumpen mit einem Löffelrücken durch das Sieb streichen. Erneut verrühren.

11. Eine große, beschichtete Pfanne erhitzen. Ein paar Tropfen Pflanzenöl hineingeben und durch Schwenken verteilen. Die Hitze reduzieren. 1 Esslöffel Teig in die heiße Pfanne geben und mit dem Löffelrücken zu einer Scheibe mit 6–7 Zentimeter Durchmesser formen. Weitere Crêpes formen, bis die Pfanne voll, aber nicht überfüllt ist. Die Crêpes 1–2 Minuten braten, bis sie leicht glasig und an den Rändern etwas trocken werden. Wenden und 1 Minute weiterbraten. Gebratene Crêpes auf einen großen Teller oder ein Backblech legen. Den restlichen Teig ebenso verarbeiten, bis etwa 30 Crêpes entstanden sind.

12. Die Crêpes aufeinanderlegen und in die Mitte eines neungeteilten Tellers (oder in die Mitte einer großen Platte) legen. Dabei zwischen die Crêpes gehackte Pinienkerne streuen, damit sie nicht verkleben. Auf dem obersten Crêpe 5 Pinienkerne in Blütenform anrichten, wie auf Seite 254 zu sehen.

13. Die restlichen Fächer mit Karotte, Eiweißstreifen, Eigelbstreifen, Fleisch, Garnelen, Pilzen und Gurken füllen, wobei die verbleibenden zwei Fächer mit Pilzen und Gurken versehen werden. Die Senf-Knoblauch-Sauce in eine Schüssel geben.

14. Am Tisch nimmt sich jeder Gast einen einzelnen Crêpe auf den Teller, gibt etwas Füllung seiner Wahl darauf, beträufelt das Ganze mit Sauce und rollt es zusammen.

Fermentierter Rochen mit Rettich *(Hong-Eo-Hoe)*

Ergibt 10–12 Portionen

In meiner Heimatprovinz Jeollanam geht kein Familientreffen ohne dieses Festmahl über die Bühne. Heute lebe ich in New York und sehne mich immer wieder nach diesen Festen zurück. Zum Glück bekomme ich fermentierten Rochen jederzeit im koreanischen Lebensmittelgeschäft. Wenn ich welchen mitgebracht habe, würze ich ihn und esse ihn entweder sofort, oder ich lasse ihn 1 oder 2 Wochen im Kühlschrank gären, damit er noch würziger schmeckt. Die Konsistenz dieses fermentierten Gerichts liegt irgendwo zwischen roh und gar. Das richtige Verhältnis zwischen Essig und Wasser habe ich durch langes Experimentieren herausgefunden.

450 g fermentierter Rochen (Hong-Eo)
120 ml Branntweinessig
450 g koreanischer Rettich (Mu) oder Daikon, geschält und in Stifte geschnitten
Grobes Salz
8 EL koreanische Chiliflocken (Gochu-Garu)
8 EL koreanische rote Chilipaste (Gochujang)
5 Knoblauchzehen, fein gehackt
2 Lauchzwiebeln, gehackt
2 EL Zucker
4 EL brauner Reissirup (Ssal-Yeot)
1 EL geröstete Sesamsamen

1. Den Rochen unter fließendem kalten Wasser abspülen und mit Küchenpapier trocken tupfen. Quer zur Faser in 2,5 × 7,5 Zentimeter große Stücke schneiden.

2. 1,4 Liter Wasser und 60 Milliliter Essig in eine große Schüssel geben. Den Rochen hineinlegen und etwa 1 Stunde ziehen lassen. Abtropfen lassen und überschüssiges Wasser ausdrücken.

3. Inzwischen den Rettich mit 1 Teelöffel Salz in einer Schüssel vermengen und 30 Minuten ziehen lassen. Abtropfen lassen und überschüssiges Wasser ausdrücken.

4. Chiliflocken, Chilipaste, Knoblauch, Lauchzwiebeln, Zucker, Sirup, die restlichen 60 Milliliter Essig, Sesam und 1 Teelöffel Salz in eine große Schüssel geben. Gründlich vermengen. Rettich und Rochen zugeben und unterrühren. Auf eine Platte geben. Sofort servieren oder bis zu 2 Wochen luftdicht verschlossen im Kühlschrank aufbewahren.

Links: Zutaten vermengen; rechts: Fermentierter Rochen mit Rettich

Fermentierte Speisen

Als Quintessenz der koreanischen Kochkultur gilt die Fermentation. Als Kind habe ich mir Vieles über die Zubereitung fermentierter Speisen bei meiner Großmutter abgeschaut. Doch als ich erwachsen wurde und meine eigene Familie bekochte, hatte ich das meiste davon schon verlernt.

Meine küchentechnischen Wurzeln wiederzuentdecken war eine große Herausforderung und eine Freude. Ich habe von neuem gelernt, wie man auf traditionelle Art Chilipaste oder Sojapaste, Fischsauce und Reiswein herstellt, und habe die uralten Rezepte zum Fermentieren an die heutige Küchenpraxis angepasst.

Keine dieser Methoden ist besonders kniffilig – die Grundtechniken haben meine Vorfahren vor Tausenden von Jahren entwickelt –, aber sie erfordern Geduld und Wachsamkeit.

Durch das Ausprobieren der Rezepte in diesem Kapitel, werden die uralten Gebräuche meiner Vorfahren wiederbelebt. Mit etwas Erfahrung kann man bei der Zubereitung einen Sinn für Gärprozesse entwickeln und meistert damit den ersten Schritt zum wahren Expertentum auf diesem Gebiet.

Natürlich kann man all diese fermentierten Speisen auch im koreanischen Lebensmittelhandel verzehrfertig kaufen. Aber wenn man wirklich in die koreanische Kochkunst eintauchen möchte, gehören Rezepte mit fermentierten Speisen zur Grundlage.

Koreanische rote Chilipaste (Seite 268)

Fermentierte Sojapaste *(Doenjang)*

Ergibt etwa 5 Kilogramm

Doenjang ist eine unersetzliche Zutat für die koreanische Küche. Die Würzpaste kommt in vielen Rezepten dieses Buchs vor. Ihr salziger, erdiger und voller Geschmack prägt unzählige Suppen, Eintöpfe, Beilagen und Marinaden.

Fermentierte Sojapaste ist jedoch alles andere als ein Hopplahopp-Rezept, denn die Paste, die man heute ansetzt, wird erst nach fast einem Jahr fertig sein. In Korea ist es Brauch, im Winter mit dem Fermentieren der Sojapaste anzufangen, sodass die frischen Sojaklötze an einer kühlen Stelle im Haus in aller Ruhe den Winter über trocknen und gären können (bei wärmerem Wetter würden sie verderben). In meiner Wohnung in New York sieht die Doenjang-Zubereitung allerdings ein wenig anders aus. Die Temperatur lässt sich ja heuzutage in den Wohnungen regeln, sodass ich jederzeit Sojapaste ansetzen kann.

Wer selbst gemachte Sojapaste probiert, wird staunen, wie lecker sie gerade im Vergleich mit handelsüblicher Ware schmeckt. Sogar die schlichteste Suppe, die damit gekocht wird, schmeckt einfach unwiderstehlich gut. Als Nebenprodukt der Fermentierten Sojapaste erhält man auch noch Koreanische Suppen-Sojasauce (Seite 274). Also lieber jetzt gleich mit der Zubereitung loslegen, als noch länger warten!

Erforderliche Ausrüstung:

- 1 Heizdecke
- Mulltücher oder mehrere Lagen Käseleinen
- Küchengarn
- Gummiband
- 1 flacher Bambuskorb (ca. 43 cm ø) oder ein Backblech, mit Wachspapier ausgeschlagen
- 1 Pappkarton (ca. 45 × 25 × 18 cm), zur Aufbewahrung von 3 Sojaklötzen (siehe linke Seite)
- 3–5 Handvoll Reisstroh oder Heu (evtl. auf dem Wochenmarkt erhältlich), nach Belieben
- 3 Stück Holzkohle (ca. 10 × 4 × 2,5 cm) aus Hartholz
- 1 Steinguttopf mit Deckel (15–19 l Inhalt)
- 1 Steinguttopf mit Deckel (5 l Inhalt)

Gekochte gelbe Sojabohnen (oben links); Sojabohnen kneten (rechts); Paste aufteilen (2. Reihe links); zu Klötzen geformte Paste (2. Reihe rechts); fermentierte Klötze (3. Reihe links); zum Trocknen aufgehängte Klötze (3. Reihe rechts); Klötze mit Kohle, Jujuben und Chilischoten marinieren (unten links); fermentierte Sojapaste (unten rechts)

2,3 kg getrocknete gelbe Sojabohnen (Meju-Kong), verlesen, abgespült und ca. 16 Std. kalt eingeweicht
6,7 kg grobes Salz, plus 4 EL mehr
2 EL flüssiger Honig
3 getrocknete Jujuben (Daechu; Seite 27)
3 große getrocknete scharfe Chilischoten (ca. 4 cm lang)

1. Die Bohnen gut abtropfen lassen und in einen großen, schweren Topf geben. Wasser bis zur dreifachen Höhe der Bohnen zugeben. Zugedeckt 1 Stunde kochen.

2. Die Hitze reduzieren und 4,5–5 Stunden weiterkochen, bis die Bohnen weich genug zum Zerstampfen sind. Zwischendurch den Wasserstand kontrollieren und bei Bedarf Wasser auffüllen, sodass die Bohnen immer bedeckt bleiben. Die Bohnen in ein Sieb gießen und abtropfen lassen.

3. Die Bohnen in mehreren Durchgängen mit einem großen Mörser oder in einer Küchenmaschine zu einer Paste verarbeiten. Die pürierten Bohnen in drei Portionen teilen. Jede Portion mit beiden Händen kneten und in einen festen, backsteinartigen Klotz mit den Maßen 15 × 8 × 10 cm formen.

4. In Korea ist es Brauch, die Sojabohnenklötze auf dem beheizten Fußboden zu trocknen, aber ich benutze dafür eine Heizdecke, die mit sauberen Handtüchern oder Backpapier ausgelegt wird. Dazu die Klötze auf die Decke stellen. Die Heizdecke auf niedrigster Stufe einschalten und die Klötze 3–4 Tage trocknen, dabei mehrmals wenden, bis sie fest genug zum Aufhängen sind.

5. Jeden Klotz mit Küchengarn umschlingen (Abbildung Seite 262) und an Haken an der Decke aufhängen, sodass der Klotz von allen Seiten belüftet ist. Etwa 6 Wochen hängen lassen.

6. Fermentieren: Den Pappkarton, der gerade groß genug für die drei mit wenig Abstand aufgestellten Klötze ist, mit einer Lage trockenem Reisstroh oder Heu auslegen (das Stroh isoliert die Bohnenklötze und begünstigt nützliche, in der Luft lebende Bakterien wie *Bacillus subtilis*. Falls man kein Stroh oder Heu bekommt: keine Sorge, die Klötze kriegen auch so genug gute Bakterien ab). Den Karton verschließen und mit der Heizdecke einwickeln. Heizdecke auf niedrigster Stufe einschalten und die Bohnenklötze etwa 2 Wochen gären lassen. Danach haben die gut fermentierten Klötze einen kräftigen, erdigen Geruch und sind mit weißem, bräunlich-gelbem und manchmal auch grünlichem Schimmel bedeckt (die Schimmelpilze wandeln die Bohnenproteine in Peptide und Aminosäuren um, die der Bohnenpaste ihr herrlich nussiges Aroma verleihen).

7. Die fermentierten Bohnenklötze erneut mit Küchengarn festbinden und etwa 1 Monat von der Decke hängen lassen.

8. Unter kaltem Wasser den Schimmel von den Klötzen abwaschen. Die Klötze in einen flachen Korb oder auf ein mit Wachspapier bedecktes Backblech legen und 1 Tag in der prallen Sonne trocknen lassen, dabei mehrmals wenden, sodass alle Seiten trocken werden.

9. Das grobe Salz nun mit 13 Liter Wasser in eine sehr große Schüssel geben. Mit einem Kochlöffel umrühren, bis das Salz aufgelöst ist.

10. Den großen Tontopf mit 15–19 Liter Fassungsvermögen bereitstellen. 2 Stücke Kohle auf einen Gasbrenner legen, die Gasflamme entzünden und die Kohle zum Glühen bringen. (Falls kein Gasherd verfügbar ist, den Backofengrill verwenden. Die Kohlestücke dazu unter den Grill legen und erhitzen. Herausnehmen, sobald sie rot glühen.) Die glühenden Kohlestücke mit einer Grillzange in den Tontopf legen. Die Kohle mit dem Honig beträufeln. Den Tontopf zudecken und 5 Minuten warten. Den Deckel abnehmen (jetzt entweicht viel Rauch, und es riecht nach Karamell). Dieser Vorgang sterilisiert das Innere des Tontopfs und verfeinert den Geschmack der Sauce.

11. Die Kohle entfernen und den Tontopf mit Küchenpapier auswischen. Bohnenklötze und Salzwasser hineingeben. Die restliche Kohle mit Jujuben und Chilischoten zugeben (schwimmt an der Oberfläche; die Kohle absorbiert Staub, Jujuben sorgen für Süße, Chilis dafür, dass die Klötze nicht verderben). Den Tontopf mit Mulltuch oder Käseleinen bedecken und mit dem Deckel verschließen. Die Klötze 2–3 Monate im Salzwasser gründlich gären lassen. An klaren Tagen sollte man während dieser Zeit den Deckel abnehmen, den Topf tagsüber in die Sonne stellen und abends wieder zudecken. Dabei das Tuch nicht abnehmen, denn es schützt den Inhalt vor Staub und Insekten. Mit der Zeit wird das Salzwasser braun und riecht wie stark vergorene Sojasauce.

12. Kohle, Jujuben und Chilis abfischen und entsorgen. Eingeweichte Bohnenklötze in eine große Schüssel geben und die Flüssigkeit für die Zubereitung von Koreanischer Suppen-Sojasauce aufheben. (Da die Klötze beim Aufquellen möglicherweise zerbröselt sind, die Sojasauce aus dem Tontopf durch ein Sieb in eine große Schüssel abgießen und die Stücke in die Schüssel zu den Bohnenklötzen geben.)

13. Die Masse mit den Händen vermengen und zu einer Paste zerbröseln. In den 5-Liter-Tontopf geben und zusammenpressen. Mit 4 Esslöffeln Salz bestreuen. Ein Mulltuch darüberlegen und mit dem Gummiband befestigen. Topf mit einem Deckel abdecken.

14. Den Topf zur endgültigen Fermentation in die Sonne stellen. Zweimal wöchentlich an klaren Tagen den Deckel abnehmen und die Sonne durch das Tuch in den Topf scheinen lassen. Gut fermentiert riecht die Paste süß und schmeckt salzig und erdig mit komplexem Aroma. Bis dahin dauert es 5–6 Monate.

15. Fertige Paste bei Zimmertemperatur im Tontopf aufbewahren. Bei jeder Entnahme den Rest mit einem Löffel zusammendrücken, damit keine Luft in die Paste kommt. Gelegentlich den Deckel abnehmen, das Tuch darüberbreiten und die Sonne darauf scheinen lassen.

Doenjang-Zeitplan:

Um eine Vorstellung davon zu bekommen, wie lange die Arbeitsschritte dauern, füge ich hier den Zeitplan an, nach dem ich das letzte Mal Sojapaste hergestellt habe. Die Sojasauce habe ich erst 1 Woche nach der Trennung von Paste und Salzwasser gekocht. Man kann sie auch am gleichen Tag kochen.

- 04. Januar: Bohnen eingeweicht
- 05. Januar: Bohnenklötze geformt
- 06. April: Bohnenklötze in Salzwasser eingelegt
- 15. Juni: Bohnenklötze aus dem Salzwasser genommen und in den kleineren Tontopf gepackt
- 22. Juni: Salzwasser zu Koreanischer Suppen-Sojasauce (Seite 274) verkocht
- Dezember: Die Fermentierte Sojabohnenpaste ist essfertig.

Extrastarke fermentierte Sojapaste *(Cheonggukjang)*

Ergibt etwa 1,4 Liter

Extrastarke Sojapaste entsteht, wenn gekochte Sojabohnen mit den »nützlichen« Bakterien in der Luft vergoren werden. Die Paste schmeckt kräftiger als fermentierte Sojapaste (Seite 263), fast schon wie ein sehr reifer Käse, braucht aber zur Herstellung deutlich weniger Zeit: 2–3 Tage statt ein knappes Jahr. Cheonggukjang riecht streng, schmeckt erdig und fühlt sich glibberig an. Außerdem ist sie weniger salzig als Doenjang. Koreaner verwenden sie gern als Grundlage für Eintopf (Seite 109).

In Korea gilt Cheonggukjang schon lange als magenfreundlich. Nach neueren Forschungen hat der in der Paste vorherrschende Bakterienstamm (Bacillus subtilis) tatsächlich probiotische Eigenschaften, die einer gesunden Verdauung zuträglich sein sollen. Auch seine Rolle bei der Vorbeugung gegen Schlaganfall und Demenz (sowie gegen Falten) wird derzeit erforscht.

Allerdings sollte man nicht verschweigen, dass die Sojabohnen bei der Fermentation einen sehr starken Geruch entwickeln. Ich mag ihn sogar, aber manch einer empfindet ihn als Gestank. Wir Koreaner schätzen den Geruch, denn wir verbinden damit den Duft von Eintopf mit extrastarker Sojapaste (Seite 109), der aus unserer Küche nicht wegzudenken ist. Der Geruch verfliegt übrigens, sobald man Cheonggukjang für die spätere Verwendung einfriert.

Erforderliche Ausrüstung:

- 1 großer, flacher Bambuskorb (ca. 30 cm ø)
- Mulltücher oder mehrere Lagen Käseleinen
- 1 Heizdecke
- 1 Küchenthermometer

450 g getrocknete gelbe Sojabohnen (Meju-Kong), verlesen, abgespült und ca. 24 Std. in kaltem Wasser eingeweicht

Grüne oder rote koreanische Chilischoten (Cheong-Gochu oder Hong-Gochu; Seite 29), in dünne Scheiben geschnitten

1. Die Bohnen abgießen und mehrmals in einer großen Schüssel abspülen. Lose Schalen und bräunliche Bohnen entfernen. Abtropfen lassen und in einen großen, schweren Topf geben. Die Bohnen mit 240 Milliliter Wasser bedecken. Zugedeckt zum Kochen bringen und etwa 4 Stunden sanft köcheln lassen, bis die Bohnen weich sind.

2. Den Bambuskorb mit einem Tuch ausschlagen. Die Bohnen abgießen und in den Korb geben. In die Mitte einen Becher mit Wasser setzen, um für Feuchtigkeit während der Fermentation zu sorgen. Den Korb mit feuchtem Küchenpapier oder mehreren Lagen Tuch bedecken.

3. Den Korb in die Heizdecke einwickeln. Auf niedriger Stufe einschalten und die Bohnen 48 Stunden bei einer Temperatur von 43–54 °C gären lassen (Achtung: Sie dürfen nicht wärmer als 60 °C werden!). Zwischendurch die Temperatur mit dem Thermometer messen und gegebenenfalls anpassen. Temperatur im Blick behalten und die Heizdecke ausschalten, sobald die Temperatur 54 °C übersteigt.

4. Nach 48 Stunden die Bohnen abdecken (bei längerer Fermentation riechen sie zu streng und können sauer werden). Den Wasserbecher entfernen und die Bohnen mit einem Kochlöffel gründlich umrühren. Dabei sollten dünne, glasige Fäden zwischen den Bohnen zu sehen sein. Falls keine zu sehen sind: Bohnen weiter gären lassen und alle paar Stunden nachschauen, bis sie Fäden ziehen.

5. Die Bohnen in einem Mixer grob pürieren. Die Paste in 8 Portionen à 180 Gramm aufteilen. Auf jedes Stück ein paar Chiliringe legen. In Frischhaltefolie wickeln und zu Kugeln formen (Abbildung unten). Die Kugeln in einen Gefrierbeutel stecken. Entweder sofort verwenden oder bis zu 3 Monate einfrieren. Vor dem Gebrauch über Nacht im Kühlschrank auftauen lassen.

Gekochte gelbe Sojabohnen vor der Fermentation (oben links); fermentierte gelbe Sojabohnen (oben rechts); zu Kugeln gerollte Extrastarke fermentierte Sojapaste (unten)

Koreanische rote Chilipaste *(Gochujang)*

Ergibt etwa 4,5 Kilgramm

Gochujang, eine rote, dicke Paste, bildet einen Grundpfeiler der koreanischen Küche. In vielen Gerichten sorgt sie für Schärfe. Man findet sie überall, wo es koreanische Lebensmittel zu kaufen gibt, aber selbst gemachte Chilipaste hat einen viel tieferen, komplexeren Geschmack und eine sattere Farbe und Konsistenz. Sie gärt ungefähr 3 Monate. In dieser Zeit muss man sie »umsorgen«, wie es Koreanerinnen seit vielen, vielen Jahrhunderten tun.

Vor allem durch dieses »Umsorgen« baut sich schließlich eine Verbindung auf zu dem, was man da selbst herstellt – und beim Zubereiten der Chilipaste entspringt daraus auch die Vorfreude auf all die leckeren Gerichte, die man damit zubereiten wird. (Abbildung Seite 270)

Erforderliche Ausrüstung:

- 1 Steinguttopf oder 1 großes Einmachglas
- Mulltücher oder mehrere Lagen Käseleinen
- 1 Gummiband bzw. 1 Einmachgummi
- 1 Küchenthermometer

320 g Gerstenmalzpulver (Yeotgireum-Garu; Seite 24)
800 g Klebreismehl (Chap-Ssal-Garu)
180 g fermentiertes Sojamehl (Meju-Garu)
700 g koreanisches Chilipulver (keine Chiliflocken!)
950 ml brauner Reissirup (Ssal-Yeot)
600 g grobes Salz

1. Gerstenmalz und 5 Liter Wasser in eine große Schüssel geben. Gut verrühren, dann in einen großen, schweren Topf sieben. Etwa 15 Minuten erhitzen, bis eine Temperatur von 38 °C erreicht ist (am besten die Temperatur mit dem Küchenthermometer prüfen; Achtung: Das Wasser sollte sich warm anfühlen, nicht heiß! Wasser keinesfalls zum Kochen bringen).

2. Den Topf vom Herd nehmen, das Reismehl zugeben und gut verrühren. Zugedeckt 2 Stunden stehen lassen. (Die Flüssigkeit schmeckt süßlich.)

3. Den Topf wieder auf dem Herd erhitzen und 1,5–2 Stunden unter gelegentlichem Rühren auf etwa 4,5 Liter einkochen. Ganz abkühlen lassen.

4. Sojamehl, Chilipulver, Reissirup und Salz zugeben und mit einem Kochlöffel umrühren, bis die Paste seidig glänzt.

5. Die Chilipaste zum Fermentieren in einen Steinguttopf oder in ein großes Einmachglas geben. Mit ein paar Lagen Käseleinen bedecken und das Tuch mit einem Gummiband befestigen. Den Deckel auf den Topf legen. Etwa 3 Monate bei Zimmertemperatur stehen lassen. An Sonnentagen den Deckel abnehmen und die Sonne durch das Tuch scheinen lassen, um die Fermentation anzutreiben.

6. Gut fermentierte Chilipaste schmeckt süß, salzig und scharf, der Nachgeschmack ist tief. Sie muss nicht gekühlt werden. Drinnen (oder draußen) an einem kühlen Ort aufbewahren.

Früher machte jede koreanische Hausfrau ihre Chilipaste selbst, und auch heute bereiten sie viele noch selbst zu. Traditionelle koreanische Häuser haben im Hinterhof eine Ecke, in der Pasten, Saucen, Fisch, Kimchi und andere eingemachte Speisen in großen Tontöpfen fermentiert und gelagert werden. Aber für Fermentiertes braucht man nicht unbedingt einen Hof.

Auch in meiner New Yorker Wohnung fermentiere ich meine Chilipaste. Ich nutze dazu eine sonnige Stelle neben einem Fenster. Dort scheint die Sonne einige Stunden direkt auf den Topf mit der Paste (die mir bisher übrigens immer herrlich gelungen ist!). Wer seine Paste im Freien (Terrasse, Balkon, Hof) lagert, sollte das Gefäß mit der Paste nachts immer gut abdecken, um sie vor Tau und Regen zu schützen, denn das würde sie ruinieren.

Die beste Jahreszeit, um Gochujang anzusetzen, ist entweder das Frühjahr (Februar bis März) oder der Herbst (Ende August bis Anfang Oktober). Die heißen Sommermonate sollte man hierfür meiden, weil die Paste dann zu schnell fermentiert, Blasen wirft und womöglich sogar der Tontopf platzt.

Maangchi and Friends

Strawberry: *Meine Gochujang macht mir irgendwie Sorgen. Das Wetter ist umgeschlagen, jetzt ist es hier fast jeden Tag kalt und bedeckt. Meine Gochujang ist noch nicht ganz fermentiert. Wird es auch ohne Sonne fertig? Soll ich sie an einen wärmeren Ort stellen, vielleicht in die Küche? Womöglich habe ich zu spät im Jahr damit angefangen.*

Maangchi: *Mach dir keine Sorgen! Die Paste braucht ein paar Monate zum Fermentieren. Sie benötigt Sonnenlicht, also solltest du bei Sonnenschein den Deckel abnehmen, die Paste mit einem leichten Tuch abdecken und den Topf in die Sonne stellen. Bei Sonnenuntergang rührst du die Paste dann mit einem Kochlöffel kräftig um und deckst sie wieder zu. Bei schlechtem Wetter lässt du den Deckel einfach auf dem Gefäß. Viel Erfolg!*

영양듬뿍 곱게빻은 고운
엿기름가루
Malt Barley Flour
Malter De Farine D'Orge
Net Wt./Poids Net
907 g
Net Wt.
2 LB

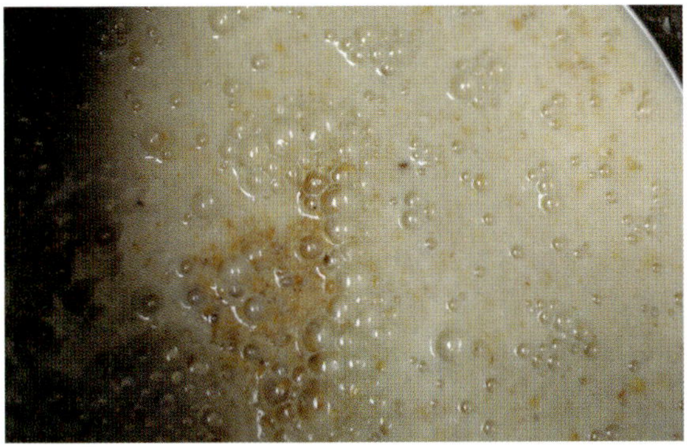

Oben: Reis und Nuruk im Tontopf (oben links); Tontopf (oben rechts); Bläschen zeigen sich an der Oberfläche (Mitte links); die Flüssigkeit ist klar (Mitte rechts); den Reiswein durch ein Sieb abgießen (unten)

Linke Seite: Gerstenmalzpulver (oben links); das Gerstenmalzpulver wird mit Wasser gemischt (oben rechts); Malzmischung durch ein Sieb abgießen (2. Reihe links); Reismehl einrühren (2. Reihe rechts); Chilipulver (3. Reihe links) und fermentiertes Sojamehl einrühren (3. Reihe rechts); Paste zum Fermentieren in den Steinguttopf füllen (unten links); Koreanische Chilipaste (unten rechts, Seite 268)

Koreanischer Reiswein *(Makgeolli)*

Ergibt etwa 4 Liter

Der koreanische Reiswein Makgeolli wird traditionell aus Reis, Hefe, Wasser und einer Starterkultur namens Nuruk (einer Mischung aus Weizenmehl, Wasser und fermentationsfördernden Mikroorganismen) hergestellt. Das Ergebnis ist ein milchiges, kimchiartiges, leicht prickelndes Getränk mit etwa 7,4 Prozent Alkohol. Man trinkt es wie Bier aus Bechern. Makgeolli passt sehr gut zu Kimchipuffern (Seite 192) und Pollackpuffern (Seite 202), sowie zu getrockneten Sardellen und Nüssen (Seite 167).

Wegen seiner belebenden Wirkung und dem hohen Kohlenhydratgehalt wurde Makgeolli den Bauern auf dem Feld mit dem zweiten Frühstück oder Mittagessen gereicht. So bekamen sie Kraft für den Rest des Arbeitstages. Ich erinnere mich, wie ich mit meiner Großmutter auf die Reisfelder ging, um den Erntearbeitern ihr Mittagessen zu bringen. Sie genossen ihren Reiswein aus Trinkschalen, und ich habe immer noch das Bild vor Augen, wie sie den Reiswein erst mit dem kleinen Finger umrührten und dann herunterkippten.

Nuruk erhält man im koreanischen Lebensmittelgeschäft, außerdem braucht man dazu lediglich Reis, Hefe und Wasser. Zucker muss man nicht unbedingt zufügen. Meine Großmutter verwendete kein Süßungsmittel, aber heute mögen Koreaner ihren Reiswein gern süßer.

Wichtig: Man braucht Geduld beim Ansetzen. Trinkt man den Makgeolli zu früh, hat er zu wenig Alkohol. Hat er aufgehört zu blubbern (nach 8–9 Tagen), ist er fertig. (Abbildung Seite 271)

Erforderliche Ausrüstung:

- 1 Dörrautomat oder 1 Bambuskorb (30 cm ø)
- Mulltücher oder Käseleinen (bei Verwendung des Korbs), zum Trocknen von Reis
- 1 Steinguttopf mit Deckel (7 l Inhalt) oder ein Schraubglas (7 l Inhalt)
- 4 große Einmachgläser (1 l Inhalt)

1 kg Kurzkornreis, gut gespült und 2 Std. in kaltem Wasser eingeweicht
1 Pck. Trockenhefe
350 ml Starterkultur (Nuruk)
4 EL Zucker, nach Belieben

1. Den Reis abgießen und in einen schweren Topf geben. 950 Milliliter Wasser zugeben und zugedeckt 15 Minuten auf hoher Stufe kochen. Den Reis mehrmals mit einem Koch- oder Reislöffel umrühren. Die Hitze reduzieren und den Reis 15 Minuten weiterköcheln lassen. Reis mit dem Löffel lockern.

2. Den Reis gleichmäßig in den Einsätzen des Dörrautomaten oder im Bambuskorb ausbreiten. Reis 2–3 Stunden im Dörrautomaten bei 70 °C trocknen, bis er außen hart, aber innen noch feucht und weich ist. Reis im Korb mit einem Tuch abdecken und 7–12 Stunden draußen (z. B. auf dem Balkon) an einen sonnigen, windigen Platz stellen, bis er so trocken ist, wie oben beschrieben.

3. Den Reis in den Tontopf geben. (Man kann auch ein großes Schraubglas verwenden, sollte aber den Deckel nicht festschrauben, denn der Inhalt muss atmen können.) Hefe, Nuruk und 1,9 Liter Wasser zugeben und mit einem Kochlöffel verrühren. Den Topf mit einem Mulltuch oder gefaltetem Käseleinen zudecken. Den Deckel lose darauflegen und den Reis 6–7 Stunden ziehen lassen.

4. Die Mischung mit dem Kochlöffel umrühren. (Der Reis hat jetzt Wasser aufgesogen, sodass die Mischung sämig geworden ist.) Den Topf zudecken und bei kühler Zimmertemperatur (ca. 20 °C) stehen lassen. Mehrmals täglich Deckel und Tuch abnehmen und die Mischung gründlich durchrühren. Nach 1–2 Tagen steigen Bläschen an die Oberfläche. Am 5. oder 6. Tag setzt sich an der Oberfläche klare Flüssigkeit von der milchigen Mixtur ab. Gründlich mit dem Kochlöffel umrühren.

5. Am 8. oder 9. Tag, wenn keine Bläschen mehr aufsteigen, ist der Makgeolli gut fermentiert. Durch ein Sieb in eine große Schüssel abgießen. Nun 1,9 Liter Wasser und gegebenenfalls den Zucker zugeben. Umrühren, bis der Zucker aufgelöst ist. Den Reiswein durch das Sieb in eine große Schüssel gießen, dabei die festen Inhaltsstoffe mit dem Kochlöffel ins Sieb pressen, um möglichst viel Flüssigkeit zu gewinnen. Feststoffe entsorgen.

6. Das Sieb reinigen und den Reiswein in große Einmachgläser gießen. Gekühlt genießen oder bis zu 3 Wochen kühl aufbewahren. Vor dem Einschenken schütteln oder aufrühren.

Koreanische Suppen-Sojasauce

(Joseon-Ganjang oder Guk-Ganjang)

Ergibt etwa 7 Liter

Der kräftige, salzige Geschmack koreanischer Suppen-Sojasauce würzt nicht nur Suppen, wie der Name vermuten lässt, sondern auch Eintöpfe, Fleisch-, Fisch- und Gemüsegerichte. Mit handelsüblicher Sojasauce hat die Sauce nichts zu tun. Diese dunklere und süßere Sojasauce wurde in China erfunden und kam über Japan nach Korea (wo sie Jin-Ganjang genannt wird). Sie eignet sich zum Dippen oder dezenten Nachwürzen, ist aber nicht kräftig genug, um einem ganzen Topf Suppe Geschmack zu verleihen – dafür ist sie ohnehin zu dunkel. Koreanische Suppen-Sojasauce schmeckt viel reichhaltiger und herzhafter. Sie ist hell und färbt Brühen kaum.

Da mich keine gekaufte Sauce je zufrieden gestellt hat, lasse ich die Finger davon. Wenn keine selbst gemachte Suppen-Sojasauce im Haus ist, nehme ich Fischsauce (Seite 29).

Dieses Rezept ist ein Nebenprodukt von Fermentierter Sojapaste (Seite 263). Man muss die Flüssigkeit, in denen die Sojabohnenklötze fermentiert wurden, nur noch einkochen. Das ist ganz einfach, erfordert aber etwas Sorgfalt: Arbeitet man schlampig, dann schmeckt die Sauce irgendwie seltsam und beginnt schnell zu schimmeln.

Flüssigkeit, die als Nebenprodukt bei der Herstellung von Fermentierter Sojapaste entsteht (Seite 263; Schritt 12), durch ein feines Sieb gegossen

Außerdem

2 große Einmachgläser (3,5 l Inhalt)

Mulltücher oder mehrere Lagen Käseleinen

1. Die Einmachgläser mit kochendem Wasser füllen und 10 Minuten stehen lassen. Das Wasser ausschütten und die Gläser an der Luft trocknen lassen.

2. Ein gefaltetes Stück Mulltuch oder Käseleinen in ein Sieb legen, das auf einer großen Schüssel steht. Die Sauce in die Schüssel filtern, sodass keine Feststoffe mehr enthalten sind. Die klare Sojasauce in einen großen, schweren Topf geben und auf hoher Stufe zum Kochen bringen, was 15–20 Minuten dauert. Hitze reduzieren und die Sauce 15–20 Minuten auf mittlerer Stufe sieden, sodass sie sterilisiert wird, ohne zu verkochen. Deckel abnehmen und Sauce abkühlen lassen.

3. Die Sauce in die sterilisierten Gläser gießen. Suppen-Sojasauce ist bei Zimmertemperatur unbegrenzt haltbar.

Wenn in meiner Kindheit die Nachbarn ihre Sojasauce einkochten, duftete die ganze Straße danach, oder müffelte, könnte man auch sagen. Ich mag ja diesen Geruch! Aber er ist nicht jedermanns Sache. Es gibt auch viele Koreaner, die ihn unangenehm finden. Ich erinnere mich, dass in Missouri einmal der Vermieter vor meiner Haustür stand, als ich gerade Suppen-Sojasauce einkochte: »Was riecht denn hier so streng? Ihr Nachbar hat sich bei mir beschwert.« Das war mir so peinlich, dass ich lange keine Suppen-Sojasauce mehr zubereitete – nicht einmal, nachdem ich wieder nach Korea gezogen war.

Jetzt, wo ich in New York lebe, mache ich die Sauce wieder selbst. Aber wenn es ans Einkochen der Suppe geht, packe ich alle Utensilien in den Einkaufstrolley, lege einen Gasbrenner dazu und fahre damit zum Spuyten Duyvil Creek neben der Henry Hudson Bridge an der Nordspitze der Insel Manhattan. Dort, wo sich niemand über den Geruch beschwert, koche ich die Sauce dann ein.

Sojasauce filtern (oben links) und abkühlen lassen (oben rechts); Selbst gemachte Koreanische Suppen-Sojasauce im Einmachglas (unten)

Fermentierte Sardinen *(Jeong-Eo-Ri-Jeotgal)*

Ergibt etwa 900 Gramm

Viele koreanische Speisen verdanken ihr komplexes Aroma fermentiertem Fisch. Filetiert, gehackt und gewürzt wird er gern zu Reis gegessen. Wer Fischsauce für die Kimchi-Herstellung (Seite 277) mit selbst fermentiertem Fisch zubereitet, bekommt besonders aromatisches Kimchi.

Fermentierter Fisch braucht Zeit und Geduld. Der Fisch wird gesalzen, in ein Glas gefüllt und erst ein paar Wochen bei Zimmertemperatur stehengelassen, dann stellt man ihn 6 bis 12 Monate in den Kühlschrank. Nach langer, langsamer Fermentation bekommt der Fisch einen rosigen Farbton und wird weich. Der kräftige Duft erinnert an reifen Käse – angenehm aufdringlich.

In Korea werden Meeresfrüchte auf diese Art verarbeitet, darunter Tintenfisch, Muscheln, Austern und Krabben, aber am liebsten fermentiert man Sardellen oder auch frische Sardinen. Dieses Rezept ist Grundlage der Paste aus fermentierten Sardinen (Seite 186).

900 g ganze Sardinen, ausgenommen, gründlich abgespült und trocken getupft
300 g grobes Salz

Außerdem
1 großes Einmachglas oder 1 Tontopf (3,5 l Inhalt); Mulltuch oder Käseleinen

1. Die Sardinen mit 225 Gramm Salz in eine Schüssel geben und vermengen, bis der Fisch mit Salz bedeckt ist. Sardinen in das Einmachglas oder den Tontopf geben (unter dem Deckel sollten noch ca. 2,5 Zentimeter Platz bleiben). Das restliche Salz auf die Sardinen streuen und die Fische mit einem Löffelrücken in das Gefäß drücken. Das Gefäß mit einem Tuch oder Käseleinen abdecken und bei Zimmertemperatur 3 Wochen in der Küche stehen lassen.

2. Das Gefäß in den Kühlschrank stellen und den Fisch dort vor dem Verzehr mindestens noch 6 Monate fermentieren lassen. Mit der Zeit verflüssigt sich der Fisch (mit Ausnahme der Gräten), und es entsteht eine hervorragende Fischsauce. Im Kühlschrank aufbewahren.

Gesalzene Sardinen (links); Fermentierte Sardinen (rechts)

Selbst gemachte Fischsauce für die Kimchi-Herstellung *(Aekjeot-Kimchiyong)*

Ergibt etwa 350 Milliliter

Gegen gekaufte Fischsauce ist nichts einzuwenden, ich habe sämtliche Kimchi-Rezepte mit Fertigsauce entwickelt. Mit einer selbst gemachten Fischsauce aber bekommt Kimchi einen noch viel intensiveren und komplexeren Geschmack. Wenn man bereits Sadinen fermentiert hat, kann man ganz leicht Fischsauce herstellen.

240 ml fermentierte Sardinen (Seite 276) mitsamt Lake

1. Fermentierten Fisch mitsamt Lake und 240 Milliliter Wasser in einen kleinen Topf geben und zum Kochen bringen. Fisch 10–15 Minuten kochen.
2. Durch ein feines Sieb in eine Schüssel gießen, um Gräten und Feststoffe zu entfernen. Die Fischsauce ganz abkühlen lassen.
3. Fischsauce sofort zur Herstellung von Kimchi verwenden oder luftdicht verschlossen im Kühlschrank bis zu 1 Woche aufbewahren.

Ein Marktstand in Korea

Saucen und Garnitur

Koreanische Gerichte brauchen meist keine Würzmittel wie Salz und Pfeffer. Stattdessen enthalten sie Sojasauce, Chili- und Sojapaste, Chiliflocken, Fischsauce, Knoblauch und andere würzende Zutaten. Manche koreanischen Gerichte verlangen allerdings nach dem gewissen Etwas, dem richtigen Kick, dem verbindenden Element.

Eine Senf-Knoblauch-Sauce (Seite 285) verleiht kalten Salaten subtile Schärfe. Saucen wie Cremige Pinienkernsauce (Seite 285) oder Sesam-Zitronen-Dip (Seite 283) passen wunderbar zu Rohkost – und Scharfe Soja-Würzsauce (Seite 282) bringt Leben in jedes Gericht.

In der koreanischen Kochkunst kommt es immer sehr auf die attraktive Präsentation der Speisen an. Daher habe ich auch ein Rezept für eine traditionelle Ei-Garnitur (Seite 283) beigefügt – Eiweiße und Eigelbe, getrennt in dünnen Schichten, gegart und in feine Streifen geschnitten machen jedes Gericht zu einem wahren Augenschmaus (Abbildungen rechts).

Oben und unten: Koreanische Ei-Garnitur (Seite 283)

Scharfe Soja-Würzsauce *(Maeun-Yangnyeom-Ganjang)*

Ergibt etwa 80 Milliliter

Scharfe Soja-Würzsauce sorgt bei vielen Rezepten in diesem Buch für den richtigen Geschmack, beispielsweise bei Bibimbap (Seite 58), Reis mit Sojasprossen (Seite 50), Gedämpften Austern mit Reis (Seite 57) und Gebackener Meerbrasse mit scharfer Sauce (Seite 185). Wer es milder mag, lässt die Chiliflocken weg. (Abbildung Seite 284)

4 EL Sojasauce
2–3 Lauchzwiebeln, gehackt
1 Knoblauchzehe, fein gehackt
1 TL Zucker
2 TL koreanische Chiliflocken (Gochu-Garu), nach Belieben
2 TL geröstete Sesamsamen
2 TL geröstetes Sesamöl

Sojasauce, Lauchzwiebeln, Knoblauch, Zucker, Chiliflocken (falls verwendet), Sesam und Sesamöl in einer Schüssel vermengen. Sofort verwenden oder bis zu 1 Woche zugedeckt im Kühlschrank aufbewahren.

Dip aus Sojapaste *(Ssamjang)*

Ergibt etwa 80 Milliliter

Der Allzweck-Dip mit herzhaftem Umami-Geschmack macht sich wunderbar in Salat-Wraps mit Bulgogi (Seite 233), gegrilltem Schweinebauch vom Tischgrill (Seite 242) oder L. A.-Rippchen (Seite 236). Zum Dippen eignen sich aber auch Gurken- oder Karottensticks – oder ganze koreanische grüne Chilischoten.

4 EL fermentierte Sojapaste (Doenjang)
1–2 TL koreanische Chilipaste (Gochujang), nach Belieben
1 Knoblauchzehe, fein gehackt
1 Lauchzwiebel, gehackt
1 TL Zucker oder Honig
2 TL geröstetes Sesamöl
1 TL geröstete Sesamsamen

Sojapaste, Chilipaste (falls verwendet), Knoblauch, Lauchzwiebel, Zucker, Sesamöl und Sesam in einer kleinen Schüssel gründlich vermengen. Sofort verwenden oder bis zu 1 Woche zugedeckt im Kühlschrank aufbewahren.

Sesam-Zitronen-Dip *(Kkae-Sauce)*

Ergibt etwa 80 Milliliter

Diese wunderbar cremige Sauce passt hervorragend zu frittierten Speisen wie Kartoffelkroketten (Seite 214) und eignet sich als Rohkost-Dip für Karotten-, Gurken- und Selleriesticks.

- 1 EL geröstete Sesamsamen
- 3 EL Mayonnaise
- 2 EL frischer Zitronensaft
- 1 TL Honig

1. Sesam in einer Gewürz- oder Kaffeemühle zu Pulver vermahlen.
2. Gemahlenen Sesam in eine Schüssel geben. Mayonnaise, Zitronensaft und Honig zugeben und gründlich verrühren. Sofort verwenden oder bis zu 3 Tage zugedeckt im Kühlschrank aufbewahren.

Koreanische Ei-Garnitur *(Gyeran-Jidan)*

Ergibt etwa 1 Handvoll

Diese klassische Verzierung aus Eiweißen und Eigelben, getrennt in dünnen Schichten gegart und fein geschnitten, krönt viele koreanische Gerichte und gibt ihnen nicht nur ein attraktives Aussehen, sondern auch eine zusätzliche Geschmacksnote. Beim Braten darf das Ei nicht anbräunen – die Streifen sollen möglichst leuchtend weiß und gelb sein. (Abbildung Seite 281)

- 3 große Eier
- Grobes Salz
- 2 TL Pflanzenöl

1. Die Eier trennen und die Eigelbe und Eiweiße in separate Schüsseln geben. Eiweiße von Hagelschnüren befreien. In beide Schüsseln je 1 Prise Salz geben. Eigelbe und Eiweiße mit einer Gabel verquirlen. Wenn es schäumt, den Schaum mit einem Löffel entfernen.
2. Eine große beschichtete Pfanne erhitzen. 1 Teelöffel Öl zugeben und durch Schwenken in der Pfanne verteilen. Überschüssiges Öl mit Küchenpapier abnehmen, sodass die Pfanne nur dünn mit Öl bedeckt ist. Die Pfanne vom Herd nehmen, Eigelbe hineingeben und durch Schwenken gleichmäßig verteilen. Ein paar Minuten stehen lassen, bis die Eigelbe gestockt sind. Eigelbe am Rand mit einem Teigschaber vorsichtig anheben und wenden. Die Pfanne wieder auf den Herd stellen und das Eigelb 30 Sekunden bis 1 Minute durchgaren, aber nicht anbräunen. Eigelbe auf ein Schneidebrett gleiten lassen. Die Pfanne auswischen und den Vorgang mit dem restlichen Öl und den Eiweißen wiederholen.
3. Eiweiße und Eigelbe in dünne Streifen schneiden. Sofort verwenden oder in Frischhaltefolie einschlagen, damit das Ei nicht austrocknet. Hält sich bis zu 4 Tage im Kühlschrank.

Oben links: Scharfe Soja-Würzsauce (Seite 282); oben rechts: Dip aus Sojapaste (Seite 282); Senf-Knoblauch-Sauce (unten links); Cremige Pinienkernsauce (unten rechts)

Cremige Pinienkernsauce *(Jat-Jang)*

Ergibt etwa 80 Milliliter

Diese traditionelle Sauce passt gut zu allem, was in Korea an Gemüse, Fleisch und Fisch aus der Pfanne kommt. Mit ihrer cremigen Konsistenz ist die reichhaltige Sauce ein hervorragender Dip. Man kann zwar südeuropäische Pinienkerne verwenden, sollte aber nach Möglichkeit koreanische kaufen, die etwas kleiner und dünner sind. Meiner Meinung nach schmecken sie nussiger.

- 4 EL Pinienkerne, nach Möglichkeit koreanische
- 1 Knoblauchzehe, fein gehackt
- ½ TL grobes Salz
- 1 EL Honig oder Zucker
- 1 EL Branntweinessig

Alle Zutaten mit 1 Esslöffel Wasser in einen Mixer geben und etwa 1 Minute cremig pürieren, dabei bei Bedarf Splitter von der Gefäßwand herunterkratzen. Die Sauce in eine kleine Schüssel geben und sofort servieren oder bis zu 2 Tage zugedeckt im Kühlschrank aufbewahren.

Senf-Knoblauch-Sauce *(Gyeoja-Maneul-Jang)*

Ergibt etwa 120 Milliliter

Diese Sauce schmückt viele koreanische Salate, darunter den kalten Quallensalat (Seite 252) und die Platte der neun Köstlichkeiten (Seite 255). Ursprünglich wird die Sauce ohne Knoblauch zubereitet, aber ich liebe die durchdringende Schärfe von Knoblauch.

Koreanisches Senfpulver bekommt man in jedem koreanischen Laden. Es ähnelt normalem Senfpulver (das man auch verwenden kann), ist aber von leuchtenderem Gelb, was die Sauce noch appetitlicher macht.

- 1 EL koreanisches Senfpulver (Gyeoja-Garu)
- 1 EL gehackter Knoblauch
- 1 EL grobes Salz
- 1 EL Zucker, plus etwa mehr zum Bestreuen
- 1 TL Honig
- 3 EL Branntweinessig
- 1 TL geröstetes Sesamöl
- ½ TL Sojasauce
- Pinienkerne, zum Bestreuen

1. Das Senfpulver in einer kleinen Schüssel mit 1 Esslöffel warmem Wasser verrühren und 10 Minuten ziehen lassen, damit sich der Geschmack entfaltet.

2. Knoblauch, Salz, Zucker, Honig, Essig, Sesamöl und Sojasauce einrühren. Mit Pinienkernen und Zucker bestreuen und sofort servieren oder bis zu 1 Woche zugedeckt im Kühlschrank aufbewahren. Die Pinienkerne erst kurz vor dem Servieren zufügen.

Dessert

Süße Speisen und Getränke beschließen auch eine koreanische Mahlzeit. Ein koreanisches Essen besteht zwar nicht aus einer Abfolge einzelner Speisen, wie wir es im Westen kennen. Doch eine Gemeinsamkeit gibt es in beiden Kulturen: Süße Küchlein, süße Getränke und Naschwerk versüßen das Ende einer Mahlzeit.

Anders als westliche Süßigkeiten basieren koreanische Desserts allerdings nicht so sehr auf raffiniertem Zucker, sondern auf Reis, Zimt, saisonalem Obst, Honig, Nüssen und Ingwer.

In diesem Kapitel stelle ich Rezepte vor, in denen Reis beispielsweise zu Süßem Reiskuchen mit essbaren Blüten (Seite 296), Reiskugeln mit schwarzem Sesammantel (Seite 300) oder auch einem süßen, erfrischenden Reispunsch (Seite 294) verarbeitet wird.

Traditionell wird in Korea nach dem Essen meist ein bekömmlicher Punsch gereicht. Er soll nicht nur die Verdauung anregen, sondern auch Gesundheit und Wohlbefinden der Gäste fördern und den Geist läutern. Ich bin eine Naschkatze und freue mich nach einer ausgiebigen Mahlzeit immer schon auf einen Energie spendenden Birnenpunsch (Seite 293).

Kandierter Ginseng (Seite 303) aus frischer Ginsengwurzel ist ein wunderbares Beispiel für koreanische Konfiserie und rundet ein koreanisches Mahl auf anregende und erfrischende Weise ab.

Süße Reiskuchen mit essbaren Blüten (Seite 296)

Ingwer-Zimt-Punsch mit Kaki *(Sujeonggwa)*

Ergibt 6 Portionen

Mit diesem Getränk findet jede Mahlzeit einen grandiosen Abschluss. Über Nacht in süßem Gewürzsud eingeweicht, werden die getrockneten Kakifrüchte weich und schwer. Üblicherweise kocht man Zimt und Ingwer getrennt, um schließlich alles in einem Gefäß zu vermischen. Um Zeit zu sparen, koche ich Zimt und Ingwer zusammen. In koreanischen Restaurants wird oft ein Ingwer-Zimt-Tee namens Sujeonggwa serviert. Aber ehrlich: Ohne Kaki ist das nicht das Wahre.

Wer den Punsch stilvoll servieren möchte, friert einen Teil davon in einem flachen Gefäß ein und kratzt das Eis alle 30 Minuten auf, bis es zu Sorbet wird. Dann in jedem Glas Punsch einen Löffel Sorbet schwimmen lassen.

1 Stück Ingwer (ca. 6 cm), geschält und dünn geschnitten
5 Zimtstangen
200 g Zucker
6 getrocknete Kakifrüchte (Got-Gam) ohne Stängel, gewaschen
Pinienkerne, zum Bestreuen
1 großes Einmachglas

1. 2,4 Liter Wasser, Ingwer und Zimtstangen in einen schweren Topf geben und zugedeckt etwa 25 Minuten kochen, bis die Aromen durchgezogen sind und das Wasser hellbraun gefärbt ist. Die Hitze redzieren und 25 Minuten weiterköcheln.

2. Den Topf vom Herd nehmen und den Sud durch ein Sieb in eine hitzebeständige Schüssel gießen. Den Zucker zugeben und einrühren, bis er gelöst ist. Auf Zimmertemperatur abkühlen lassen.

3. Den Punsch in ein großes Einmachglas gießen. Getrocknete Kaki zugeben und zugedeckt 1 Nacht im Kühlschrank ziehen lassen.

4. Die eingelegten Kakis auf Dessertschalen verteilen. In jede Schale etwa 350 Milliliter kalten Punsch geben. Jede Portion mit Pinienkernen bestreuen und sofort servieren. (Übrig gebliebener Sujeonggwa hält sich im Kühlschrank bis zu 1 Woche.)

Den Punsch ziehen lassen (oben); Ingwer-Zimt-Punsch mit Kaki (unten)

Birnenpunsch *(Baesuk)*

Ergibt 4 Portionen

Baesuk, eine Variante des koreanischen Fruchtpunsches Hwachae, ist süß und aromatisch und überrascht mit einem würzigen Kick aus Ingwer und Pfefferkörnern. In Korea wird das belebende Getränk das ganze Jahr über nach oder zwischen den Mahlzeiten genossen, besonders aber während des koreanischen Erntedankfestes Chuseok, wenn die Birnen reif und schmackhaft sind. Heutzutage gibt es koreanische oder asiatische Birnen rund ums Jahr in koreanischen Läden zu kaufen, sodass man Birnenpunsch jederzeit genießen kann.

Statt asiatischer Nashi-Birnen kann man Anjou-Birnen nehmen – damit wird das Getränk genauso köstlich. Der Punsch lässt sich gut im Voraus zubereiten und im Kühlschrank bereithalten. Noch ein Tipp: Einen Teil des Punsches in einem flachen Gefäß ins Gefrierfach stellen. Wenn die Zeit zum Servieren kommt, schabt man den gefrorenen Punsch in den gekühlten Punsch und erfrischt die Gäste mit einem belebenden Eisgetränk.

- 8 EL Zucker
- 1 große Nashi-Birne oder 2 große Anjou-Birnen (ca. 600 g)
- 24 schwarze Pfefferkörner
- 1 Stück Ingwer (ca. 2,5 cm), geschält und dünn geschnitten
- Pinienkerne, am besten koreanische zum Bestreuen

1. 60 Milliliter Wasser und 4 Esslöffel Zucker in einen mittelgroßen Topf geben und verrühren, bis der Zucker gelöst ist.

2. Nashi-Birne oder Anjou-Birnen schälen und erst längs halbieren, dann vierteln. Das Kerngehäuse entfernen und in jedes Birnenstück jeweils drei Pfefferkörner tief eindrücken.

3. Birnen mit Ingwer und 1,6 Liter Wasser in den Topf geben und zugedeckt 1,5 Stunden sanft köcheln lassen, bis die Birnen glasig und zart sind. Vom Herd nehmen und die restlichen 4 Esslöffel Zucker einrühren. Abkühlen lassen.

4. Den Punsch in eine Glaskaraffe oder in ein Einmachglas geben und mindestens 6 Stunden oder bis zu 1 Woche zugedeckt kühl stellen.

5. Den kalten Punsch in kleine Schalen aus Glas oder Keramik löffeln, dabei in jede Schale 2 Birnenstücke geben. Mit den Pinienkernen bestreuen und mit Löffeln servieren.

Reispunsch *(Sikhye)*

Ergibt etwa 4,5 Liter

Sikhye ist ein traditionelles Süßgetränk aus fermentiertem Malz und Reis mit angenehm malzigem Nachgeschmack. Durch die Fermentation werden die Reiskörner weiß, quellen auf und geben ihre Stärke an die Flüssigkeit ab, die einen hellen Bernsteinton annimmt.

Punsch lässt man nie so lange fermentieren, dass Alkohol entsteht. Er wird oft in koreanischen Restaurants als Dessert serviert und ist in Dosen im Supermarkt erhältlich. Die selbst gemachte Sorte aber hat einen intensiveren Malzgeschmack als jede Fertigware.

Sikhye wird meist kalt getrunken, kann aber auch frisch gekocht genossen werden. Die Reiskörner müssen dazu etwa 4 Stunden bei konstanter Temperatur in Gerstenmalz quellen, um richtig zu fermentieren. Für kleine Portionen kann man auch einen Reiskocher verwenden (ein 2,5-Liter-Reiskocher reicht für die halbe Menge des Rezepts). Der Kocher muss auf Stufe »warm« gestellt sein, nicht auf »kochen«. Die Fermentationszeit beträgt ebenfalls 4 Stunden.

Wie man Sikhye auf althergebrachte Weise zubereitet, erkläre ich im Rezept. Es kommt darauf an, eine große Menge in einem großen Topf mit großer Sorgfalt gleichbleibend warm zu halten.

450 g Gerstenmalzpulver (Yeotgireum-Garu; Seite 24)
400 g Kurzkornreis, 2–3 Std. eingeweicht
Zucker, nach Belieben
Pinienkerne, zum Bestreuen

1. Malzpulver und 470 Milliliter Wasser in eine große Schüssel geben und gründlich mit einem Kochlöffel verrühren. 2–3 Stunden stehen lassen, bis sich die Feststoffe am Boden abgesetzt haben, und die Flüssigkeit klar ist. Flüssigkeit in einen großen, schweren Topf gießen, den Bodensatz entsorgen.

2. Inzwischen den Reis durch ein Sieb abgießen und in einen mit Mulltuch ausgelegten Dämpfkorb oder Dämpfeinsatz geben und diesen in einen mit 1,2 Liter Wasser gefüllten Topf setzen. Zugedeckt 30 Minuten dämpfen, bis der Reis zart und ein wenig glasig geworden ist. Wenn der Reis noch hart ist: weiterdämpfen, dabei eventuell noch etwas Wasser zugeben, bis der Reis weich ist.

3. Den gedämpften Reis in den großen Topf geben. Mit einem Kochlöffel umrühren, um verklebte Körner zu trennen. (Zum Fermentieren muss die Flüssigkeit eine Temperatur zwischen 50 °C und 60 °C halten.) Dazu den Topf zudecken und 20 Minuten erhitzen, bis die Temperatur 60 °C erreicht. (Kein Thermometer zur Hand? Finger eintauchen: Fühlt es sich warm, aber nicht heiß an, dann stimmt die Temperatur.) Die Hitze reduzieren und den Topf etwa 30 Minuten stehen lassen, bis die Temperatur auf 50 °C gefallen ist. Dann erneut auf 60 °C erhitzen. Nun etwa 4 Stunden lang den Reis immer wieder erhitzen und abkühlen lassen, bis die Reiskörner an der Oberfläche schwimmen – ein Zeichen dafür, dass der Reis fermentiert ist.

4. Den Punsch zum Kochen bringen. Mit einem Schaumlöffel Bläschen von der Oberfläche schöpfen. Topf vom Herd nehmen und abkühlen lassen.

Maangchi and Friends

Kathy: *Kann man Reis und Punsch im selben Behälter aufbewahren?*

Maangchi: *Ja, wenn du ihn bald verbrauchen willst. Aber bedenke, dass der Reis in der Flüssigkeit immer weiter fermentiert. Es kann sein, dass er dann etwas grau wird und aufplatzt, und auch der Punsch kann dann grau und trübe werden. Wenn du den Punsch länger als 1 Woche so lagerst, wird er sauer. Also mein Tipp: lieber vorher trinken!*

5. Ein Sieb über eine große Schüssel legen und den Topfinhalt in einen Behälter abgießen. Den Reis anschließend unter fließendem kalten Wasser abspülen, abtropfen lassen. Den Reis in ein luftdichtes Gefäß geben und mit etwas kaltem Wasser bedecken. Den Behälter mit der Flüssigkeit verschließen und bis zu 2 Wochen kühl stellen.

6. Nach 2 Wochen ein Sieb mit Mulltuch auslegen, über ein großes Einmachglas legen und die Flüssigkeit erneut abgießen. Der bräunliche Schaum sammelt sich im Tuch, die Flüssigkeit wird klar und bernsteinfarben. Das Glas wieder verschließen und bis zu 2 Wochen kühl stellen.

7. Pro Portion etwa 350 Milliliter von der Flüssigkeit in eine Schale geben und 2–3 Esslöffel Reis zugeben. Der Punsch ist mildsüß. Wer möchte, kann noch Zucker zugeben. Der schöne weiße Reis schwimmt an der Oberfläche. Mit Pinienkernen bestreuen und servieren.

Süße Reiskuchen mit essbaren Blüten *(Hwajeon)*

Ergibt 2–3 Portionen (5 Küchlein)

Essbare Blüten der Saison werden in Korea traditionell in kleine, dünne Pfannkuchen aus Reis gedrückt und dann mit süßem Sirup oder Honig beträufelt. Sie verschönern jedem, der sie isst, den Tag und schmecken wunderbar zu warmem Tee.

Nach einem alten Brauch gingen die Frauen im Frühling in die Berge, um die Schönheit der Natur zu würdigen und zu genießen. Sie nahmen dabei süßes Reismehl und eine Pfanne mit und pfückten koreanische Berg-Azaleen. An einem Aussichtspunkt machten sie ein Picknick und bereiteten sich mit den frisch gepflückten Blüten Hwajeon zu.

Achtung: Die im Blumenhandel erhältlichen Azaleen sind nicht essbar, aber man kann die Reisküchlein im Sommer auch mit Rosenblüten oder Kapuzinerkresse zubereiten und im Herbst mit Astern. Bei kleinen Blüten nimmt man 2–3 pro Küchlein. Bei größeren reichen ein paar Blütenblätter. Ich kaufe mir Löwenmäulchen und Tagetes auf dem Wochenmarkt und verwende sie. Dabei sollte man beachten, dass man nur Blumen verwendet, die ohne Pestizide angebaut wurden.

Für den Sirup
3 EL Zucker

Für die Pfannkuchen
8 EL Klebreismehl (Chap-Ssal-Garu)
1 Prise grobes Salz
1 EL Pflanzenöl
Essbare Blüten, z. B. von Rosen, Löwenmäulchen, Borretsch, Tagetes, Astern oder Kapuzinerkresse

1. Sirup: Zucker und 3 Esslöffel Wasser in einen kleinen, schweren Topf geben und 5 Minuten ohne Rühren köcheln lassen. Den Topf kippen und schwenken, damit sich die letzten Zuckerkörner auflösen. Vom Herd nehmen. In eine kleine Schüssel geben.

2. Pfannkuchen: Klebreismehl, Salz und 4 Esslöffel kochendes Wasser in eine Schüssel geben. Mit einem Kochlöffel umrühren, bis der Teig zusammenklumpt und nicht mehr zu heiß zum Anfassen ist. In der Schüssel noch ein paar Minuten kneten, bis der Teig seidig ist.

3. Den Teig in fünf gleiche Teile teilen und zu Kugeln rollen. Mit Frischhaltefolie abdecken. Jede Kugel zu einer 6,5 Zentimeter breiten Scheibe plattdrücken; die Scheiben abgedeckt lassen.

4. Eine große, beschichtete Pfanne ein paar Minuten erhitzen, dann die Hitze stark reduzieren. Ein paar Tropfen Öl und 2 oder 3 Teigscheiben in die Pfanne geben und 4 Minuten braten, bis die Unterseite leicht knusprig, aber noch nicht braun ist. Wenden und mit einem Pfannenwender leicht zusammendrücken. Braten, bis die andere Seite leicht knusprig wird, aber noch weiß bleibt (manchmal werfen die Küchlein Blasen). Je nach Größe der Blüten eine oder mehrere davon oder nur ein paar Blütenblätter auf jedes Küchlein legen und die Blütenseite nach unten wenden. Mit einem Pfannenwender 1 Sekunde auf die Küchlein drücken, um die Blüten zu fixieren.

5. Mit der Blütenseite nach oben auf einen Servierteller geben. Die restlichen Küchlein ebenso zubereiten. Küchlein mit Sirup beträufeln und servieren.

Süßer Reis mit Trockenobst und Nüssen *(Yaksik)*

Ergibt 9 Stück

Yak ist das koreanische Wort für »Medizin«, und Sik bedeutet »Nahrung«. Honig, Jujuben, Pinienkerne, Maronen und Zimt werden in Korea seit jeher mit guter Gesundheit in Verbindung gebracht. Um Yaksik herzustellen, dämpft man Reis mit Nüssen, Trockenfrüchten, Zucker und Honig. Das Ergebnis kann als Snack, aber auch als Dessert verspeist werden. Es hat eine ähnliche Konsistenz wie Reiskuchen, ist aber süßer – und der doppelt gedämpfte Reis hat Glanz und eine schöne Klebrigkeit.

Jujuben sind im Westen nicht so bekannt wie in Korea, wo sie als »heilende Nahrung« geschätzt und wegen ihrer Süße geliebt werden. Falls man keine bekommt, nimmt man einfach noch 200 Gramm Rosinen oder getrocknete Cranberrys (die eine ähnlich kräftige Färbung haben). Yaksik ist nicht schwierig in der Herstellung, braucht aber Zeit. Ich bereite den Reis gern in großer Menge zu, teile ihn in Portionen und friere ihn ein, damit ich ihn bei Bedarf auftauen kann.

4 EL Zucker
470 g Klebreis (Chap-Ssal), gespült und 4–6 Std. in kaltem Wasser eingeweicht
4 EL Rohrohrzucker
2 EL Sojasauce
2 EL Pflanzenöl
1 EL geröstetes Sesamöl
½ TL gemahlener Zimt
15–20 getrocknete Jujuben (Daechu; Seite 27), gewaschen und trocken getupft
185 g in Sirup eingelegte Maronen (Bam-Tonjorim; Seite 31), abgetropft
4 EL Rosinen oder ersatzweise getrocknete Cranberrys
2 EL Pinienkerne
4 EL Honig

1. Zucker und 30 Milliliter Wasser in einen kleinen Topf geben und ohne Rühren 6 Minuten erhitzen, bis der Sirup Blasen wirft und goldfarben wird. Die Hitze reduzieren, den Topf schwenken und so lange sanft weiterköcheln lassen, bis das Karamell einen gleichmäßigen, tiefen Bernsteinton hat. Vom Herd nehmen, 30 Milliliter Wasser zugeben und den Topf erneut schwenken (nicht umrühren!). Die Karamellsauce im Topf abkühlen lassen.

2. Den Reis abtropfen lassen. Etwa 1,2 Liter Wasser in einen großen Topf geben und zum Kochen bringen. Einen Dämpfkorb mit Mulltuch auslegen und den Reis darin gleichmäßig verteilen. Den Dämpfkorb in den Topf setzen und den Reis zugedeckt etwa 40 Minuten dämpfen. Danach mit einem Kochlöffel umschichten. Die Hitze reduzieren und den Reis weitere 20 Minuten dämpfen, bis er zart ist.

3. Inzwischen Rohrohrzucker, Sojasauce, Pflanzenöl, Sesamöl und Zimt in eine Schüssel geben und gründlich zu einer Würzsauce vermischen.

4. Die Jujuben halbieren und mit einem Messer die Kerne entfernen.

5. Den Reis in eine große Schüssel geben. Jujuben, Maronen, Rosinen oder Cranberrys, Pinienkerne und Honig zugeben. Die abgekühlte Karamellsauce und die Würzsauce zugeben und verrühren.

6. Erneut 1,2 Liter Wasser in den Topf füllen und zum Kochen bringen. Die Reismischung in den mit einem Tuch ausgelegten Dämpfkorb geben und zugedeckt 30 Minuten dämpfen, bis der Reis zäh und klebrig wird.

7. Eine Backform (ca. 20 × 25 cm) so mit Frischhaltefolie ausschlagen, dass die Folie an den Seiten übersteht. Den Reis in die Form geben und mit einem Pfannenwender oder Teigschaber festdrücken. Gut abkühlen lassen.

8. Durch Ziehen an der Frischhaltefolie das Yaksik aus der Form heben. In 9 Rechtecke schneiden. Sofort servieren oder die Stücke einzeln in Frischhaltefolie einschlagen und bis zu 1 Monat einfrieren. Vor dem Servieren etwa 30 Minuten bei Zimmertemperatur auftauen lassen oder stückweise etwa 1 Minute in der Mikrowelle erwärmen.

Maronen und Trockenfrüchte (oben links); Reis im Backblech abkühlen lassen (oben rechts); Süßer Reis mit Trockenobst und Nüssen (unten)

Reiskugeln mit schwarzem Sesammantel

(Heukimja-Gyeongdan)

Ergibt etwa 75 Reiskugeln

Zartes Klebreis-Konfekt, gefüllt mit roter Bohnenpaste und umhüllt mit geröstetem, gemahlenem schwarzem Sesam. Ich liebe den nussigen Geschmack und die schwarze Farbe des Sesams. Wer einen Teil der Reiskugeln in einer Kontrastfarbe dekorieren möchte, kauft gelben Castella-Kuchen in einer japanischen oder koreanischen Bäckerei, zerbröselt ihn und wälzt die Kugeln darin.

100 g Azukibohnen, gespült und abgetropft
100 g Rohrohrzucker
Grobes Salz
480 g Klebreismehl (Chap-Ssal-Garu)
150 g gerösteter schwarzer Sesam
Mehl, zum Bemehlen

1. Die Bohnen in einen Topf geben, 700 Milliliter Wasser zugeben und zugedeckt 30 Minuten kochen.

2. Die Hitze reduzieren und weitere 1,5 Stunden köcheln lassen, bis die Bohnen sehr weich und leicht zu zerdrücken sind. (Es sollte nur noch wenig Flüssigkeit im Topf sein.) Wenn die Bohnen noch hart sind etwas Wasser nachgießen und die Bohnen auf niedriger Stufe weich kochen.

3. Den Topf vom Herd nehmen und die Bohnen mit einem Kochlöffel zusammen mit der restlichen Flüssigkeit zerstampfen. (Die Konsistenz sollte der von Kartoffelbrei ähneln.) Den Zucker und 1 Messerspitze Salz zugeben. Unter Rühren 5 Minuten kochen, bis die Paste eindickt, dunkler wird und glänzt. Die Paste in eine Schüssel geben.

4. Klebreismehl und 1 Teelöffel Salz in eine große Schüssel geben. 700 Milliliter kochendes Wasser zugeben und mit einem Kochlöffel so lange umrühren, bis die Teigmasse kühl genug zum Kneten ist. Dann den Teig etwa 5 Minuten in der Schüssel kneten, bis er glatt und geschmeidig ist. Teig in einen Gefrierbeutel packen und 30 Minuten bei Zimmertemperatur stehen lassen.

5. Sesam in einer Gewürz- oder Kaffeemühle zu einem feinen Pulver vermahlen.

6. Ein Schneidebrett oder Backblech bemehlen. Ein Stückchen Teig aus dem Gefrierbeutel nehmen und zwischen den Händen zu einer Kugel mit 1,2 Zentimeter Durchmesser rollen. Mit dem Daumen ein Loch in die Kugel bohren und die Kugel zu einer Schale formen. Etwa ½ Teelöffel Bohnenpaste in die Höhlung geben, den Reisteig darüber verschließen und erneut zu einer Kugel rollen. Auf die bemehlte Fläche legen. Den Rest von Teig und Füllung ebenso verarbeiten. So sollten etwa 75 Reiskugeln entstehen.

7. Einen großen Topf mit Wasser zum Kochen bringen. Sämtliche Reiskugeln hineingeben und mit dem Kochlöffel umrühren, damit sie nicht am Topfboden oder aneinander kleben. 3–5 Minuten kochen, bis die Kugeln an der Oberfläche schwimmen. Die Reiskugeln mit einem Schaumlöffel herausheben und in ein Sieb geben. Gut abtropfen lassen.

8. Die abgekühlten Kugeln in eine große Schüssel geben und mit kaltem Wasser bedecken, um sie abzukühlen. Mit einem Schaumlöffel herausheben und erneut in einem Sieb abtropfen lassen.

9. Das Sesampulver in eine flache Schüssel geben. Die Reiskugeln im Pulver wälzen, sodass sie damit bedeckt sind. Auf einen Servierteller legen und servieren oder luftdicht verschlossen bis zu 1 Monat einfrieren. Vor dem Servieren bei Zimmertemperatur auftauen.

Reiskugeln mit Azukibohnenpaste füllen (oben links); fertig gerollte Reiskugeln (oben rechts); Reiskugeln mit gelbem Castella-Mantel und schwarzem Sesammantel (unten)

Kandierter Ginseng *(Susam-Jeonggwa)*

Ergibt etwa 25 Stück

Seit Tausenden von Jahren wird die Ginsengwurzel in Korea wegen ihrer Heilkraft geschätzt. In kandierter Form verwandelt sich die Wurzel in das köstlichste Nahrungsergänzungsmittel, das man sich vorstellen kann – außen knusprig und innen herrlich weich wie Gelee. Sie schmeckt süßlich mit kräuterigen und bitteren Noten.

Ginseng lässt sich auch anbauen, aber die besten Wurzeln wachsen wild im Gebirge. Seit Jahren gibt es weltweit einen Boom bei wildem Ginseng, der von reichen Chinesen angetrieben wird. So wurde vor kurzem eine 120 Jahre alte wilde Wurzel für sage und schreibe 300.000 Dollar versteigert! Nun, ganz so teuer ist es nicht, kultivierten Ginseng zu kaufen. Die 5 bis 6 frischen Wurzeln, die man für dieses Rezept braucht, kosten im Asialaden um die 120 Euro.

5–6 frische Ginsengwurzeln (ca. 140 g)
300 g Zucker
2 EL Honig

1. Den Ginseng abwaschen. Von jeder Wurzel die Spitze abschneiden und entsorgen. Die dünnen Wurzeltriebe abschneiden und auf einem Teller bereitstellen. Den Ginseng längs in dünne Scheiben schneiden und quer in 2,5 Zentimeter lange Stücke zerteilen.

2. Die Ginsengstücke und die dünnen Wurzeltriebe in eine große Pfanne geben. 470 Milliliter Wasser und 200 Gramm Zucker zugeben und den Ginseng 1 Stunde zugedeckt sanft köcheln lassen, bis er zart ist. Dabei mehrmals mit einem Kochlöffel umrühren.

3. Den Deckel abnehmen und den Honig unterrühren. Ohne Deckel 10–20 Minuten kochen, bis der Sirup kräftig blubbert, dabei den Sirup mehrmals kräftig umrühren, damit er nicht anbrennt.

4. Die restlichen 100 Gramm Zucker auf einem Backpapier ausstreuen. Ginsengstücke und Wurzeltriebe nacheinander aus der Pfanne nehmen und mit einer Gabel oder einem Essstäbchen in dem Zucker wälzen, dann auf einen mit Backpapier ausgelegten Teller oder Backblech legen. Vor dem Servieren gut auskühlen lassen. Kandierter GInseng hält sich luftdicht verpackt und tiefgekühlt bis zu 3 Monate.

Frische Ginsengwurzeln (oben links); Wurzelspitzen abschneiden (oben rechts); Ginseng in Zucker-Honig-Sirup (Mitte links); Ginsengtee (Mitte rechts); Kandierter Ginseng (unten)

Das Auge isst mit: Eine gelungene Speisenkombination zeichnet sich in Korea durch die Vielfalt appetitlicher Farben, unterschiedlicher Aromen und verschiedener Texturen aus.

KOREANISCHE MAHLZEITEN ZUSAMMENSTELLEN

In Korea gibt es Frühstück, Mittag- und Abendessen. Die Mahlzeiten unterscheiden sich jedoch nicht so sehr voneinander wie im Westen. Zu jeder Tageszeit bildet in der koreanischen Küche Reis die Basis der Mahlzeit – es sei denn, es gibt stattdessen Nudeln oder Brei. Auch Kimchi und Suppe kommen fast immer auf den Tisch, begleitet von wechselnden Banchan.

Im Folgenden stelle ich einige typische koreanische Speise-Kombinationen vor, damit man eine Idee dafür bekommt, wie die Rezepte in diesem Buch am besten auf den Tisch kommen.

Frühstück

Zwar wird die westliche Art zu frühstücken – Toast oder Brot, Milch, Kaffee oder Tee, Ei, Wurst, Käse, Konfitüre, Honig und etwas Obst oder Joghurt – in Korea immer beliebter, aber traditionell isst man dort am Morgen eine leichte Mahlzeit aus Reis, Suppe und Kimchi, und dazu ein paar Beilagen. Brei – oft mit Suppe und Kimchi – ist ebenfalls eine klassische Option und wird von all jenen bevorzugt, die es morgens eilig haben. Da eine koreanische Hausfrau Kimchi und Mitbanchan meist vorrätig hat, müssen vor dem Frühstücken nur noch Reis und Suppe gekocht werden.

Die folgenden koreanischen Frühstücks-Varianten bereite ich sehr gern für meine Familie zu. Die Speisepläne eignen sich aber genauso gut für ein Mittag- oder Abendessen:

FRÜHSTÜCK MIT RÜHREI

Mehrkornreis (Seite 48)
Sojasprossensuppe (Seite 103)
Rettich-Kimchi (Seite 130)
Gebratener Tofu mit scharfer Sauce (Seite 165)
Im Tontopf gedünstetes Rührei (Seite 166)
Austern in Würzsauce (Seite 177)

FRÜHSTÜCK MIT REISBREI

Reisbrei mit Garnelen (Seite 86)
Saftiges Obst-und-Gemüse-Kimchi (Seite 134)

FRÜHSTÜCK MIT SUPPE

Mehrkornreis (Seite 48)
Chinakohl-Kimchi (Seite 124)
Mangoldsuppe mit Sojapaste (Seite 108)
Spinat mit Lauchzwiebeln und Sesam (Seite 147)
Fleisch-Tofu-Frikadellen (Seite 201)
Getrocknete Sardellen und Nüsse (Seite 167)

Mittagessen

Isst man in Korea sein Mittagessen zu Hause, dann besteht die Mahlzeit in der Regel aus Reis, Suppe, Kimchi und Banchan. Für die Arbeit oder die Schule packt man meistens Reis, Kimchi und Banchan in die Lunchbox. Dazu kommen oftmals noch mehrere Beilagen, die den Vormittag über frisch und trocken bleiben, zum Beispiel Süße Schwarzbohnen (Seite 163), Trockenfisch in scharfer Sauce (Seite 176), Kimchipuffer (Seite 192), Fleisch-Tofu-Frikadellen (Seite 201) und Schmorfleisch in Sojasauce (Seite 168).

Am Wochenende, wenn sich die Familie zu Hause trifft, kochen koreanische Hausfrauen sehr gern etwas Besonderes, beispielsweise Reis mit Sojasprossen (Seite 50), Gedämpfte Austern mit Reis (Seite 57), Bibimbap (Seite 58) oder sogar etwas aufwendigere Gerichte wie das klassische koreanische Grillfleisch Bulgogi (Seite 233), Schweinebauch vom Tischgrill (Seite 242) und Knuspriges Schweinefleisch mit süß-saurer Sauce (Seite 244). Diese Speisen schlemmt man dann gemeinsam im Kreise der Familie.

Die koreanischen Wochenend-Menüs, die ich im Folgenden zusammengestellt habe, sind bei meiner Familie besonders beliebt.

MITTAGESSEN MIT KIMCHI-EINTOPF

Fluffiger weißer Reis (Seite 46)
Kimchi-Eintopf mit Thunfisch (Seite 114)
Gekochte Sojasprossen (Seite 150)
Schmorfleisch in Sojasauce (Seite 168)
Scharfes Gurken-Kimchi (Seite 133)
Süße Schwarzbohnen (Seite 163)

MITTAGESSEN MIT NUDELSUPPE

Handgezupfte Nudeln in Suppe (Seite 76)
Chinakohl-Kimchi (Seite 124)
Süße Schwarzbohnen (Seite 163)
Sautierte Zucchini mit Krabben (Seite 186)
Algensalat (Seite 144)
Sautierter Fischkuchen (Seite 180)

MITTAGESSEN MIT WEISSKOHL-WRAP

Fluffiger weißer Reis (Seite 46) oder
Mehrkornreis (Seite 48)
Chinakohl-Kimchi (Seite 124)
Dicke Suppe mit Sojapaste (Seite 162)
Gedämpfter Weißkohl (Seite 162)
Kalte Gurkensuppe (Seite 146)
Sautierte Ballonblumenwurzel (Seite 160)
Gedämpfte Aubergine (Seite 151)

Abendessen

Das Abendessen gilt in Korea als Hauptmahlzeit. Koreanische Hausfrauen nehmen die Vor- und Zubereitung des Abendessens überaus ernst und sprechen gern und oft den ganzen Tag darüber, was und wie sie etwas für den Abend zubereiten werden.

Üblicherweise isst die ganze Familie zusammen das Abendessen, und bei besonderen Anlässen plant die Köchin das Mahl schon weit im Voraus und erinnert alle gern noch einmal daran, auf welche Speisen sie sich besonders freuen dürfen: »Heute Abend gibt es Schweinernes vom Grill. Seid also pünktlich da!« Zu einem Abendessen-Menü wird traditionell Reis und Kimchi gereicht.

ABENDS ETWAS NAHRHAFTES

Fluffiger weißer Reis (Seite 46) oder Mehrkornreis (Seite 48)
Chinakohl-Kimchi (Seite 124)
Scharfe Gemüsesuppe mit Rind (Seite 106)
Zucchinipuffer (Seite 200)
Gedünsteter Strumpfbandfisch (Seite 178)
Gedünstete Süßkartoffelstängel (Seite 152)
Grüne Chili mit Sojapaste (Seite 142)
Getrocknete Sardellen und Nüsse (Seite 167)

ABENDESSEN MIT GARNELEN-EINTOPF UND SCHWEINEFLEISCHPFANNE

Fluffiger weißer Reis (Seite 46) oder Mehrkornreis (Seite 48)
Chinakohl-Kimchi (Seite 124)
Perilla-Kimchi (Seite 129)
Garnelen-Eintopf mit Sojapaste (Seite 118)
Scharf gebratenes Schweinefleisch (Seite 171)
Spinat mit Lauchzwiebeln und Sesam (Seite 147)
Farnspitzen mit Knoblauch und Sojasauce (Seite 156)
Sautierter Fischkuchen (Seite 180)

ABENDESSEN MIT GRILLSPEZIALITÄTEN

Fluffiger weißer Reis (Seite 46) oder Mehrkornreis (Seite 48)
Mangoldsuppe mit Sojapaste (Seite 108) oder
Pollacksuppe (Seite 104) oder
Sojasprossensuppe (Seite 103) oder
Rindfleisch-Rettich-Suppe (Seite 105)
Rettich-Kimchi (Seite 130)
Kimchipuffer (Seite 192)
Bulgogi (Seite 233) oder L. A.–Rippchen (Seite 236)
Gekochte Sojasprossen (Seite 150)
Grünkohlpfanne mit Sojapaste (Seite 148)
Gedünstete Lotuswurzel (Seite 155) oder Gedünstete Klettenwurzel (Seite 161)

Neujahrsfest (Frühlingsfest)

Traditionell wird in Korea der Beginn des (chinesischen) Mondjahres (in der Regel Ende Januar, Anfang Februar) gefeiert. Dieses Fest gilt auch als wichtigste Familienfeier. Unverzichtbar am Neujahrstag ist der Verzehr von Reiskuchensuppe, aber zur Feier des Tages werden noch viele andere Gerichte zubereitet. Am besten sucht man sich einfach aus den folgenden Rezepten für Beilagen und Feiertagsspeisen aus, was man gern essen möchte. Wichtig ist nur, dass man die Suppe nicht vergisst!

BEILAGEN UND FEIERTAGSSPEISEN

Fluffiger weißer Reis (Seite 46)
Reiskuchensuppe (Seite 82)
Chinakohl-Kimchi (Seite 124)
Rettich-Kimchi (Seite 130)
L. A.–Rippchen (Seite 236) oder
Bulgogi (Seite 233)
Farnspitzen mit Knoblauch und Sojasauce (Seite 156)
Gekochte Sojasprossen (Seite 150)
Spinat mit Lauchzwiebeln und Sesam (Seite 147)
Sautierte Ballonblumenwurzel (Seite 160)
Gedünstete Süßkartoffelstängel (Seite 152)
Fermentierter Rochen mit Rettich (Seite 257)
Kalter Quallensalat (Seite 252)
Glasnudelpfanne mit Gemüse und Rinderbrust (Seite 240)
Chilischotenpuffer (Seite 204)
Gebratene Perillataschen (Seite 206)
Pollackpuffer (Seite 202)
Süßer Reis mit Trockenobst und Nüssen (Seite 298)
Reispunsch (Seite 294) und/oder
Ingwer-Zimt-Punsch mit Kaki (Seite 290)
Reiskugeln mit schwarzem Sesammantel (Seite 300)

Geburtstagsessen

In Korea wird der Geburtstag am Frühstückstisch gefeiert – und dabei darf die beliebte Seetangsuppe (Seite 119) nicht fehlen! Ich kaufe meistens in einer koreanischen Bäckerei einen schönen Geburtstagskuchen und stelle ihn mitten auf den Tisch.

Wir beginnen die Feier, indem wir »Happy Birthday« singen, und dann bläst das Geburtstagskind die Kerzen auf dem Kuchen aus. Nachdem ich den Kuchen vom Tisch genommen habe, frühstücken wir ausgiebig – und zum Nachtisch gibt es dann den Kuchen. Besonders gern bereite ich für das Geburtstagsessen die folgenden Speisen vor:

GEBURTSTAGSSPEISEN

Fluffiger weißer Reis (Seite 46) oder
Mehrkornreis (Seite 48)
Seetangsuppe (Seite 119)
Chinakohl-Kimchi (Seite 124)
Bulgogi (Seite 233)
Gebackene Meerbrasse mit scharfer Sauce (Seite 185)
Glasnudelpfanne mit Gemüse und Rinderbrust (Seite 240)
Pollackpuffer (Seite 202)
Gekochte Sojasprossen (Seite 150)
Spinat mit Lauchzwiebeln und Sesam (Seite 147)
Farnspitzen mit Knoblauch und Sojasauce (Seite 156)
Gebratener Tofu mit scharfer Sauce (Seite 165)
Süßer Reis mit Trockenobst und Nüssen (Seite 298)

Partys und andere Anlässe

Wie schon mehrfach erwähnt, feiern wir Koreaner gern im Verwandten-, Freundes- und Kollegenkreis. Indem wir dazu etwas Besonderes kochen, zeigen wir den Menschen, die uns im Leben wichtig sind, unsere Liebe, Achtung und Dankbarkeit.

Bei einer Grillparty serviert man Gästen etwas andere Speisen als bei einem Partybüffet. Man könnte davon ausgehen, dass Speisen für eine Grillparty aufwendiger vorzubereiten sind. Tatsächlich aber machen koreanische Grillgerichte weniger Mühe, als man denkt. Am besten gelingen Rippchen, wenn man sie über Nacht mariniert. Schweinebauch dagegen muss überhaupt nicht mariniert werden. Achtung: Wenn Koreaner zu einer Grillparty kommen, sollte es in jedem Fall Reis geben, denn das erwarten Koreaner bei jedem Essen – auch bei Grillpartys.

Im Folgenden habe ich die beliebtesten Gerichte für eine Grillparty – mit Tischgrill und mit einem Outdoor-Grill – zusammengestellt.

GRILLPARTY INDOOR/TISCHGRILL

Fluffiger weißer Reis (Seite 46)
Eierbouillon (Seite 97) oder
Kartoffelsuppe mit Sojapaste (Seite 98)

GRILLPARTY OUTDOOR

Chinakohl-Kimchi (Seite 124) oder
Scharfes Gurken-Kimchi (Seite 133)
L. A.–Rippchen (Seite 236) oder
Schweinebauch vom Tischgrill (Seite 242)
Dip aus Sojapaste (Seite 282), dazu Rohkost
Lauchzwiebelsalat (Seite 143)
Frisches Obst

PARTYBÜFFET

Für ein gelungenes Partybüffet dagegen kann man sich ganz einfach ein paar Lieblingsrezepte aus dem Festtagskapitel (Seite 226 ff.) und noch das eine oder andere Rezept aus dem Banchan-Kapitel (Seite 138 ff.) aussuchen. Da kann man eigentlich nicht falsch liegen – und für jeden Geschmack ist ein leckerer Happen dabei. Wichtig ist, dass auf dem Büffet Reis, Suppe und Kimchi für die Gäste bereitstehen. Ich habe im Folgenden meine Lieblings-Party-Banchan aufgelistet.

Platte der neun Köstlichkeiten (Seite 255)
Wraps mit Schweinefleisch und Austernsalat (Seite 248)
Glasnudelpfanne mit Gemüse und Rinderbrust (Seite 240)
Korean Fried Chicken (Seite 240)
Fluffiger weißer Reis (Seite 46)
Chinakohl-Kimchi (Seite 124)
Meeresfrüchte-Eintopf (Seite 112)
Birnenpunsch (Seite 293)
Frisches Obst

PREISWERT FEIERN

Die folgenden Menüvorschläge sind günstig und dazu noch schnell zubereitet. Diese Speisen machen garantiert alle Gäste satt und glücklich:

Tangsuyuk-Party

Knuspriges Schweinefleisch mit süß-saurer Sauce (Seite 244)
Fluffiger weißer Reis (Seite 46)
Chinakohl-Kimchi (Seite 124)
Frisches Obst

Yangnyeom-Tongdak-Party

Korean Fried Chicken (Seite 230)
Eingelegter Rettich (Seite 137)
Fluffiger weißer Reis (Seite 46)
Chinakohl-Kimchi (Seite 124)
Frisches Obst

Bo-Ssam-Party

Wraps mit Schweinefleisch und Austernsalat (Seite 248)
Fluffiger weißer Reis (Seite 46)
Chinakohl-Kimchi (Seite 124)
Frisches Obst

ONLINE KOREANISCH EINKAUFEN

WO BEKOMMT MAN KOREANISCHE LEBENSMITTEL?

Nicht nur in den deutschen Ballungsräumen, sondern auch in kleineren Städten eröffnen immer mehr koreanische Lebensmittelläden. Auf meiner Website gibt es ein Verzeichnis mit koreanischen Geschäften, das auch von deutschen Fans ständig erweitert und aktualisiert wird: Wer Zutaten online kaufen möchte, schaut unter www.maangchi.com/shopping.

Koreanische Lebensmittel und Zutaten über das deutschsprachige Internet zu beziehen, ist mühselig. Die benötigte Zutat in der gewünschten Menge zu einem vernünftigen Preis zu bekommen, kann schwierig sein – und frisches Obst und Gemüse aus Korea findet man kaum. Hinzu kommt, dass die meisten Onlineshops unübersichtlich sind und nicht nur die Produktbeschreibungen schlecht übersetzt sind, sondern auch der Kaufvorgang umständlich ist. Viele meiner amerikanischen Leserinnen nehmen stundenlange Autofahrten auf sich, weil sie lieber in einem »echten« Laden einkaufen als online. Ich habe festgestellt, dass sich die Onlineshops tatsächlich etwas verbessert haben, seit es meine Website gibt. Wer mit dem folgenden Link nicht weiterkommt, findet auf meiner Website weitere aktuelle Informationen und Quellen.

www.amazon.com: Immer mehr eigenständige Händler verkaufen koreanische Zutaten auf Amazon. Dort ist das Einkaufen sehr bequem und das Bezahlen klappt reibungslos, aber Vorsicht: Verglichen mit Asialäden sind einige Artikelpreise exorbitant hoch. Lebensmittel kann man zudem nicht umtauschen. So muss man doppelt aufpassen, dass Preis und Produkt wirklich das sind, was man sucht. Aber es sieht vielversprechend aus. Die Auswahl bei Amazon hängt vom jeweiligen Händler ab – je mehr Händler also dabei sind, desto größer wird sie. Außerdem experimentiert Amazon bereits mit dem Versand von frischem Gemüse.

REGISTER

T

U

V

W

Y

Z